イデアと幸福　プラトンを学ぶ

イデアと幸福

――プラトンを学ぶ――

栗原裕次著

知泉書館

はしがき

　本書は若い頃から最近までの 20 年間に書かれた論稿を集めたものです。新しい研究の検討も必要だし，内容が重複する部分については整理すべきか，といろいろ迷いましたが，語句の統一や措辞の修正を除いては，ほぼそのままの形で再録することにしました[1]。各論文は，当然ながら，執筆時の私の問題関心を反映しており，自身の問に対するプラトンの答だと私が信じることの記録になっています。

　ここ数年の問はこうです。ソクラテスが出会う相手を問わず，1 対 1 の対話を通じて真理を探究したのが哲学だとすれば，師と異なり，多くの人々に向けて書物を公にしたプラトンはその限りで哲学者だったの

　1）　この機会に修正を加えたい点も出てきた。2 点ある内，1 つには機械的にある解決を与えたが，他の 1 つは結果としてそのままにした。1 つ目は，私自身これまで『国家』と記してきたプラトンの大著の書名に関わる。プラトンが残したと言われている書名は Πολιτεία (Politeia) であるが，この著作を読み進めてきて，私はこの語を「国家」と訳すことにあるめらいをもつようになった。近代の「国民国家」(Nation-state) を連想させる訳語への違和感と言ってもよい。そこで今回思い切って『国家』を『ポリテイア』に変更し，適切な訳語については判断を留保する（「国」「国家」もほぼ「ポリス」で統一）。この点については，ゆるやかに問題意識を共有する古代研究者が執筆参加した『理想』誌「特集　プラトンの「国家」論」（2011 年 686 号）をご覧いただきたい。納富信留氏と長谷川岳男氏がこの問題を主題化している（さらに納富 (2012) 参照）。また書名については欧米でも，例えば Schofield (2006: 31-43) やその弟子 Lane (2007) などが問題視している。2 点目は，納富信留氏がこの数年熱心に論じ，中畑正志氏も問題提起されたことに絡む。通常「無知の知」と呼ばれてきたソクラテスの知のあり方をどう理解・表現するかという問題である。納富氏の解決については納富 (2003), (2005) を，中畑氏の読み筋については中畑 (2013) をそれぞれ参照されたい。（納富 (2005) については私の書評 (2005) を，中畑 (2013) については私のコメント (2013) も参照。）私自身この問題を常々気に掛けてはいたが，訳語の選択にばらつきがあった。今回，ἄγνοια を「不知」と ἀμαθία を「無知」と一貫して訳し直そうとも考えたが，動詞による表現や「思い」（ドクサ・ピスティス）との関係など，かなり複雑な変更が予想されたため，結局これまで通りとした。この「無知の知」問題から『アルキビアデス I 』の真贋問題に光を当てたものとして Kurihara (2012) がある。

か。あるいはむしろ，哲学研究者の走りに過ぎなかったのではないか。なぜなら，哲学の本質はソクラテス的対話にあると標榜しつつ，実際は対話に従事していないのだから。むろん，哲学の捉え方は様々ですし──例えば「対話篇に含まれる教説・教義こそが哲学だ」──後に彼は別の哲学観を抱くようになったのかもしれません。ただ，1人のプラトン読みには，この問がどうにも気になった。書くことを通じて公に関わることの哲学的意味は何なのか。序をはじめとして，第6章，第8章，第9章がこの問題意識の下で書かれています。私がプラトンに倣って執筆を心がける場合，「公＝おおやけ」は研究者集団と区別された，本を手に取って自分の生き方や世界のあり方についてじっくり考える一般読者に他なりません。それらの章では，プラトンに興味をもつ全ての人がなるべく容易に接近できるよう，既存の訳に依拠しギリシア文字も避けながら（第6章を除く），書き進めています。

　その一方で，残りの章では研究者向けの極めて地味なテキスト解釈を試みています。一応，プラトン哲学全体に関わる大きな見方を提示し，それを細かな読みで支える仕組みになっていますが，対話篇文学を媒体としたプラトンの姿勢からは遙かに隔たっていると言わざるをえません。とは言え，これもまた「プラトンを学ぶ」ことのひとつのかたちだと考えています。

　ここで各章の成立事情について簡単に触れておきましょう。

　初期対話篇を論じる第1部の第1章から第3章については，カリフォルニア大学アーヴァイン校（主査：G・サンタス）に提出された Ph.D. 論文 *Plato on Evil—The Early and Middle Dialogues* (UMI, Ann Arbor 2000) の考察が基にあります。プラトンが否定的な価値（悪，悪徳，不正，無知等）について打ち出す，ユニークだが従来比較的軽視されてきた諸思想に光を当てて，肯定的価値からのみでは掴みきれない彼の哲学の豊かさを探っています。とりわけ「いかに生きるべきか」に関する無知とそれについて知っているとの思いがどのように人の不幸を構成しているのかが鍵です。

　第4章は，2004年にドイツ・ヴュルツブルグで開かれた第7回国際プラトン学会で短縮版が "Goodness, Desire and Thought in Plato's *Meno* (77b-78b)"（後に Kurihara (2007)）として読まれました。欲求の対象は「よ

い」と思われているものなのか，それとも実際に「よい」ものなのか。幸福への欲求についてはどうなのか。『メノン』篇の読解を通じてこれらの問に向き合います。本章で論敵と目したG・サンタスとT・ペナーの両教授には今日でも議論相手として胸を借りています。

　第2部の第5章とその「補論」は東京都立大学大学院時代に書かれました。私が在籍した1987年から1992年にかけて，加藤信朗先生のゼミには神崎繁先生や当時助手の中畑正志氏をはじめ，情熱と才気溢れる若手研究者・院生たちが大学の垣根を越えて集い，独特の哲学的緊張感が漲っていました。「学びは想起である」という説の真意は何か。最近のSedley (2007b) など，国内外で依然として研究が盛んなこの重要問題について一昔前の考えを残したくなるのも，当時の熱気が私の中で冷めないでいるからなのでしょう。

　第6章から第9章までは，先に触れたように，一般読者（＝公）に向けてプラトンの面白さを語ることはいかにして可能かを模索している中で書かれています。内容的にも，私は現在『ポリテイア』篇を中心にプラトンの公私論を一番の関心事として研究を進めており，第7章と第9章はその試論であります。公と私の問題に興味をもったきっかけは，川島重成先生の導きにより1999年に国際基督教大学（ICU）で開催された公開講座「古代ギリシア文学への招待」に参加したことでした。2003年に『ムーサよ，語れ』（川島重成・高田康成編，三陸書房）に結実する，川島先生とICU出身の先輩諸氏が織りなす連続講演を毎回拝聴するなかで，ギリシアを哲学・史学・文学の境界を取り除き全体として把握することの大切さに気づかされたわけです。公私論はそうしたギリシア理解の端緒になると確信しています。講座では私自身にも話をする機会が与えられ，それがまず本書の「序」となり，後に別の角度から省みられて第8章の形をとりました。

　第10章は，1994年の1月から3月にかけて米国フィラデルフィアのペンシルバニア大学で開講されたC・カーン教授と加藤信朗教授の『ピレボス』篇共同ゼミへの出席が契機となって書かれました。当時大学院生だった納富信留氏，荻原理氏と共にゼミを盛り上げた（攪乱した？）ことがよい思い出として心に残っています。晩年の著作『ピレボス』は，プラトンが初期・中期・後期の別なく生涯を通じてイデアと幸福を関連

づけて探究していたことを教示している．そして彼の探究は取りも直さずソクラテスとの絶えざる対話にあったのです．

　このように本書の各章は個々に異なる成立事情をもちますが，プラトンを愛する人々との共同探究が基礎にある点で一貫しています．本書が何らかプラトンとその愛読者に対する応答たりえたならば，望外の喜びです．

　最後に，本書の上梓に際しては，2010年夏に慶應義塾大学で開かれた「国際プラトン学会」の控え室で，知泉書館の小山光夫氏が本を出す意味について熱く語っておられたことがひとつの機縁となりました．出版をお引き受けいただいた小山氏のご好意と編集の細やかなご配慮に心から感謝申し上げます．

2013年4月

栗　原　裕　次

目　次

はしがき　v
序　〈対話的営み〉としての哲学　3

第 I 部
善　と　悪
―― 初期対話篇 ――

第 1 章　『ゴルギアス』篇の〈最大悪〉　19
　はじめに　19
　1　不正をめぐる〈最大悪〉　20
　　1.1　〈最大悪〉としての不正行為　21
　　1.2　〈最大悪〉としての不幸な生　23
　2　〈最大悪〉としての偽なる思い　28
　むすび　31

第 2 章　『ゴルギアス』篇の〈悪人〉論――「不正な人」の場合　33
　はじめに　33
　1　死後の裁きに関するミュートス　34
　2　内的観点から見られた不正な人　37
　　2.1　『リュシス』篇（217a3-218c2）における「無知の自覚」　38
　　2.2　2 種類の不正な人の異なり　40
　　2.3　ソクラテス的エレンコスの効果　44
　3　「不正な人」の生成論　47
　むすび　52

第 3 章　プラトン初期対話篇における〈害悪〉論　55

1　〈害悪〉をめぐるパラドクス　　　　　　　　　　55
　　2　〈領域相対的悪〉と〈害悪〉　　　　　　　　　　57
　　3　〈不正〉と不正行為　　　　　　　　　　　　　　59
　　4　悪の〈機能〉論的説明　　　　　　　　　　　　　62
　　5　人はいかにして害されるのか？　　　　　　　　66
　　6　パラドクス再考　　　　　　　　　　　　　　　71
　　むすび　　　　　　　　　　　　　　　　　　　　　75
　　［補足］「害悪」の一般的理解　　　　　　　　　　　76

第4章　善をめぐる思考と欲求――『メノン』篇(77b-78b)の一解釈　81
　　はじめに　　　　　　　　　　　　　　　　　　　　81
　　1　問題状況の確認　　　　　　　　　　　　　　　83
　　2　2つの解釈　　　　　　　　　　　　　　　　　89
　　3　善をめぐる思考のはたらき　　　　　　　　　　93
　　4　幸福の願望と自己への配慮　　　　　　　　　　104

第Ⅱ部
哲学者の探究的生
―― 中期対話篇とその展開 ――

第5章　「学び＝想起」の二義性と感覚の問題――『パイドン』篇
　　　　アナムネーシス論(72e-77a)の一考察　　　　　111
　　はじめに　　　　　　　　　　　　　　　　　　　　111
　　1　想起の形式的定義と5つの実例――「理解」としての「学び＝想起」
　　　　　　　　　　　　　　　　　　　　　　　　　113
　　2　〈等〉の想起――感覚と思考の関わり　　　　　119
　　3　探究としての想起――〈善〉〈美〉etc.の「学び＝想起」とは？　126
　　むすび　　　　　　　　　　　　　　　　　　　　　128

（補論）『パイドン』篇における"$αὐτὰ\ τὰ\ ἴσα$"(74c1)の一解釈
　　　　――プラトン中期イデア論理解のための予備的考察　131
　　はじめに　　　　　　　　　　　　　　　　　　　　131

1　アナムネーシス論の文脈の確認	134
2　知識の獲得と想起	136
3　2種の現われ：感覚判断と〈等〉の現前	139
むすび	146

第6章　プラトンにおける生と死の思想──『パイドン』篇の魂論との関係で　149

はじめに	149
1　生と死の相対化──『ソクラテスの弁明』『クリトン』における〈死〉	151
2　『パイドン』の問題：大衆のドクサとの対決	155
3　〈親近性〉による魂不死の証明──イデアとイデアを分有するもの	158
4　哲学のすすめ	164
むすび	174

第7章　プラトンの人間論への接近──『ポリテイア』篇第1巻 346e3-347e2　179

はじめに	179
1　2つのパラドクス	180
2　「報酬」としての罰	182
3　ソクラテスの論理	183
4　必然性と選択	185
5　〈自己〉の二面性	187
6　人格と幸福	189
むすび	191

第8章　哲学と詩の闘争(アゴーン)──プラトンと文学　193

第9章　教養教育としての〈古典〉の読解　211

はじめに	211
1　『ポリテイア』の問題と教育論の位置づけ	212
2　市民教育論（第2・3巻）	214
3　哲学者とは誰か？（第5・6巻）	218

4　人間教育論（第7巻）　221
　5　哲学と教養——むすびに代えて　226

第10章　『ピレボス』篇における快と幸福
　　　　——「虚偽の快」をめぐる第1議論（36c3-41a4）の研究　229
　はじめに　229
　1　通常の解釈とその問題点　230
　2　考察の方針　232
　3　ドクサの生成と思考の歩み　234
　4　本の比喩と〈希望〉の構造　237
　5　「期待の快」の実例について　241
　6　嫉妬の快と虚偽の快　245
　7　「人にとってのよき生」とは？　249

　初出一覧　255
　参考文献　257
　索　引　265
　引照出典　271

イデアと幸福

――プラトンを学ぶ――

序
〈対話的営み〉としての哲学

　前399年にソクラテスが裁判で死刑判決を受け死んでいったことは，プラトンに並々ならぬ衝撃を与えた。彼がこの事件から学んだことは，民主政アテナイの基本的人間関係は多くの者を説得できれば勝ちという〈1対多〉関係[1]であって，人々は真実がどうであるかは気にかけない，ということであった。逆に言えば，ソクラテスは対話という〈1対1〉の人間関係[2]において真理を執拗に追求し続けたために殺されたのである。プラトンはソクラテスを主人公とした対話篇を書くことで理想的人間像を造型した。彼がソクラテスに託して描いた理想的人間は，民会・法廷・劇場等といった〈公的領域〉で多数を相手にして演説・演示するのでもなく，文化的思想的背景・趣味・生まれ等を共有する人々からなる〈私的領域〉でおしゃべりをして過ごすのでもない，開かれたセミパブリックな〈社会的領域〉[3]で自由と平等を基礎としながら人生の大切なことについて対話する存在であった。では，人生の大切なこととは何であり，それについての対話はどのような重要性をもつのだろうか。これから私たちはプラトンの〈人間＝対話的存在〉という見解を，色合い

　1）「弁論家はあらゆる事柄について，大衆の前では説得的な者となる，それは教えることによってではなく，説き伏せることによって，だがね」(『ゴルギアス』458e-459a)。
　2）「私は，どんな話をするとしても，そのことの証人を一人は提出するすべを知っているのだ。つまり，その一人とは私の対話相手のことだがね，他方，多くの者たちの方はおさらばするのだ」(『ゴルギアス』474a)。
　3）セミパブリックな空間については平田 (1998) に詳しい。「そこで，私が一幕ものの舞台として選ぶのは，どうしても，プライベート（私的）な空間でもパブリック（公的）な空間でもない，半公的な場所となる」(48)。

を異にする初期対話篇[4]と中期対話篇[5]のそれぞれにおいて考察してみたい。

　初期対話篇の代表作『ソクラテスの弁明』によると，ソクラテスが哲学に従事し出したのには1つのきっかけがあった。あるとき彼はアポロン神から「最高の知者」だと指摘を受けたのである（デルポイの神託事件[6]）。この指摘は彼を驚かせた。自身が知者だとは全く思っていなかったのだから。しかし神は嘘をつかない筈だから，知者だと考えざるをえない。彼の心の内に「自らの正体は何か」という問が渦巻き，答を得るべく自己内対話[7]が繰り返されることになる。熟考した挙げ句，彼は知者を捜し出して自分が最高の知者でないことを証明しようと決意し，吟味活動に乗り出す。知者とされる政治家，詩人，職人[8]を吟味して彼が得た結論は，彼らは皆，善や美について知っていないにもかかわらず，自らが知者だと思っているのに対し，自分の方は，彼ら同様知ってはいないが，彼らと違って自らが知者だとは思っていない，つまり，自己自身のあり方について，彼らは誤った信念・思いをもっているが，自分はただしい信念・思いを有している，ということであった。ソクラテスはこうして「知者であり，知者でない」という一見矛盾した自己のあり方を，善・美について知らないという点で知者ではないが，知者でない自分をただしく自覚しているという点で（人間レヴェルでの）[9]知者である，と解釈し納得するに至ったのである。

　以来，ソクラテスはアポロンの使徒と化して，他者に向かい合うことになる。

---

　　4) 『ソクラテスの弁明』『クリトン』『ラケス』『カルミデス』『プロタゴラス』『ゴルギアス』等。
　　5) 『饗宴』『パイドン』『ポリテイア』『パイドロス』。
　　6) デルポイに赴いたソクラテスの友人カイレポンがアポロンに仕える巫女から「ソクラテスより知恵ある者はいない」との神託を授かった事件。
　　7) プラトンは思考を魂が自分を相手にして行なう対話だと規定する。『テアイテトス』189e-190a，『ソピステス』263e，『ピレボス』38b-e 参照。
　　8) 政治家と詩人はそれぞれ公的領域の民会と劇場の主役として，職人は専門知・技術知（テクネー）の所有者として，「知者」との「思われ」を得ていた。
　　9) 自己が知者でないとの自覚が，俗に言う「無知の知」であり「人間並みの知恵」である。他方，無知に気づいていない状態が「無知の無知」である。

> 私は今なお，神に従って，あちこち歩き回り，知者と思われる者がいれば，この町の者であれ他国の人であれ，これを求めて吟味をくわえているのだ。そして，もし私に知者だと思えない場合には，神を助けて，知者ではないと示しているのだ。(『弁明』23b)

　ソクラテスにとって哲学は，知者との〈思われ〉を吟味を通じて否定し，知者ではないとの〈真実〉を明らかにする活動である。ギリシア語で「思われ・思い・信念」は〈ドクサ〉と言うが，哲学とは人々の誤ったドクサを除去し，真実に気づかせ，ただしいドクサ（＝自己認識）へと導く一連の対話的営みなのである。
　こうしたソクラテスの哲学的営みは彼の幸福観と密接に結びついていた。

> 徳やその他の事柄について，私が対話をして自他の吟味をするのを諸君は聞いているのだが，これらについて日々議論するのが人間にとって最大の善なのであり，吟味なき生は人間にとって生きるに値しないのだ。(『弁明』38a)

　ソクラテスによれば，徳や善美について知っているとのドクサは当人を不幸にするのであって，そうしたドクサから解放する哲学に従事しながら生を送ることが当人にとって最大の善（＝幸福）なのだ。では彼はなぜそう断言できたのだろうか。ソクラテスの次の発言を見てみよう。

> すぐれた人よ（…）金銭ができるだけ多く自分のものになるということにだけ気遣っていて，恥ずかしくないのか。名声や名誉は気遣っても思慮や真実は気遣わず，魂ができるだけすぐれたものになるということにも気遣わず，配慮もしていないというのは。(『弁明』29d-e)

　ここでソクラテスは，人々が金銭愛好者や名誉愛好者として生きてい

る[10]ことを指摘し，そうした生き方に満足していると非難している。彼らの満足は，自分たちの生き方が〈よい〉ものだ，〈立派な〉ものだという判断に支えられている筈である。さらに彼らがこの判断の是非を疑わずに生きているとすれば，それは善や美について知っているとのドクサが彼らの内にあるからだろう。もし彼らが善・美に関して知者でないとすればどうなるのか。それらについて知っているとのドクサが誤りとなるばかりでなく，彼らがよい立派な生を送っているとの判断も怪しくなってくる。ソクラテスは「それでいいのですか？」と問い掛け，彼らが生の基盤とするドクサに揺さぶりをかけるのである。

ソクラテスは，善や美については神のみが知者であり，人間は知をもち得ないと考える。そうすると，人間にとって最大の善は，私たちの生に付きまとう「知者である」とのドクサを絶えず除去しながら，自分が何を気遣っているのか，そうした生は本当によい生・立派な生なのか，善・美や徳を知っているのか，等を対話の中で問題にすることではないだろうか。自己のあり方についてただしいドクサを抱き，少なくとも思い上がり[11]から免れて生きていけるのである。逆に，根拠のないドクサに安住して生きるならば，その人の一生は欺瞞と誤謬に満ちたものになるだろう。哲学は人をそうした欺瞞や誤謬から自由にする。ソクラテスが「吟味なき生は生きるに値しない」と語る背後にはこのような人間観・幸福観がある。

初期著作の殆どでプラトンは，人々の誤った自己理解をエレンコスと呼ばれる方法[12]によって吟味し批判するソクラテスの姿を描写する。彼は，ソクラテスから学んだ〈哲学の批判的性格〉をそういう形で強調した。ここに〈人間＝対話的存在〉とするプラトンの人間観が鮮やかに提

---

[10] プラトンは，人の気遣いの対象がその人のあり方を決定すると考えている。金銭愛好者と名誉愛好者についての考察は『ポリテイア』第8巻に詳しい。

[11] 〈思い上がり〉［希：hubris］とは，人が人としての分際を弁えず，規（のり）を越えていこうとする傲慢さのこと。神に対して犯す罪でもある。

[12] 「エレンコス」［希：elenchos］は問答論駁法と訳される。勇気や節制といった徳について知っていると言う人に，ソクラテスはその定義は何かと問い，相手が与える答が当人が信じている別の信念と矛盾していることを明らかにする。このエレンコスの結果，その人は，自己の信念間の矛盾に気づき，自らが知者ではないとただしく考えるようになる。エレンコスの具体的あり方と効用については，本書第Ⅰ部で詳述する。

示されたのである。しかしながら、彼の思索はそこで終わらなかった。中期の著作群で彼は、善・美や徳について知らない私たちが、知らないということを自覚しつつ、いかにして知ることへと接近しうるのかを描いたのである。その際、プラトンは哲学を〈イデア〉[13]の共同探究と性格づけ、そのようにして対話的存在たる人間のもう1つ別の姿を明らかにしていく。では、中期対話篇において哲学はどのような対話的営みとして理解されているのだろうか。彼のイデア論に焦点を当てて、この問に答えていこう。

　私たちが「もの」をどう認識しているか反省することから始めたい。私たちの「もの」との関わり方には2通りあって、1つは、感覚、及び、認識者自身や一般に信じられていること（ドクサ）を介して出会う場合であり、これは「もの」への通常の接し方である。例えば、私が眼前の本について「この本の表紙に描かれている絵は美しい」と判断するとき、私は視覚を用いてこの本に注意を限定し、本や表紙についての一般的理解と自らの美についての思いに依存して判断を下している。大抵の場合、私たちは個々のものにこのような仕方で接しているのである。

　しかしながら、こうした経験ができるためには、当然ながらドクサを獲得するに至った経験が先立ってあった筈だ。これが「もの」とのもう1つ別の関わり方であって、何も介することなく直接的に「もの」と出会い、その本質を学ぶ経験に他ならない。「もの」の何であるのか（＝〈相〉）が突然見出され、思わず「わかった！」と叫んでしまうような経験である。この経験は、それによってはじめて私たちはドクサを自分の内にもつようになるのであるから、先のようなドクサを媒介した経験ではない。また、私たちの関心はこのものというよりも、このものにおいて見出される〈本質〉にあるわけだから、感覚への依存はそれほど意味をもたない。こうした「わかった！」経験において認識の対象となっているものをプラトンは〈イデア＝相〉と呼んでいると思われる。「わかった！」と叫んでしまう経験をした人に知性（ヌース）[14]が宿り、その知性に

---

13)　「イデア」の代わりに、プラトンの対話篇では「エイドス」という語も用いられる。日常語でイデア・エイドスは「（見られた）形・姿・容貌」を意味する。イデア論にもそうした感覚との関わりが何らか残っていると考えられる。

14)　「知性」（ヌース）とは、人間の魂に備わる能力というよりも、イデアと出会う際に

よって把握されている対象としてイデアは存在するのである[15]。

　そうであればイデア存在の鍵を握るのは〈学び〉のリアリティということになるだろう。私たちが「学ぶ」ということを実感する限り，学ばれるものとして，イデアは存在すると確信できるのである。逆に言えば，イデアの存在を認めない人とは，学びの可能性に信を置かず，ドクサの由来を忘却しドクサに盲従して日々暮らす人なのである。

　　魂が，〈真〉と〈有〉が照らしているものへと据えられる場合，魂はそれを理解・認識し知性をもっているとみられる。他方，暗闇と入り混じったもの，生成し消滅するものへと据えられる場合，魂は様々のドクサを上下に転変させ，ぼんやり見て判断を下し，今度は知性をもっていないのと同じようになる。（『ポリテイア』508d）

　ドクサは確かに私たちの身の回りで生じる数多くのことを認識するのに役立つ。雨が降るとの予報を聞けば，傘を持っていこうと思うし，上司がイライラしていたら，機嫌を損なわないでおこうと考える。「生成し消滅するもの」についてドクサは手っ取り早い処方箋として，私たちが考えないで済むようにしてくれる。この意味でドクサは世俗的知恵の役割を果たすのである。そしてイデアを認めずドクサに従って生きる人は，善・美・正義といった大切なことについても，同じように既に与えられている規準を用いて判断する。例えば「今ここでこのことを行なうのは正しいのか」が問題になっているとき，その人は「普通，人はこうするだろう」とか「今まで自分はこうしてきた，今回も大丈夫だろう」とかいった蓋然性に基づき判断し[16]，本当にそれでよいのかじっくり考えることをしない。もし善・美・正義を私たちが既に学び終えているのなら，それで構わない。しかしプラトンは，ソクラテスと同様，そうした前提を決して認めない。ドクサに従って，行為のよさ・美しさ・正し

魂内に拓かれる場所のこと。

15）「わかった！」経験とイデア論の関係については，〈等しさ〉のイデアを例として本書第5章とその補論で詳細に考察し，第6章と第9章でもさらに展開する。

16）蓋然性に基づく判断とは，実際は不確実であるにもかかわらず，そのことに注意が向けられないため，あたかも確実であるかのように受け取られてなされる判断のこと。

さについてじっくり考えることなく判断を下す人は，知らないのに，あたかも知っているかのごとき姿勢で生きているのである。

　他方，とりわけ善・美・正義にイデアを認める人はドクサの限界をわきまえていて，未だ学びの途上にあるということを自覚している人である。中期対話篇でプラトンはこのような人を哲学者だとみなしている。哲学者は「わかった！」経験だけに満足せず，そこに見られる二重の限定を外していこうとする。即ち，第1に，「わかった！」経験は個人的なものであって，他者と本質的に共有できないという限定を蒙っているため，哲学は，個人的な経験を他者との間で議論の俎上にのせ，同じものについて相互の理解を確かめていく対話と解される。哲学は共同探究なのである。第2に，「わかった！」経験は「もの」の一面的理解にすぎないという可能性を孕んでいるため，1度「わかった！」だけでは終わりにならないという限定を有する。そこで哲学とは，自分の中で自己内対話という反省的思考──「あのときのあの経験は何であったのか」と熟考すること──を繰り返すことによって，人生において「わかった！」経験を深めていくことでもある。こうして哲学は二重の意味で対話的営みとして捉えられるのだ。

　さらにプラトンは，正義や節制といった徳が学ばれる場合，学ぶ人はイデアを言葉（ロゴス）[17]として内化していく[18]，と考えている。イデアとの出会いがその人のあり方をきめていく，つまりは，その人の魂を形づくっていくのである。

> 本当にその思考を真実在〔イデア〕のもとに置く者は（…）整然として恒常不変のあり方を保つ存在へと目を向け（…）それらが全て秩序とロゴスに従うのを見ながら，それらを模倣し，できるだけ似た者となるよう努めて時を過ごすだろう。（『ポリテイア』500b-c）

　イデア論のこうした実践的性格は決して見過ごされてはならない。哲学的探究はイデアの学びを深め「よき人」を作り上げていくのである。

17）「ロゴス」とは，言葉・言論・議論・説明・理性・理法・理論・論理・道理など様々な意味を含みもつ。ここでは，学びの対象の何であるかを語る言葉のこと。

18）「内化」[internalization]とは，イデアのもつ構造を魂内に再現すること。

さて，以上からも明らかなように，プラトンは諸々のイデアの中でも特に美・善・正義のイデアを重要視している。それはなぜだろうか。順に取り上げて，その理由を探ってみよう。

　美のイデアは『饗宴』（209e-212a）で次のように言及される。エロース[19]に打たれた人は1つの美しい肉体を愛し始める。しかしその人がただしい導き手を獲得すれば，1つの美しい肉体に満足することなく，その後，複数の美しい肉体，それから精神的な事柄に属する，美しい営為や法，美しい知識や学問を次々に愛していき，そして最終的に，忽然として美のイデアと出会い，それを眺めることになるのである。これは美に関する「わかった！」経験が深まっていく過程を描くものに他ならない。ここで3つの点が重要である。第1に，人を美しいものへと突き動かすエロースは，当人がよいものを欠いていると自覚することから生まれる。即ち，欠如性をめぐるただしい自己理解がエロースを呼び込み，人を美へと駆り立てるのである。第2に，パートナーたる導き手の存在に注意しよう。この導き手は，ソクラテスのように，学習者にただしい自己理解をもたせると同時に，共同探究者の役割をも担っている。導き手は学習者の傍らに立ち，ときに問いかけ，ときに叱りつけ，ときに励まし，ときになぐさめながら，対話を通じて事柄の究明に共に与るのである。第3に，学習者が美の階段を昇っていく毎に，美しい言葉が生まれると語られている点が重要である。それは対話において交わされるロゴスであり，事柄の美事な説明でもある。特に注目すべきは，最終段階における美のイデアの観照は真実の徳を生み出すと語られていることである。言うまでもなく，徳は探究者の内に生まれるのであり，探究者が徳ある人になることを意味する。であれば，美のイデアは諸徳をロゴスとして内化させる原理として特徴づけられていると言えるだろう。美の輝き[20]は，究極的には，徳の共同探究という哲学を惹き起こし推進し，探究者を徳ある人とするのである。美のイデアの特質はここに見ら

　19）「エロース」は古代ギリシアの愛の神。我々が抱く〈恋心・愛〉でもある。「エロースは知を愛し求める者であり，そうであれば知者と学びを欠く者の中間者であることが必然です」（『饗宴』204b）。

　20）プラトンは『パイドロス』（253c-254e）で〈美〉のイデアを節制ある人を作り出す原理として説明している。

れる。

　次に，善のイデアに関するプラトンの見解を，彼の人間観（人間＝対話的存在）と関係する限りで考察しよう。『ポリテイア』（506b-509b）でプラトンは，善のイデアを太陽に比して，ちょうど太陽が光と視覚を提供して目が感覚事物を見るのを可能にするように，善のイデアは真理と知識・知性を提供して魂が他のイデアを認識できるようにする，と語る。善のイデアは私たちが諸々のイデアを認識する際に，その原因・根拠の役割を果たしているのである。イデアの認識とは，先に見たように，「わかった！」経験を意味する。プラトンによれば，突然「もの」の本質がわかるときに，私たちはある仕方で善のイデアに与り出会っているのである。これは何を意味するのだろうか。まず知性（ヌース）の訪れについて言えば，確かに「わかった！」経験のどれを取ってみても，どうしてあのとき・あの状況で「わかった！」のかは説明しづらく，どうも原因は自分の内にないように思える。私たちの側からいろいろ試行錯誤を繰り返しながら熟考するという能動的働きかけが先行してあったとしても，それだけが「わかった！」を生み出したわけではない。何か偶然的な〈人間を超えるもの〉の加護に与っているようなのだ。これは一切の「わかった！」経験に形式として備わっていると言える。事情は，真理（アレーテイア）[21]についても同様である。「わかった！」経験において，私たちは古びたドクサから解放され「もの」の真実のあり方を把握する。「もの」が真実を顕わにする理由も「もの」の側から説明することは困難であり，むしろ何か別の原因・根拠があると想定せざるを得ない。それをプラトンは〈善のイデア〉と呼んでいるのではないだろうか。

　では「わかった！」経験を成立させるのが，なぜ他ならぬ〈善〉なのか。それは「わかった！」経験が私たちにとって無条件に「よい」ものだ，ということではないだろうか。人間が対話的存在である限り，自己内対話がうまく行って〈学び〉が生成することは人間の〈はたらき〉[22]

---

21) 「真理・真実」[希：aletheia]は，語源的には忘却（レーテー・lethe）の否定（ア・a）として説明され，忘却からの解放，気づかれていない状態でなくなることを意味する。ドクサの覆いが剥がされ，もののあり方が顕わになることである。

22) 「それぞれのものの〈はたらき〉[希：ergon]とは，ただそれだけが果たしうるよ

の見事な発揮・現実化だと言える。人間に固有な〈はたらき〉の見事な発揮は，それ自体人間にとって無条件に「よい」ことだろう。こうして，イデア認識の原因・根拠を〈善〉のイデアとする理由が多少なりともわかるかと思われる。

　そうであれば，他者との対話についてはどうだろう。哲学のもう1つの側面である対話による共同探究に関しても同様のことが言える筈である。個々人の「わかった！」経験を言葉にしつつ互いに「わかり合うこと」の成立根拠として〈善〉のイデアは存在する，と。私たちが語ったり聞いたりするとき，語り手は「わかってもらいたい」という願望[23]をもって発言し，聞き手は「わかりたい」という願望と共に耳を傾ける。2つの願望の対象となっている共通の善が2人の対話を成立させ，またもや偶然的に突如として「わかり合うこと」が生成するのである。それは，対話的存在たる人間の〈はたらき〉が見事に発揮される一瞬であって，やはり無条件に「よい」ことが生まれたと言えるのではないだろうか。共同探究において諸々のイデアに対する理解が深まっていくその根拠として善のイデアは捉えられていると私は考える。（〈対話〉と善の関わりは，逆から考えると理解しやすいようである。即ち，私たちは，対話を経ずに一方的に物事が決められると，無条件的にそこに〈悪〉を認め，怒りを覚える。こちら側が一方的に決めてしまう際も，なにがしかの〈やましさ〉を感じる筈である。こうしたことは対話の根源的な善性を私たちが何らか感じ取っていることを示していよう。）

　最後に，プラトンの正義論を見ることにしよう。『ポリテイア』で彼は，正義のイデアが内化したとき，それが魂の中でどのような力をもつのか論じた。彼の議論は，一般に受け入れられている正義観に対する批判と共に繰り広げられる。一般に流布しているドクサによれば，正義とは〈法に適っていること〉であり，外側から私たちを縛り付ける強制力である。正義が大切なのは，それがなければ人々はやりたい放題してしまい，結局，弱者たる自分たちに損をもたらすからであって，それ自体

うな，或いは，それが他の何よりも見事に果たしうるような仕事のことである」（『ポリテイア』353a）。

　23）『カルミデス』（167e）には欲望は快を，願望は善を，エロースは美を，それぞれ対象とするとある。

としてはよいものではない，とされる．

> 人は皆，本性上，欲心（プレオネクシア[24]）をこそ善きものとして追求するのだが，法によって強制的に平等の尊重へと，わきへ逸らされているのです．（『ポリテイア』359c）

ここには民主政を根底から支える人間観が窺われる．即ち，本来，人はやりたい放題できる〈自由〉をもてれば，より多くを求める欲望を充足させながら快楽に満ちた「幸福」な生を送れる筈なのだが，弱者には自由は理念として願望対象にすぎず，現実には〈平等〉を謳って外的強制力の中で暮らしていくのだ，といった人間観である．

プラトンの正義観はこうした人間観・幸福観をひっくり返すようなものとなる．ここで彼の精緻な議論を紹介することは不可能なので『ポリテイア』第4巻の結論部だけに触れると，不正が欲望を自由に解放する魂内の力だとすれば，正義は，一般ドクサが主張するような，人の外側から欲望を抑えつける強制力としてではなく，魂の内側で理性による欲望の統御を可能にする力として不正と対置される．正義が魂に宿る結果，魂内の様々な部分が固有の仕事をし，魂は調和を保つのである．さらにこうも言われる．

> 〔人は正義によって〕真に自分に固有のことをよく整え，自分で自分を支配し，秩序づけ，自己自身と親しい友となり（…）多くの者であることを止めて，完全な意味で1人の人間となって，節制と調和を堅持するのである．（『ポリテイア』443d-e）

ここで言及されている正義の働きかけは，魂の3部分[25]や部分相互の関係に対するものではなく，魂全体への作用だと私は考える．正義のゆ

---

24) 「欲心・プレオネクシア」［希：pleonexia］は，より多くを取ること，持つこと，を意味する．この場合は，自らの分を越えて取ろうとする欲情のこと．
25) プラトンは『ポリテイア』で魂を3つの部分に分けて説明する（＝魂の3部分説）．正しい人の場合，理知的部分には知恵が，気概的部分には勇気が宿り，それらの部分と欲望的部分の間に，支配と被支配に関する合意が交わされれば，魂全体に節制が生まれる，とされる．

えに，人は自己自身を友として愛し，自己分裂を止め自己の一性を確保するのだから，正義は〈自己愛〉と〈自己同一性〉の原理だと言われているのである。自己愛は，自己が自己を信頼して対話する関係であろうし，自己同一性の方は，その都度異なる仕方で出来する欲望に身を委ねてバラバラになったりしない魂の安定した状態だろう。魂全体の〈はたらき〉が「生きること」だとすれば（cf.『ポリテイア』353d），正義によって「よく生きること」（＝幸福）[26]が達成されることになる。そして，その幸福の形は自己愛と自己同一性に認められるというわけだ。プラトンによれば，人は正義のイデアを内化させ正しい人になることで幸福を獲得するのであって，欲望を好き放題に解放することによってでは決してない。後者は，自分を忌み嫌い，自分と向かい合うことを避け，自己喪失をむしろ願うような状態なのだから。自分と親しい関係になって対話をしていくことなどあり得ないのである。

　以上，とりわけ美・善・正義のイデアを中心にプラトンのイデア論理解に努めてきた。もう一度確認しておこう。彼の見解では，私たちは学びにおいてイデアと既に出会ってきたし，これからも出会いうるのだ。そして，徳のイデアをめぐる共同の探究と自己内対話に人間にとっての幸福は見出せるのである。それから，それぞれの役割において人を幸福へと導くものに，美・善・正義のイデアがある，ということであった。

　これまで私たちは，プラトンが人間を対話的存在と捉え，初期には対話の批判的性格を，中期には対話の探究的性格を強調している点に注意を払ってきた。しかし最後に，彼が直面した筈のアポリア[27]に触れざるをえない。彼は対話の重要性を〈書くこと〉で訴えたというアポリアである。ソクラテスは何も書くことなく，語り合いの中で生き，そして，死んでいったのに対し，ソクラテスを理想的人間とするプラトンの方は，実生活では，アカデメイア[28]という一種の〈私的領域〉で談話・講

---

26)「よく生きること」「よく行なうこと」というギリシア語表現は「幸福であること」という意味を含んでいる。

27)「アポリア」［希：aporia］は，語源的には「途・手だて」（ポロス・poros）のない（ア・a）ことと説明される。プラトンの著作では主に「探究の行き詰まり」を意味する。

28)「アカデメイア」とは，前387年頃，アテナイ北西郊外にプラトンによって建てられた学園。若き日のアリストテレスも学んだ。529年にユスティニアヌス帝により閉鎖され

義し，著作を通して〈公的領域〉で不特定多数を相手にしたのである。彼の人生はソクラテス的精神を欠いていたのではないか。確かに彼は3度シケリア（シチリア）に赴いたかもしれない[29]。だが，それは共同探究だったのだろうか。また，彼の数々の傑作は現在に至るまで人々を魅惑し説得し続けている。これはソクラテスによって批判された，説得のみを目的とし多数を相手とする弁論術とどう異なるのか。ここで私たちはプラトンの自己矛盾とも言うべき事態に立ち会っているようである。このアポリアを私たちはどう解決できるのだろうか。

　今，私はこの問に直接答えることはできない[30]。ただ言えるのは，プラトン自身「書かれたもの」の限界性[31]をはっきりと自覚しつつ著述していたということである（『パイドロス』『第七書簡』[32]）。つまり，彼はいわば確信犯的に書いたということなのだ。では，なぜ彼は書いたのか。

　　ものを書くのは（…）「もの忘れをする年齢に達したとき」に備えて，自分自身のために，また自分と同じ足跡をたどって進むすべての人のために，覚え書きをたくわえるということなのだ。（『パイドロス』276d）

　この表明は，読者——彼の同時代人であれ，後世の私たちであれ——に対する探究への誘(いざな)いであり，挑戦でもある。「プラトン，あなたはこう探究したのですね」と応答するよう促しているのだ。プラトンと〈同じ〉足跡をたどっているのか。勝手な読み込み・思いこみ・ドクサではないのか。読者は，プラトンの著作を読むことを通じて，彼と対話

た。

29) 『ポリテイア』で展開した〈哲人王〉の理想を実現すべく，プラトンは前388-387, 前367-366, 前361-360の3度にわたって，シケリアの都市シュラクサイを訪れるが，何ら成果は得られなかった。

30) プラトンが詩人哲学者であることの問題性については，本書第8章で主題化する。

31) 『パイドロス』275d-eによると，書かれた言葉は，絵画のように，質問されても沈黙して答えないしいろいろな人のところへ転々とめぐり歩き，不当に扱われるときには，自分では身を守ることができず，書いた人の助けを必要とする，と特徴づけられる。

32) プラトンの手になるものとして伝えられている13通の書簡の内の1つ。プラトンとシケリアの関係が語られている。その一節に「私が真剣になっていることについて私の書物は現にないし，今後も生まれないだろう。それは他の学科とは違って，言葉に言い表すことがどうしてもできないものだからだ」（341c）とある。

し，自己と対話する。こうしてプラトンと読者の間に一種の〈セミパブリックな対話の場〉が誕生する。彼はこの可能性に賭けたのではないだろうか。

第Ⅰ部

善　と　悪
　　──初期対話篇──

第1章

『ゴルギアス』篇の〈最大悪〉

はじめに

　『ゴルギアス』篇の中でプラトンは「最も大きな悪 τὸ μέγιστον κακόν」という表現を（それと同義の表現も含めて）幾度となくソクラテスに用いさせている。例えば：

> T1 *Grg.* 458a5-b1: なぜなら私は，自身が最大の悪から解放されることが他人を解放することよりもよりよいだけ，その分だけそのこと〔論駁されること〕はよりよいことだと考えているのであるから。つまり，今私たちの議論が問題としている事柄についての偽なる思いほどの悪は人間にとって存在しないと思っているのです。
> T2 *Grg.* 469b8-9: 不正を行なうことが最大の悪であるといった仕方で，だ。(Cf. 479c8-d1)
> T3 *Grg.* 477e4-6: してみると，不正や放埒，また魂のその他の悪徳が，存在するものの内で最大の悪なのだ。(Cf. 478d5, d8-e1, 479c2, c8-d1, 480d6, 509b1-2)
> T4 *Grg.* 479d5-6: 不正を行ないながら罰を受けないことが諸悪の内，最大であり第1番目のものである。(Cf. 476a3-6, 509b2-3)

　「偽なる思い」(T1)，「不正行為」(T2)，「不正」やその他の「悪徳」(T3)，「不正を行ないながら罰を受けないでいること」(T4) というよ

うに,「最大の悪」という表現の指示対象は明らかに1つのものではない。だが素朴に考えて,定冠詞を伴った単数形最上級表現が異なる指示対象を複数個もつのは奇妙ではないだろうか。何に関してであれ「一番」大きなものは唯1つである筈だし,仮に同じ大きさのものが2つ以上あるとすれば,それらは複数形で表現さるべきだから[1]。

　本章で私は,〈最大悪〉をめぐるこの奇妙な感じにこだわって,従来主として肯定的な価値(正しい行為,正義,知,幸福)の側からのみ考察されてきた[2],行為・性向・人の生き方の相互関係に関するプラトンの見解を,否定的な価値(不正行為,不正,無知,不幸な生)に光を当てることで,違った角度から浮き彫りにしたい。そして4種類の〈最大悪〉が整合的であるばかりでなく有機的に関係し合っていることを示そうと思う。

1　不正をめぐる〈最大悪〉

　まず不正に関するT2,T3,T4が現われる468e6-481b5の議論を取り上げる。ソクラテスとポロスの間で交わされる議論の流れはこうである。「どのような人が幸福／不幸であるか」をめぐる双方の意見の食い違いが露呈した(cf. 468e6-469b7)後,ソクラテスは不正行為が〈最大悪〉であってその行為者は不幸だと主張する(＝T2)。ポロスは不正を

---

[1]　もちろん「最大悪」が複数見出せる事実を説明することは様々な仕方で可能である。例えば,プラトンは悪について一種の"a maximal class"を念頭に置いているのかもしれない。それによれば,そのクラス内のメンバーはどれをとってもそこに含まれていない悪よりもより悪いと言えるが,そのクラス内のメンバーはどれも他よりより悪いとかそうでないとか言えないことになる(cf. Rawls (1971: 409))。また,「徳の一性」ならぬ「悪徳の一性」が考慮されているのかもしれない(この解釈については「むすび」で触れる)。さらには,プラトンは『ゴルギアス』の執筆中に考えを変えたのかもしれないし,そもそもプラトンは「最大悪」という用語の使用法についてそれほど慎重でなかったのかもしれない。(最初からこうした解釈に依存することはプラトンの思考の孕む可能性を消し去ることになりかねないので,ここでは採用しない。)最後に,比較されている範囲や悪の規準がそれぞれの場合に異なるのかもしれない。本章で私は基本的には最後の解釈に則して議論を進める。

[2]　幸福と諸徳の関係については,Vlastos vs. Irwin論争を皮切りに多くの研究者によって論じられてきた。例えば,Zeyl (1982), Brickhouse & Smith (1987), Klosko (1987), etc. それぞれの論点の簡便な紹介についてはPrior (1996: 147-51)参照。

蒙ることの方がより悪いと考えるため（469b10），ソクラテスは「不正を行なう方が不正を蒙るより悪い」ということを論証し（474c4-475e6），それによってT2の主張を正当化する。さらに彼は「不正を行ないながら罰を受けないことの方が罰を受けることよりも悪い」ということを論証し（476a3-478e5），最も不幸な生，次に不幸な生，幸福な生，それぞれのあり方を明らかにする（cf. 479c8-e9）。こうして彼らの議論は不正をめぐる2つの論証からなることがわかる。第1の論証はT2に関わり，第2の論証はT3とT4を含んでいる。順に考察しよう。

1.1 〈最大悪〉としての不正行為
第1論証（474c4-475e6）は次のように再構成できる[3]。

1. 不正を行なうことは不正を蒙ることよりも醜い。（前提）
2. 「立派さ」（καλόν）は「善・益」と「快」によって規定される。（諸例の列挙より）
∴ 3. 「醜さ」（αἰσχρόν）は「悪」と「苦」によって規定される。（(2)より）
∴ 4. 2つの「立派なもの」（καλά）の内，一方が他方より「立派」（κάλλιον）ならば，それは快によってか益によってか，或いは，その両方によって凌駕しているからそうなのである。（(2)より）
∴ 5. 2つの「醜いもの」（αἰσχρά）の内，一方が他方より「醜い」（αἴσχιον）ならば，それは苦によってか悪によってか，或いは，その両方によって凌駕しているからそうなのである。（(3)より）
∴ 6. 不正を行なうことが不正を蒙ることよりも醜いならば，それは前者が後者を苦によってか悪によってか，或いは，その両方によって凌駕しているからそうなのである。（(1)と(5)より）
7. 不正を行なうことが不正を蒙ることを苦によって凌駕すること

---

3) 周知の通り，第1論証をめぐっては多くの論文が書かれてきた。Cf. Vlastos（1991），Santas（1979），Irwin（1979），Kahn（1983），田中（1987），吉田（1992），岩田（1995）etc. ここで私は論証の妥当性と健全性を論じないが，ポロスが反駁された原因は，彼が〈善〉と〈快〉〈悪〉と〈苦〉）を〈美〉〈醜〉のための<u>異なる2つの規準</u>として認めてしまったことにあると思う（cf. 吉田（1992））。

はない。(前提)
∴ 8. 不正を行なうことが不正を蒙ることを苦と悪の両方によって凌駕することはない。((7) より)
∴ 9. 不正を行なうことは不正を蒙ることを悪によって凌駕している。((6) (7) (8) より)
∴ 10. 不正を行なうことは不正を蒙ることより悪い。((9) より)

　第1論証の結論，特にどういった意味で不正行為が悪であるのか理解するためには，(2) と (3) における「立派さ」(καλόν) の〈善・益〉と〈快〉による，また「醜さ」(αἰσχρόν) の〈悪〉と〈苦〉による規定（以下この規定を"KA"［= Καλόν・Αἰσχρόν］と呼ぶ）の理解が重要である。KA の中でとりわけ「悪」はどのような意味で用いられているのだろうか。

　私は次の2つの理由から，KA 中の「悪」は「有害・害悪」の意味で用いられていると考える。第1に，「悪」と対比される「善」は，第1論証中で，特に KA のための事例枚挙中でしばしば「有益さ」と言い換えられている (ὠφελίαν 474e3, ὠφέλιμα e7, ὠφελία 475a7; cf. χρείαν 474d6, χρήσιμον d7)。普通「有益さ」と対比されるのは「有害・害悪」なので[4]，「悪」はその意味で用いられていると推測される。第2に，KA が再び登場する箇所 (477c6-e6) で，ソクラテスは「悪」の代わりに「害悪」(βλάβην 477c7, βλάβη d3) を，また「悪」と共に「害悪」(βλάβη d7, e3) を使用している。このことも KA 中で「悪」が「有害・害悪」の意味で用いられていることを示唆しよう[5]。

　では『ゴルギアス』篇中の「有害・害悪」という語の文法はどのようなものだろうか。対話篇中最初に「有益／有害」の対が導入された箇所 (467c-468e) を見てみよう。ソクラテスはそこで，存在するもの全体をよいもの，悪いもの，中間のものに分類した上で，中間のものを，よいものに与る (μετέχειν) ときには「有益なもの」(ὠφέλιμα) となり，悪いものに与るときには「有害なもの」(βλαβερά) となるものとして

---

4)　Cf. Dodds (1959: 317).

5)　Cf. Irwin (1979: 147, 207).

特徴づける[6]。いずれの場合でも，中間のものをなす人はよいものの「ために」(οὗ ἕνεκα) それをなすのであるが，もしそれが有益なものである場合は，行為者がよいものを獲得もしくは所有するのに貢献するが，有害なものである場合には，その獲得や所有に貢献することなく，そのよいものとは反対の悪いものを獲得もしくは所有することに導く。換言すれば，ここで「有害なもの」はそれ自身とは別の悪いものを産み出す（＝原因）か構成する（＝構成要素）ものと理解されているのである[7]。

　以上を第1論証の結論「不正を行なうことは不正を蒙ることよりも悪い」に適用すると「不正を行なうことは不正を蒙ることよりも有害である」が得られる。であれば，不正を行なうことは，不正を蒙ることよりも当人がよいものを獲得もしくは所有することに貢献することはなく，むしろ悪いものを獲得もしくは所有することに導くのである。では，ここでどういった悪いものが考えられているのか。

　T2をとりまく文脈に注意を向けよう。468e6-469b6でのソクラテスとポロスの争点は特に，どのような人がみじめで不幸（ἄθλιος）なのか，という点にある。ソクラテスが「不正に殺される人は不正に殺す人や正しく殺す人ほどには不幸でない」と主張すると，ポロスは驚きなぜかと問う（469b3-7）。ソクラテスの答がT2である：「不正を行なうことが最大の悪だからだ」。ここで最上級は「不正を蒙る人は不正を行なう人ほど不幸でない」ということを説明する規準を表現する。T2における「悪」が「有害」という意味で理解されるならば，不正行為はあらゆる有害なものの中で行為者が〈不幸という悪〉を獲得もしくは所有するのに貢献する最大のものと考えられているのである。

1.2　〈最大悪〉としての不幸な生

　「不正を行ないながら罰を受けないでいることが最大の悪である」ことを論証しようとする第2論証（476a3-478e5）は3つの部分からなる。[1] 476a7-477a4でソクラテスは，正しく罰せられる人は益を受けると

---

[6]　Cf. Irwin (1979: 142).
[7]　行為における「ために」の構造を〈目的 - 手段〉連関のみで理解する必要はないと思われる。

論ずる[8]。[2] 次に477a5-e6で，その益がどんなものか説明するために，ソクラテスはまず，人が所有する悪しきもの，即ち，貧困，病気，悪徳（不正）を比較し，魂の悪徳（不正）が，醜さと害悪に関して他を凌駕することから，最大悪であることを論証する[9]。[3] そしてソクラテスは477e7-478e5で，正しく罰せられる人が享受する益を最大の悪である悪徳（不正）からの解放と特定し，悪徳・不正を「所有しつつそれから解放されない人が最も悪しく生きる」(478e4-5) と結論する。さらにそれを踏まえてT4で彼は「不正を行ないながら罰を受けないでいることが

---

8) この評判の悪い論証は次のように再構成できよう。
1. 罰を受けることは正しく罰せられることに他ならない。（前提）
2. 全て正しいことは，正しい限りにおいて，立派である。（前提）
3. もし人が何かをするとすれば，その行為者によって影響される何かがなければならない。（前提）
4. その何かは行為者により行為者がそれになすように影響される。（事例の列挙により）
5. 罰を受けることは行為者によって影響されることである。((1) より)
6. 真っ当な仕方で罰する人は，正しく罰し，正しいことをしている。（前提）
∴ 7. 罰を受ける人は，罰せられるに際して，正しいことによって影響される。((3)(4)(5)(6) より)
∴ 8. 罰せられる人は，立派なことによって影響される。((2) と (7) より)
9. もし影響を与えるものが立派なものであるならば，それはよいものでもある。(KA より)
∴ 10. 罰を受ける人はよいものによって影響される。((8) と (9) より)
∴ 11. 罰を受ける人は益を受ける。((10) より)
ここで (9) は次の論証からの帰結であると想像される。
9a. もし正しいものが立派であるならば，それは快いか有益か，またその両方である。(KA より)
9b. 正しいものは，罰せられることが苦痛なので，快くはない。（前提）
∴ 9c. 正しいものは，快くかつ有益であるということはない。((9b) より)
∴ 9. もし正しいものが立派であるならば，それは有益であり，よいものである。((9a) と (9c) より)
9) 論証の再構成は次の通り。
1. 魂の悪は最も醜い。（前提）
2. 何かが最も醜いとすれば，それはそれが最も大きな苦痛か害悪か，或いは，その両方を産み出すからである。(KA より)
∴ 3. 魂の悪は，それが苦か害悪か，またはその両方によって他の2つ（貧困と病気）を凌駕しているから，最も醜い。((1) と (2) より)
4. 魂の悪は，苦において他の2つを凌駕しない。（前提）
∴ 5. 魂の悪は，害悪において他の2つを凌駕する。((3)(4) と (4) に含意される「苦と害悪の両方によって凌駕しないこと」により)
6. 最大の害悪によって凌駕するものは最も悪いものである。（前提）
∴ 7. 魂の悪（悪徳・不正）は最大の悪である。((5) と (6) より)

最大の悪である」と主張する。こうして第 2 論証では，悪徳を代表する不正と，不正を行ないつつも罰せられないでいることが〈最大悪〉とみなされている。それぞれどのような意味で〈最大悪〉と特徴づけられているのか。

まず悪徳（不正）を取り上げよう。[2] でソクラテスが悪徳を貧困や病気と比較し，人間が所有する悪いものの中で最大の悪だと論証するとき，またもや KA が重要な役割を果たしている点に注意したい（cf. 477e4-6）。この論証が KA に基づいている限り，悪徳（不正）は（所有物中）最も「有害なもの」とみなされており（cf. 477c7, d3, e3），それ故，その所有者が何か悪いものを獲得ないしは所有するのに最も寄与するのである。ではこの場合，悪いものとは何か。[3] を検討する必要がある[10]。

[3] でソクラテスは人が所有する悪を取り除く 3 つの術——金儲けの術，医術，司法術（裁判）——を枚挙し（cf. 477e7-478b2），KA に訴えてまずは医療が有益であることを示す（cf. 478b7-c1）。その含意するところは，癒されず病を抱えたままで生きる人が身体的に最も不幸であり，癒されつつある人は不幸の度合いがより少なく，病気を全然得ることがない人は最も幸福だということである（cf. c1-d4）。類比的に，魂に関しても，悪徳を全く所有していない人が最も幸福であり，次に幸福なのは悪徳を取り除く人であり，魂において悪徳を所有しそれを取り除くことのない人が最も悪しく生きる（Κάκιστα ... ζῆ），と結論される（cf. 478d4-e5）。

[3] は次の 4 点で重要である。第 1 に，丁度ギリシア語で「よく生きること」（εὖ ζῆν）が「幸福であること」（εὐδαίμων）を意味するように，ここの「最も悪しく生きること」は「最も不幸であること」を意味する（cf. 507b8-c7）[11]。第 2 に，それ故，悪徳（不正）の所有は不幸な生の必要条件であり，その構成要素である。プラトンの考えでは，悪徳

---

10) ここで注意すべきは，貧困・病気・悪徳のそれぞれが悪いと言われる場合の「悪」と，相互比較されて悪徳が最も悪いと言われる場合の「悪」は基準を異にするということである。前者は領域相対的に，或いは，〈はたらき〉相対的に定まってくるものでそれぞれ別個の尺度で測られるが，後者は何か共通のものと関係して 1 つの尺度で測られる。

11) Cf. Dodds (1959: 348); Irwin (1979: 165).

は「身体的」といった限定（cf. 478c3）抜きに人の不幸な生に貢献するため，所有物中最大の悪なのである[12]。したがって先の問には，悪徳は最も有害なものとして〈不幸という悪〉に最大限貢献すると答えられる。第3に，悪徳の所有はそれ自体では最も不幸な生を決定しない。なぜなら，不正を行ないつつも罰を受ける人は，不正を所有し不正を行なう限りで不幸であるが，罰を受けて不正を取り除きうる点ではまだ幸福なのである。これに対して，最も不幸な人は悪徳の所有に加えて幸福へと至る道を自ら閉ざす状態にある。（この状態が何かは後で述べる。）最後に，ソクラテスは2つの観点から不幸な人を描写していることがわかる。1つは「外的観点」で，観察されうる限りの「行為」に力点を置いて人を描写する。もう1つは「内的観点」で，外から観察されえない「魂の状態」に焦点を当てて人を描写する。これまで見てきたように，ソクラテスは不正行為と悪徳としての不正を共に人の幸福にとって有害な〈最大悪〉として特徴づけるが，その際2つの異なる観点から語っており，そこには何ら不整合は見られないのである。

次に「不正を行ないながら罰を受けないこと」が〈最大悪〉とみなされる理由を考えてみたい。それが語られるT4は，第1論証と第2論証の全体を要約する479c4-e9の中で，[3]の結論部に対応しているのだから，それは最も悪しき生，最も不幸な生との関係で最大悪とされている筈である。それは一体いかなる関係か。

[3]の直後でソクラテスは最も不幸な生を送る人の生き方を次のように説明する。

> T5 *Grg.* 478e6-479a3: この人〔sc. 最も不幸な生を送る人〕は，最大の不正事を犯し，最大の不正を行使しながらも，説諭されることも懲戒されることも罰を受けることもないように上手く立ち回る人ではないか。丁度，アルケラオスやその他の僭主，または弁論家や権力者がそうだと君が言うように。

---

[12] 魂（＝人全体）が身体より重要である分だけ（cf. 512a5-6; Irwin (1979: 232)），悪徳は病気よりも人全体の幸福にとって有害であることになる。

アルケラオスが例となっていることからも推測されるように[13]，この種の人物は最大級の犯罪をただ1度犯してしまう人ではなく，何度も繰り返し行なう人である（τὰ μέγιστα ἀδικῶν 478e6）。その際彼は，既に所有している不正という悪徳を使用して（χρώμενος μεγίστῃ ἀδικίᾳ 478e7）不正行為を犯す。ここにおいて，性向としての不正と不正行為の間に一種の因果関係が認められる。不正行為は形成済みの性向としての不正から発出してくるのである（cf. 520d1-2）[14]。さらにこの人は，不正行為をなすよう習慣づけられているのみならず，罰を受けないで済むよう画策し様々な企みを実行するような人でもある。かくして，最も不幸な人の生は，性向としての不正を原因とする不正行為と罰を免れようとする様々な行為から構成されていることがわかる。

そこで「不正を行ないながら罰を受けないこと」は，それが不正行為と罰を受けないための諸行為という2つの要素からなることにより，最も不幸な人の内実を語るものと診断できる。そうした人が「最も悪しく生きる」（Κάκιστα ... ζῇ 478e4）と悪に関する最上級によって表現されていることは「不正を行ないながら罰を受けない」という〈最大悪〉が「最も悪しき生」に直接由来することを示唆する。であればその場合の「悪」は「生における悪」即ち〈不幸〉のこととなろう。〈不幸〉は，「有害・害悪」とは違い，何か別の悪に対して貢献するから「悪」と呼ばれるのではなく，無条件にそれ自体で避けられるべき悪である[15]。それ故「不正を行ないながら罰を受けない生」は人にとって〈究極の悪〉なのだ。

不正をめぐる3種類の最大悪の相互関係についてまとめると，無条件に最大の悪である不幸な生（＝不正を行ないながら罰を受けない生）を外的観点から構成するものの中で不正行為は最も有害であり，その意味

---

13) アルケラオスについては471a4-d2でのポロスの証言を参照せよ（cf. μέγιστα ἠδικηκώς 471c6; 525c1, d5-6）.
14) Santas（1979: 231）もまた「不正をなすことは行為者の魂内の不正によって惹き起こされる」と註記するが，さらに「不正行為は行為者の魂内の不正を継続させ，より大きなものにする」と付け加えている。
15) 不正を留める生が最悪であることが，KAでなく〈病気—不幸〉との類比から導かれている事実は重要である。

で最大悪とみなされる。その不幸な生が内的観点から見られた場合，不正行為の原因となる性向としての不正（またその他の悪徳）が，所有物中最も有害であるという意味で，最大悪とみなされるのである。

2 〈最大悪〉としての偽なる思い

次にT1の考察に移る。なぜソクラテスは「偽なる思い」が最大の悪だと考えているのか。この問に答えるために，T1における「偽なる思い」の対象が，事柄一般ではなく，ある特定の事柄，即ち，ソクラテスとゴルギアスの「議論が今問題としている事柄」(cf. 458a8-b1) だということに注意したい。彼らは何を議論しているのだろうか。

私はE・R・ドッズと同様に[16]，単に弁論術の定義が問題なのではなく，より根本的なことが議論されていると考える。それは対話篇全体に関わる事柄で，例えば，人にとっての最大の善とは何であり (cf. 451d-452d)，どう弁論術や哲学はそれに役立ち，その結果人は幸福たりうるのか，といった事柄である。簡単にまとめると「人はいかに生きるべきか」が問題になっていると言えよう (cf. 488a, 492d, 500c, 512e-513a)[17]。もしそうだとすれば，ソクラテスが最大悪とみなしているのは「いかに生きるべきか」に関する偽なる思いと推測できる。

この推測は『ゴルギアス』篇の別の箇所によっても補強される。

T6 *Grg.* 472c6-d4: 我々が論争している事柄は決して些細なことではなく，殆ど何か，それについて知っていることが最も立派であり，知らないことが最も醜い，といったようなことなのだ。その要点は，誰が幸福であり誰がそうでないか，知っているか知らないかというところにある。例えば，まず第1に，今の議論が問題にし

---

16) Dodds (1959: 215). 次に引用するT6への註でDodds (1959: 245) は「人の幸福に関する根本問題」が議論されているとする。

17) 対話篇末尾でソクラテスは，カリクレスもポロスもゴルギアスも彼が推奨する生以外の生を送るべきとの証明に失敗したと宣言する (cf. 527a8-b2)。これは対話篇全体が「いかに生きるべきか」の問をめぐってあったことを示している。

ていることについて，不正を行ない不正な人であっても幸福たりうる，と君は考えている（ἡγῇ）のだね，アルケラオスが不正な人であっても，幸福だと考えている（ἡγῇ）のであれば．

ここでソクラテスは，ポロスの「人はいかに生き幸福であるのか」に関する信念（cf. 472d2-3; σοῦ νομίζοντος d4; cp. 474b4）を吟味し，それが偽であることを示そうとしている[18]．それ故，この箇所では，偽なる思いと無知（μὴ εἰδέναι 474c8, ἀγνοεῖν c9）とが区別されていない[19]．またその無知が最も醜いことと判定されるのは，（未だ KA は導入されていないとしても）KA を用いた論証によって，無知もまた最大悪と判定されることを示唆する[20]．であれば「いかに生きるべきか」に関する無知，即ち，偽なる思いが最大悪と理解されよう．さらにこの種の無知が KA に基づいて最大悪と特徴づけられうることは，それと不幸な生との繋がりをも予想させる．そしてまさしくその繋がりが 478e6-479c8 に見出せるのである．その箇所でソクラテスは，最も不幸な生を送る人のもつ「いかに生きるべきか」に関する無知を論じているのだから．

478e6-479c8 で語られる最も不幸な生を送る人は，先に T5 で見たように，単に不正行為を働くばかりでなく，罰を受けないよう上手く立ち回る人である．ソクラテスはこの人の内面に目を向け，内側からその生を描写する．まず，病気を抱えながら医者に身を委ねない人と比較する．

---

18) この作業こそが「エレンコス」と呼ばれるものである（cf. ἔστι μὲν οὖν οὗτός τις τρόπος ἐλέγχου, ὡς σύ τε οἴει καὶ ἄλλοι πολλοί. ἔστιν δὲ καὶ ἄλλος, ὃν ἐγὼ αὖ οἶμαι 472c2-4）．

19) 無知を偽なる思いと規定することについては，*Prt.* 358c, *Euthd.* 286d, *Tht.* 170b 参照．

20) 論証は次のようになろう．
1. この種の無知は最も恥ずべきものである．（前提）
∴ 2. この種の無知が最も恥ずべきものであるのは，それが最も苦痛であるからか，最も悪いからか，その両方によるからである．（(1) と KA より）
3. この種の無知は苦痛ではない．（前提）
∴ 4. この種の無知が恥ずべきものであるのは，それが最も苦痛であるからでも，最も苦痛でありかつ最も悪いからでもない．（(2) と (3) より）
∴ 5. この種の無知は最も悪い，即ち，最大悪である．（(2) と (4) より）

T7 *Grg.* 479a5-b1: これらの人々〔sc. 最も不幸な生を送る人々〕は（…）あたかも重病に苦しんでいる人が，丁度子供のように，焼かれたり切られたりすることを苦痛であると恐れつつ，身体の過ちに対する罰を医者から受けることも癒されることもないよう行なうのと同じことを行なってきたのだ。

　ソクラテスは，罰を逃れるべくいろいろ試みる人の内面に苦痛への恐れが存在していることを指摘する。それは苦を生み出すもの，即ち，罰への恐れであり，それ故に罰を避けるための諸行為の原因でもある。だがさらに彼は苦痛への恐れに先行する心的原因を特定する。

　T8 *Grg.* 489b4-c4:〔そうした病人が恐れを抱くのは〕彼が健康，つまり，身体の徳がどのようなものか知らないからなのだ。我々によって今同意されたことから，罰を逃れる人たちも恐らく何かこのようなことをするのだ，ポロスよ，即ち，罰を受けることの苦痛は見て取るが，その有益さには目が利かず，不健全で欠陥があり不正で不敬虔な魂をもって生きることが不健全な肉体をもって生きることよりもどれほど不幸であるかを知らず，そのことから罰を受けず最大の悪から解放されないで済むようなことの一切を行なうのである，お金や友人を準備し，できるだけ説得力ある話し手となるよう準備しながら。

　ソクラテスは，T7における重病人の苦痛への恐れを健康の有益さへの無知によって説明する。これは無知が恐れの原因であることを示していよう[21]。類比的に，不幸な生を送る人が罰を避けたがる原因は，罰に伴う苦痛への恐れというよりも，それに先行する無知である。その人は，罰が自らを幸福へと導く手段だということを知らず，不正をはじめとする悪徳に満ちた状態を不幸だとは考えていない。換言すれば，「いかに生きるべきか」に関する無知に満ちているのである。ソクラテスはこの種の無知を，当人の魂内に生ずる外側から観察されない内的行為

---

　21) Irwin（1979: 52）は479b3-4 を "it's because he doesn't know what health and excellence of body are like." と訳す。

（ποιεῖν 479b5）と特徴づける[22]。そしてこれこそが，お金や友人を集めたり弁論を用意したりする（cf. c2-4），外側から観察されうるという意味での，外的行為（ποιοῦσιν c1）を惹き起こす（ὅθεν c1）。これら外的行為は罰を逃れる行為（cf. c1-2）に結果する（ὥστε c1）のだから，「いかに生きるべきか」に関する無知と罰を逃れる諸行為の間には一種の因果関係が認められるのである。

　以上の考察は，「いかに生きるべきか」に関する無知が〈最大悪〉と特徴づけられる理由を説明する。先に気づかれたように，無条件的な意味で〈最大悪〉たる最も不幸な生は，外的観点からは，不正な行為と罰を避ける行為から構成されている。他方，内的観点からは，丁度悪徳としての不正が，不正行為の原因として，不幸な生を内側から構成するように，「いかに生きるべきか」に関する無知も，それが罰を避ける行為の原因である限り，その不幸な生を内側から構成しているのだ。この場合，この種の無知は，私たちの幸福にとって最も有害であり不幸な生に最も貢献するという意味で「最大の悪」と呼ばれうるであろう。

むすび

　本章で私は，なぜ『ゴルギアス』篇において4種類の異なる「最大の悪」が見出せるのかその理由を考察してきた。まとめると，「悪」の二義的な使用，即ち，無条件に「悪」と呼ばれる不幸と，別の悪へと寄与することによって「悪」と呼ばれるもの（＝有害なもの）とが区別された上で，「不正を行ないながら罰を受けないこと」は最も不幸な生と同一視されることで〈最大悪〉と呼ばれ，他の3つ（不正行為，魂の状態としての不正と無知）は，それぞれの仕方で人の生が不幸であるのに寄与するため〈最大悪〉と呼ばれたのである。つまり，不幸な生が外側から見られる場合，不正行為はそれを構成するものの中で最大の要素であり，他方，不幸な生が内側から見られる場合，不正行為の原因となる悪徳としての不正と，罰を受けない諸行為の原因となる「いかに生きるべ

---

[22] T8 傍点部の καθορᾶν, τυφλῶς ἔχειν, ἀγνοεῖν が τοιοῦτόν τι ποιεῖν の補足的説明だということについては，田中・加来（1960: 108）の当該箇所への註を参照。

きか」に関する無知とがそれを構成しているのである。こうして，他の3つの〈最大悪〉は「不正を行ないながら罰を受けないで生きる生」の部分なのだ。

　最後に，以上の考察が含意していると思えることを3点指摘したい。第1に，不幸と悪徳（不正・無知）の関係は，幸福と徳の関係についてT・アーウィンが主張するような，目的と手段，結果と原因といったものではない[23]。悪徳は部分として不幸な生を構成しているのである。第2に，魂内に不正と無知という2つの〈最大悪〉がある理由については，私は〈悪徳の一性〉に訴えるよりも，仮にピタゴラス派起源とされる魂の部分説（cf. 492e-494a）が対話篇執筆時でのプラトンの魂論であったとすれば，知的部分の悪徳である無知・偽なる思いと欲求的部分の悪徳である不正その他とが区別されうることで説明したい。前者はただしい弁論術（cf. 480b7-d7, 517a5; 留保付きでエレンコス）により除去され，後者は罰を受けることで除去されうるのである。第3に，様々な否定的な価値が最終的には〈不幸〉に由来するのであれば，プラトンが考える価値体系全体を理解するために，〈不幸〉の内実が何であるか知る必要がある。この課題は，外的現われからでなく，原因として，説明においても優先する筈の不正や無知の内実およびその相互関係が明らかになることによって果たされるだろう[24]。

---

　23) 但し，無知は不正の形成に寄与し，それ故不幸を産み出す原因とも言える。幸福と徳の場合についてのZeyl (1982) の解釈を参照。また，「いかに生きるべきか」に関する無知といわゆる「無知の無知」の関係も含めて，〈無知〉についての考察は次章でさらに展開される。

　24) 本章は1997年5月24日に東京都立大学で開かれた日本哲学会での発表原稿に基づく。発表時にコメントと質問をくださった内山勝利，納富信留，伊集院利明，中畑正志の各氏をはじめ，いろいろな機会に議論していただいた皆様（とりわけ東京都立大学・神崎繁ゼミの方々）に感謝します。

第 2 章

『ゴルギアス』篇の〈悪人〉論
——「不正な人」の場合——

はじめに

　私たちは生活の中でしばしば「あいつは悪い奴だ」とか「あの人って結構悪人だね」と他人を評価したり，ときには自身について「どうしてこうも自分はワルなのか」と慨嘆したりもする。だが，そのようなとき私たちは〈悪人〉ということで何を考えているのだろうか。

　本章で私は，プラトンの〈悪人〉論を『ゴルギアス』篇に焦点を当てて考察し，私たちの〈悪人〉観を反省する機会を提供したい。私がこの対話篇を選択するのは，プラトンがそこで〈悪人〉の 1 つのタイプである「不正な人」について示唆に富んだ見解を提出しているからである[1]。彼は「不正な人」を異なる 2 つの観点から説明する。1 つは，外から観察されうる行為に着目するという「外的観点」で，その観点から不正な人は「不正行為をなす人」と特徴づけられる。この場合，不正な人は，ものを盗んだり他人を奴隷に売ったり家に押し入ったりするといった犯罪を行なう人であり（cf. 508e3-4），また，ポロスの独裁僭主アルケラオスについての報告から明らかなように（cf. 471a4-d2），人を欺き殺し王位を簒奪するといった最大の悪事を働く者である。もう 1 つの観点は，外からは観察されえない魂内の状態に注目する「内的観点」で，その観点から不正な人は「悪徳としての不正を所有する人」と特徴

---

1) 他のタイプは「放埒な人」「臆病な人」「不敬虔な人」「無知な人」である。

づけられる。この場合，不正な人は所有している不正を使用して（cf. χρώμενος μεγίστῃ ἀδικίᾳ 478e7）不正行為をなす人でもある[2]。

しかしながらプラトンの分析はここで終わらない。彼は『ゴルギアス』篇において，さらに2種類の不正な人を区別することで，より精緻な議論を展開しているのである。即ち，不正という悪徳を癒されてよい人になる可能性を有するタイプと癒されることなく不正な人であり続けるタイプとに分け，より厳密な考察を加えているのだ。本章で私は，これら「癒し可能な不正な人」と「癒し不可能な不正な人」とが2つの観点からどのように記述されるのかを問題にする。とりわけ「内的観点」に関して，性格の悪さ（不正）というethicalな側面のみならず，幸福についての考え方や自己自身の捉え方といった，当人の人生を決定する信念の歪み（無知）というintellectualな側面にも注目しつつ，プラトンの議論に迫ってみたい。また後半では，「不正な人」が問題となるもう1つの文脈――いかにして若者が不正な人になっていくのか――に注意を向け，『ゴルギアス』篇におけるプラトンの「不正な人の生成論」を瞥見したい。

1 死後の裁きに関するミュートス

はじめに『ゴルギアス』篇の最後に語られる「死後の裁きに関するミュートス」（523a1-527e7）を取り上げる[3]。ミュートスは，(1) ソクラテス[4]がハデス（冥界）での裁きについて知者から聞いたままに物語る部分（523a1-524a7），(2) ソクラテスが (1) から帰結するものとして自らの解釈を展開する部分（524a8-527a4），(3) ソクラテスが「いかに生きるべきか」について対話相手に勧告する部分（527a5-e7）に分けられるが，ここでは考察を (2) に限定したい。なぜならそこでこそ「癒し可能な不正な人」と「癒し不可能な不正な人」の区別が問題に

---

2) 2つの観点からの不正な人の特徴づけについては，本書第1章1.2参照。

3) 『ゴルギアス』篇のミュートスとプラトンの他の対話篇中に見られる終末論的ミュートスの異同については，森村（1985: 140-167）が詳細な考察を行なっている。

4) 以下「ソクラテス」はプラトン対話篇中の同名の登場人物を指す。

第 2 章 『ゴルギアス』篇の〈悪人〉論

なっているからである。

　(2) でソクラテスは，死を魂と肉体の分離と定義し（cf. 524b2-4），死後に魂と肉体とが何を経験することになるのか物語る。丁度肉体がハデスにおいて生前の状態を保つように（cf. b4-d3），魂もこの世での状態をそのまま保つことになる（cf. d3-7）と述べて，彼は不正な人の魂の状態をいくつか描写する。ある魂は「真理に関わることなく育てられたために真っ直ぐなものを何も」もつことがないし（cf. 525a3），別の魂は「勝手気ままで贅沢に，また傲慢でだらしなく振る舞ったが故に」均衡を欠いた醜さに満ちている（cf. a3-6）。このような不正な人の魂はハデスの牢獄へと送られて，それぞれのあり方に相応しい罰を受けることになる。

> T1 *Grg.* 525b1-c8：誰であれ罰を受ける人には（その罰が他者によってただしく加えられるとすれば），自身がそれによって改善され利益を受けることになるか，或いは，彼が様々な責苦にあっているのを見る他の人々の方が恐れを抱きよりよい人間となるべく，他の人々にとって見せしめとなるか，このいずれかが相応しい。このうち，神々や人間から罰を受けて益される者というのは，癒し可能な罪過を犯した人々である。とはいえ，その利益は，この世においてもハデスにおいても，様々な痛みと苦しみを通じて彼らに生じる。なぜならそれ以外に，不正から解放され得ないのだから。他方，極悪非道のかぎりをつくし，そうした諸々の不正行為の故に癒し不可能になった者たちから見せしめは生まれる。これらの人々は癒し不可能であるため，もはや自身が益されるということは全くない。彼らが自らの罪の故に，最もひどい，最も苦しい，最も恐ろしい責苦を絶えず蒙っているのを，他の人々が見て益されることになるのである。いわばこの癒し不可能な人々は，かのハデスの牢獄の中に，全く文字通りの見本として吊り下げられて，次々にそこにやって来る他の不正な者たちの観覧に供されて，彼らに対する戒めとされるのである。

　T1 でソクラテスは，罰を受けて不正という悪徳から解放されうる

「癒し可能な不正な人」と罰を受けても不正を除去し得ない「癒し不可能な不正な人」を区別している。この区別について注意すべきは，ここでは内的観点からの説明が欠如しており，単に外的観点からのみ記述されているということである。このことについて3点指摘したい。

第1に，T1では不正行為が不正な人を産み出すということが前提とされており，不正行為が癒し可能か否かによって，行為者が癒し可能な者になるかどうかが決まると考えられている。しかしながら，行為の癒し可能性が何を意味するかはそれ自体では理解困難であり，むしろ行為が産み出す不正が癒し可能か否かによって，その行為が癒し可能か否か特徴づけられると解すべきである。それ故，「癒し可能な不正行為から産まれる不正な人」「癒し不可能な不正行為から産まれる不正な人」という記述は，不正の癒し可能性に関する内的観点からの説明を欠くため，情報量に乏しい。

第2に，T1では罪とそれに対する罰の大きさが対比されている。癒し不可能な不正な人は「極悪非道のかぎりをつくし（…）最もひどい，最も苦しい，最も恐ろしい責苦」を受けると語られるが，このことは，人が犯す罪が大きければ大きいだけ，その人が受ける罰もそれに応じて大きくなるということを示唆する。不正な人の魂は自らに「相応しい数々の責苦を堪え忍ぶ」（ἀνατλῆναι τὰ προσήκοντα πάθη 525a7）のでなければならないのである（cf.526b8-c1）。そうであれば，癒し不可能な不正な人が最大の罰を受ける限り最大の不正を犯しており，癒し可能な不正な人は最大の罰を受けない限り，犯した不正行為も小さいものだったのであろう[5]。しかしここでも不正行為の大きさは何ら行為者の魂の状態について語りはしない。

第3に，ソクラテスは両者の他の人々に対する「見せしめ・見本」（παράδειγμα；525b2-3, c6-7）としての役割を区別して捉えているようである。癒し不可能な不正な人は文字通り「見本として吊り下げられ」（525c6-7），見る者に多大な恐れを産み出すが，それに対し癒し可能な人は，明瞭には語られていないとしても，裁きと罰を受けることによって不正が癒されうるという希望を他人に与えるだろう。ハデスにい

---

5) Cf. Mackenzie (1981: 187).

る人々は皆——そしてこの世の人々も——不正な人の魂が受ける罰を見ることになるが，それは人々が「不正な人が蒙っていることを見て恐れを抱き，よりよい人にならんとする」（cf. b3-4）ためである。こうして不正な人は他の人々にとって「範例」となる。「恐れ」と「希望」は魂の状態に関わるが，不正な人ではなく，刑罰の執行を目にする人の魂に生じるものであるため，ここでは重要ではない[6]。

なるほど，こうした対比は2種類の不正な人の違いを外的観点から際だたせるものだと言える。だが他方，内的観点から両者の異なりはどう説明されるのであろうか。

2　内的観点から見られた不正な人

『ゴルギアス』篇の別の箇所で，ソクラテスは明らかに内的観点から2種類の不正な人を区別している。人は決して不正を犯さぬよう自己自身を配慮しなければならない（φυλάττειν 480a3）と述べた後で（cf. 480a2-4），ソクラテスは次のように語る。

> T2 *Grg.* 480a6-b2：だがもし，いったん不正を行なってしまったならば，それが自分自身であれ，或いは自分が気にかけている誰か別の人であれ，自らすすんで（ἑκόντα），できるだけすみやかに罰を下してもらうような場所へ，赴かなければならない，——ちょうど医者のところへ行くのと同じように，不正という病いが慢性化して魂を膿ませ癒し不可能なもの（ἀνίατον）にしてしまわないように，懸命に（σπεύδοντα）裁判官のところへ行かねばならないのだ。

T2でソクラテスは，病気を比喩として用いながら，癒し可能な不正な人が癒し不可能な不正な人になっていく過程に言及している。彼はここで癒し可能な不正な人を内的観点から描写しているようにみえる。な

---

6) Cf. Mackenzie（1981: 186）.

ぜなら，そうした人は未だ「自らすすんで」「懸命になって」裁判官のところへ行きうる，と魂の状態について述べているからだ。癒し可能な不正な人も，癒し不可能な不正な人と同様，実際には裁判官の下へ赴くことはないのだが，それでもそこへすすんで懸命になって行く力と可能性を依然有しているのである。逆に，癒し不可能な不正な人はこの力を欠いていると言えるであろう。この力を「自発的決断力」と呼べば，ソクラテスが内的観点からどのように不正な人を説明しているか理解するためには，この自発的決断力が何であり，何に由来するのかを明確化する必要があると思われる。

2.1 『リュシス』篇（217a3-218c2）における「無知の自覚」

この目的のために私は『ゴルギアス』篇をひとまず脇に置いて，類似の議論が見られる『リュシス』篇（217a3-218c2）に注目したい。問題を考察していく視角を得るためである[7]。そこでの議論は次のように進んでいく。存在するものには，よいもの，悪いもの，よくも悪くもないもの，という3種類があると述べた上で（216d5-7; cf. Grg. 467e1-468a4），ソクラテスはまず217a3-c2で，身体の場合には，よくも悪くもないものである身体が，悪いものである病気の故に，よいものである医術の友になる，ということを示す。さらに続けて一般に，よくも悪くもないものが友になるのは，それがそれに内在する悪いものによってそれ自身悪いものになってしまう以前のことだと主張し，その理由を，一旦悪いものになってしまえば，もはやよいものと友とはなり得ないからだと説明する（cf.217b6-c1）。これを例示するために，ソクラテスは髪の毛が染料によって白く見えるだけの場合と老年の故に本当に白くある場合の違いを語る。そして，物には自分のところに存在する物と同じ性質になる場合とそうでない場合とがあるということを強調するのである（cf. 217e1-3）。

次にソクラテスは魂に話を移すが（217e1-218c2），その際彼は，魂にとってよいものとは知であり悪いものは無知（ἄγνοια）であることを前提として「どのような人が何と友になるのか」という議論を進めてい

---

[7] 『リュシス』篇（217a3-218c2）の私の論点に対する重要性はテリー・ペナーから指摘を受けた。

く。彼はまず「既に知者である人が知と友となる」という可能性を，そうした人はもはや知を愛すること（φιλοσοφεῖν）がないという理由から，除外する（cf. 218a2-4）。次に彼は「悪人であるほどに無知を所有している人も知と友となることがない」と主張する。悪人になりきってしまった無知な人は知を愛することがないからである（cf. a4-6）。そこで結果として

> T3 *Lys.* 218a6-b1：あとに残るのは，無知という悪いものを所有している人々が，未だそれによって知らない者とも学ぶ可能性を欠いた者ともなっておらず，知らない物を知らないと未だ考えている（ἔτι ἡγούμενοι εἰδέναι ἃ μὴ ἴσασιν）場合である。

以上の議論について問うべきことは多い——例えば，これが「友とは何か」という対話篇の主題についての最終的な解答となっていない理由は何か。また，ソクラテスは不正といった他の悪徳には触れず，なぜ無知だけを魂の悪として選び出したのか，など——が，ここでは触れず[8]，無知の故に既に悪人となってしまっている人と無知を所有してはいるが依然として無知な人にも悪人にもなりきっていない人との対比だけに集中したい。

両者の対比は〈認識・信念〉と〈欲求〉という魂の2つのはたらきに関してなされている。まず欲求について言えば，丁度すっかり病気になってしまった身体が善である医術を欲求することができないように（cf. ἀδύνατον; 217c1-2），無知の故に悪人になりきってしまった人も知を欲求することはできない。しかも期間限定的に欲求をもち得ないのではなく，白髪が黒髪に戻らないように（cf.c3-e1），以後一切不可能なのである。他方，未だ全き悪人にも無知な人にもなりきっていない人は，知を愛し求めることができ無知を除去しうる。悪人であることの癒し可能性・不可能性は善なる知を欲求する可能性・不可能性で説明されているのだ。

しかしながら，この欲求可能性の有無はさらに両者の認識・信念の違

---

8) 病人の場合と悪人の場合とがうまく対応しあっていない点にも問題がある。この箇所のより詳細な分析については，Bolotin（1979: 150）を参照。

いによって説明される。T3では，自らが所有している無知に気づいていて，自らが無知だとただしく考えている人は知を愛し求める，と述べられるが，このことは，論理的には，知を愛し求めない人とは，単に無知であるばかりではなく，自らの無知に気づかず，知っていると間違って考えている人だ，ということを含意する。いわゆる「無知の無知」の状態にある人である。ここで〈可能性〉の観点を導入すると，まず，善なる知を欲求できない人は，無知に気づくことができず，善を所有しているという思いを変えることができない人である。他方，知を欲求できる人は，今無知に気づいていなくとも，気づく可能性を秘めた人であろう。こうして，悪人でなくなりうる人は無知の自覚をもちうる人であり，全き悪人のまま留まり癒し得ない人は無知の自覚をもち得ない人だと結論できる。また言うまでもなく，既に無知を自覚している人は，癒し可能な人である[9]。

　以上の考察は，癒し可能な悪人と癒し不可能な悪人の違いが直接的には善への欲求をもちうるか否かによっていること，そして欲求可能性の有無はさらに無知に対する態度の違いに基づいていることを示している。『ゴルギアス』篇に戻れば，善への欲求とは，〈不正からの解放〉という益を求めて裁判官の下へと赴くことの欲求に他ならない。この欲求は先に「自発的決断力」と名付けられたものである。『リュシス』篇の考察は，この力が「無知の無知」と「無知の自覚」に密接に関係していることを示唆する。即ち，自発的決断力という〈善への欲求〉は，自らが未だ善を欠いているとの自覚に由来すると予想されるのだ。そこで次にT2をめぐる文脈の中で，この点を考察してみよう。

2.2　2種類の不正な人の異なり

　T2に先立ってソクラテスは不正な人を，不正を行なうが罰を受ける人と不正を行ないながら罰を避ける人，の2種類に区分している（cf. 477e7-478e5）。両者は，外的観点から見られた場合は——不正行為の行為者という意味で——「不正な人」として区別されることはないが，魂の状態に関しては区別可能であり，その違いが裁判官の下へ行くか否

---

9) ここでは，〈論理的可能性〉としての「できる」と〈(潜在)能力〉としての「できる」を区別していない。

第 2 章 『ゴルギアス』篇の〈悪人〉論

かという行動の違いに直結するのである。ソクラテスによれば，この区別は罰を受けることに恐怖を抱くか否かに基づく（cf.479a5-b2）。不正を行ないながら罰を避ける人は，病気の子供が医者の処置を嫌がるように，罰を受けることを恐れるのである。そして，この恐怖はさらにある種の無知に由来するとされる[10]。

> T4 *Grg.* 479b4-c4：〔そうした病人が恐れを抱くのは，それは〕彼が健康，つまり，身体の徳がどのようなものか知らないからなのだ。我々によって今同意されたことから，罰を逃れる人たちも恐らく何かこのようなことをするのだ，ポロスよ，即ち，罰を受けることの苦痛は見て取るがその有益さには目が利かず，不健全で欠陥があり不正で不敬虔な魂をもって生きることが不健全な肉体をもって生きることよりもどれほど不幸なことであるか知らず，そのことから罰を受けず最大の悪から解放されないで済むようなことの一切を行なうのである，お金や友人を準備し出来るだけ説得力ある話し手となるよう準備しながら。

ここには罰を避ける不正な人が所有する無知の中身が語られている。その人の無知が関わるのは，(i) 魂の徳がどのようなものか，(ii) 罰がどれほど有益なのか，(iii) 自らの魂の状態がどれほど不幸であるのか，といったことである。一言でいえば「いかに生きるべきか」に関する無知である。さらに T4 は (iv) その人が罰を受けることの苦痛を見て取る（cf. τὸ ἀλγεινὸν αὐτοῦ [sc. τοῦ δίκην διδόναι] καθορᾶν 479b6）ということも指摘している。

さてこういう無知を所有している人とはどのような人なのだろうか。ソクラテスは，この無知ゆえに不正を行ないながら罰を受けない生を送る人を，最高に不幸な人と論定し（cf. 479c8-e9），その代表者としてアルケラオスの名を挙げる（cf. 479a2, e2）。このアルケラオスは「死後の裁きに関するミュートス」でも「究極の悪人たち」（οἱ σφόδρα πονηροί 526a1）の内のひとりで「癒し不可能な不正な人」だと認定されている

---

10) この箇所については，本書第 1 章第 2 節で論じた。

(cf. 525d1-2)。そうであれば，T4で述べられるような無知に従い生きる人こそが癒し不可能な不正な人だと言えまいか。〈不正を行なうが罰を受ける人〉と〈不正を行ないながら罰を避ける人〉という対比は，そのまま〈癒し可能な不正な人〉と〈癒し不可能な不正な人〉という対比に重なると考えられるのだ。

　だが仮にそうだとして，上述の無知を所有する人が不正を除去し得ないのはなぜか。注意すべきは，この人が単に「いかに生きるべきか」に関する一般的な無知だけでなく，自らの無知に気づいていないという無知をも共に所有している，ということである。なぜなら，まず，罰を受けないで済むようなこと一切を行なうこと——「外的行為」(ποιοῦσιν 479c1)——は，魂内でなされる先の一般的無知——「内的行為」(ποιεῖν b5)[11]——によって（ὅθεν c1）惹き起こされる。さらに，この一般的無知の運動が行為である限り，それを個別状況の中で「よし」として許すものがなければならない。それは「自分は知っているのだからできるのだ」という自己についての誤った思いだろう。行為の遂行条件として行為者の自己についての無知が前提されているのである。『リュシス』篇の考察結果を適用すれば，単なる無知のみならず，無知に気づかず自己のあり方について誤った思いを抱く人は，自発的決断力を失っている人だと考えられる。そのため不正は除去されることなく，この人の内に留まり続けるだろう。

　では他方，罰を受ける人が癒し可能な不正な人であることは何を意味するのだろうか。その人が「いかに生きるべきか」に関して知っているということだろうか。しかし，恐怖を抱かないで罰を受けようと自発的に決断するには，それについて知っている必要はない[12]。その決意には「いかに生きるべきか」の無知を個別状況において発揮させなければ十分ではないか。即ち，自己の魂が悪しき状態にあるとただしく考えるようになることで[13]，罰を受けないで済むようなことを行なわず，自発的

---

11)　「外的行為」と「内的行為」については，本書第1章第2節参照。

12)　或いはむしろ，不正でない一般人ですら知らないと言うべきである。492d2-3でソクラテスは，カリクレスが他の人々が心で思っている（οἱ ἄλλοι διανοοῦνται）が語ろうとしないことについてはっきり言っているという点を評価している。このことはカリクレスの快楽主義的幸福観が他の多くの人々と共有されていることを示唆している。

13)　(iv) に関しては，その人は罰の「苦痛を勘定に入れること」(cf. μὴ

第 2 章　『ゴルギアス』篇の〈悪人〉論　　　　　　　　　　43

に裁判官の下へ向かいうるのである[14]。この自発的決断力の発動は，T2 で見たように，未だ癒し不可能な不正な人になっていないことを意味している。したがって，不正行為をなしつつも，自己のあり方についてただしい信念・認識をもち，自発的に罰を受けうる人は癒し可能な不正な人なのである[15]。

　以上の解釈は，癒し可能な不正な人と癒し不可能な不正な人の違いを，内的観点から明確にした。だが，1つまだ明らかになっていない点が残っている。それは，T4 で述べられた無知の所有者ですら，つまり，そうした無知について無自覚的な人ですら，何らかの仕方でその無知について気づくようになり，それを除去できるのではないか，という疑問

ὑπολογιζόμενον τὸ ἀλγεινόν 480c7-8）を止め苦痛を恐れないようにならねばならない。つまり，善のための苦だとただしく考えるようになる必要がある。

　14)　私は Irwin の "ἑκών"（cf. 480a7, willingly; voluntarily）についての註（Irwin (1979:168)）に反対したい。彼は，この箇所の「自己の選択による自発的行為」は，他の箇所（488a3, 499c3, 509e6）で「無知故の行為」と対比されているのと違い，「罰せらるべく強制的に連れて行かれること」に対比されていると主張する。しかし，ここでの選択は当人の「いかに生きるべきか」に関する一種の知に基づいているのであるから，他の箇所と同様，「無知の故の行為」に対比されていると考えられる。不正行為の行為者は無知を自覚しているが故に，裁判官の下へすすんで赴くのである。

　15)　『ゴルギアス』篇には，不正の癒し不可能性について触れた箇所（511c7-512b2）がもう1つ存在する。法廷で自分の命を救うために弁論術は大切だと主張するカリクレスを批判するために，ソクラテスは「航海術を弁えた舵取りの比喩」を議論に導入する。この舵取りは船客を危険から救うということを成し遂げつつも謙虚であるが，それはソクラテスによれば「彼は，次のように思考することを知っている（ἐπίσταται）からなのだ——共に航海した船客たちを海に溺れないようにして，自分が彼らのうちの誰を益し，誰に害をあたえたことになるのかは不明だ，というように。なぜなら，彼は，自分が船客たちを，乗船したときとくらべて肉体的にも精神的にも，よりすぐれた人間にしたうえで上陸させたわけではないのを，よく承知している（εἰδώς）からだ。そのとき彼はこう考える——もし船客たちのなかに誰か，重い癒し不可能な病気（ἀνιάτοις νοσήμασιν）に身体をおかされている人がいて，この人が海に溺れないで済んだのであれば，そういう人は死ななかったがゆえにかえって不幸であり，自分によって何ら益されないだろう。しかるに，誰かが身体よりもさらに貴重なものである魂の中に，数多くの癒し不可能な病気（νοσήματα ... ἀνιάτα）をもっている場合，そういう人にかぎって生きていた方がよいというようなことが，いったいありうるだろうか。そういう人を，海であれ，法廷であれ，その他どこであれ，命を救ってやることによって，その人を益したことになるだろうか？——いや，そんなはずはない，と彼は考える。邪悪な人間にとっては，生きているということは何らよいことではない，なぜなら，邪悪な人間が悪しく（不幸に）生きるのは必然だ，ということを彼は知っているのだ（οἶδεν）」（511e6-512b2）。ここではもちろんのこと舵取りが航海術を弁えていることが重要なのではない。「いかに生きるべきか」に関する無知の自覚ゆえに彼がこのような思考をなしうるということが強調されているのである。

である。なぜその人は無知を除去で̇き̇ず̇，それゆえ善を求めることもで̇き̇ず̇，不正を癒し得̇な̇い̇のであろうか。

2.3 ソクラテス的エレンコスの効果

この疑問に答えるために，無知に気づく方法として何があるかを考えてみよう。それは他ならぬソクラテスの〈エレンコス〉だろう[16]。なぜならエレンコスは人の「いかに生きるべきか」に関する誤った信念に向けられるのだから。言い換えれば，ソクラテスのエレンコスの狙いは，無知の自覚の可能性をもちつつも未だ自覚に至っていない人に「いかに生きるべきか」知らないのだとただしく信じさせることなのである。それ故，それはその人がすすんで裁判官のもとへと行くよう促す役割をも果たす。次の２つの箇所を見てみよう。

　　T5 *Grg.* 475d4-e2：ソクラテス：君は，小さい悪であり醜いものの代わりに，一層大きな悪であり醜いものの方をとるのかね？――さあ，ためらわずに答えたまえ，ポロス。答えても別に害されはしないのだから。医者に身体を委ねるように，気高くこの議論に身を委ね，僕の問うていることに対して，肯定するか否定するかしたまえ。　ポロス：いや，ソクラテス，それをとることはできないよ。

　　T6 *Grg.* 505c3-6：ソクラテス：この男（カリクレス）は益されるのが堪えられないのだ。そしてまさにいま話題のことを蒙ること，即ち，懲らしめられ〔て抑制され〕ることが堪えられないのだ。　カリクレス：そうだ。それに私には，あなたの言うことなど，全くどうでもいいのだ。これまでのこともゴルギアスのために答えていたのだから。

T5 においてソクラテスは医者の比喩を用いているが，このことは身体を癒す者としての医者と魂を癒す者としての裁判官の類比を私たちに

---

16) ここでは，1983 年に Vlastos が新解釈を提出して以来（Vlastos（1994）に変更と共に再録）今日に至るまで解決を見ていない「エレンコス問題」については触れない。この問題をめぐる研究動向の整理とすぐれた分析は，中畑（1997）によって与えられている。

想起させる（cf. 476a3-478e9）。ソクラテスではなく，裁判官が不正を所有している魂を罰するのであるから[17]，ソクラテスの仕事は直接不正を取り除くことではなく，「いかに生きるべきか」について知っているとの誤った信念を不正な人から取り除き，裁判官の下へ行くよう促すことであって，そのようにしてその人を益するのである[18]。T6においてソクラテスは「いかに生きるべきか」について誤った信念を所有しているカリクレスの吟味を試みている。その際彼は自らの仕事を「いかに生きるべきか」に関して誤って信じ込んでいる人を益し懲らしめることとして記述している。それはあたかも裁判官が不正な犯罪者を益し懲らしめるかのようである。ソクラテスによるエレンコスなしには，カリクレスは生涯自分自身と不調和なまま生きざるを得ない（cf. 482b4-c3）[19]。

さらにT6からわかることは，ソクラテスのエレンコスが人の欲求に新たな方向づけを与える狙いをもっているということであろう。なぜなら，ソクラテスは「懲らしめること」（κολάζειν）を「魂をそれが欲求している（ἐπιθυμεῖ）いろいろなものから遠ざけて禁じること」（cf. 505b9）とみなしているからである。それ故，カリクレスの場合，ソクラテスは彼の「いかに生きるべきか」知っているとの信念のみならず，大衆・民衆（デーモス）により支持された〈権力への欲求〉をも変えようと試みているのである[20]。

T7 *Grg.* 513c4-d1：カリクレス：どうしてかはわからないが，あなたが語っていることは理に適っているように思われる，ソクラテス。だが私は，多くの人たちと同じことを蒙っていて，あなたに

---

17) アリストテレスは「懲らしめ」について，それが一種の医療であり，医療が反対のものを通じて行なわれるように，懲らしめも苦痛を与えることによって行なわれると述べている（『ニコマコス倫理学』第2巻第3章）。

18) このことは無論ポロスが不正をはたらいているということを意味するものではない。

19) Mackenzie（1981）は「505c4でソクラテスは冗談でディアレクティケーが罰の一形態だと示唆している」（185-6; 強調は引用者）と註釈するが，私はソクラテスの記述は重く受け止められるべきだと考える。この箇所はプラトンの〈不幸〉観を理解するのに大変重要である。Cf. Kurihara（2003）．

20) おもしろいことにT6は，カリクレスが自分自身の状況や自己自身のあり方について配慮せず（Οὐδέ γέ μοι μέλει οὐδὲν ὧν σὺ λέγεις 505c5）ゴルギアスに向けて自らのへつらい術を行使していることを示している。

すっかり承服してはいないのだ。 ソクラテス：それはね，カリクレス，民衆への恋情（δήμου ... ἔρως）が君の魂内にあって，私に抵抗しているからなのだ。しかし我々が同じこうした問題を，何度もくり返して（πολλάκις）もっとよく徹底的に考察するならば，きっと君は承服してくれるだろう。

　こうして，ソクラテスの絶えざる吟味はカリクレスの幸福観や欲求——特に，生全体を司る欲求——を変え導いていくものと考えられているのである[21]。
　さて，エレンコスが人のとりわけ「いかに生きるべきか」をめぐる信念と人生全体を司る欲求の方向づけに関わるとすれば，この方法は先に見た〈無知の無知〉により生きる人にどう適用されるのか。結論から言えば，このようなエレンコスが適用不可能であるから，かの人は癒し不可能だ，となる。というのは，エレンコスはその使用者たるソクラテスとの対話を成立のための前提条件とする。しかるにかの人は法廷においても賄賂を使ったり味方を集めたりして「弁論の達者」となって罰せられることを何としても避ける人である（cf.479c1-4）。あらゆる手段を駆使して，説諭されることも懲らしめ（κολάζειν）を受けることも避けようとする（cf. 478e7-479a1）そういう人に，ソクラテスとのまともな対話が期待できようか。エレンコスが一種の「懲らしめ」だとすれば，なおさらである（T6参照）。自らの幸福観がただしいと強く信じ，しかもその権力ゆえに信念の遂行を自由にできる立場にあって，自分が幸福であることを微塵も疑ったりしない人に，どうしてソクラテスとの対話が可能になるだろうか。もしエレンコスだけが信念の変更を促すものであって，かつ，対話が不可能だとすれば，かの人の信念は変わり得ないし，無知に気づくこともあり得ない。したがって，本当の意味での善への欲求ももち得ない。それ故，不正も除去し得ない。これが，前節の終わりに生じた疑問に対する答である。

　第1節からここまでの議論を要約しておこう。癒し不可能な不正な

---

[21] Cf. Irwin（1979: 233），Dodds（1959: 352），森村（1984: 1919）.

人と癒し可能な不正な人とは，外的観点と内的観点の両方から区別されていた。外的観点からは，「死後のミュートス」に見られたように，彼らの罰と罪の大きさに関して，また，他人に対する「見せしめ」としての役割に関して違いが認められた。内的観点からは，『リュシス』篇の考察が手掛かりを提供したように，両者は「いかに生きるべきか」についての無知への関わり方の点で異なっていた。癒し不可能な不正な人は「いかに生きるべきか」知っていると固く誤って信じており，それ故不正でなくなる機会を全くもち得ないのに対し，癒し可能な不正な人は「いかに生きるべきか」に関する自らの無知を現に自覚しているか，もしくは，自覚の可能性を有し，そのため裁判官のもとへと出頭する自発的決断力を備えているのである。そしてこのことはエレンコスに基づく効果と関係づけられたのであった[22]。さらに，カリクレスの場合には，ポリスにおける権力への欲求が彼の人生のあり方を支配しているため，ソクラテスのエレンコスはその欲求を再形成するのに役立つとされた[23]。『ゴルギアス』篇では2種類の不正な人がこのように区別されていることが確認されたのである。

3 「不正な人」の生成論

『ゴルギアス』篇では，看過できないもう1つ別のタイプの人たちが議論されている。それは，不正な人になりつつある若者たちである。彼らは，厳密には不正な人とは言えないが，先の2種類の不正な人をよりよく理解するためにも，若者たちがどのような人々なのか把握すること

---

[22] それ故，私は480b7-d7におけるソクラテスの弁論術に対する評価はアイロニーだとは考えない。彼はそこで明瞭な仕方ではないとしても真なる弁論術（cf. τῇ ἀληθῇ ῥητορικῇ 517a5）を自らのエレンコスになぞらえていると私は思う。この想像は，真なる弁論術の使い手が市民の魂がよくなることをいつも考えている人であること（cf.503a7-9; 504d5-e5）とソクラテスが自らを本当の意味での政治術を行使している者だと言い切っていること（cf. 521d6-8）との一致に基づく。しかしこの解釈は，真なる弁論家が「正しい事ごと」（τῶν δικαίων）を知っている正しい人でなければならないという（cf. 508c1-2）条件をソクラテスが満たすことをさらに論証しなければならない。

[23] ソクラテスはカリクレスの欲求が依然として可塑的なものと前提しているようである。

は有益だと思われる。というのは，彼らはある点では癒し可能な不正な人に似ているし，別の点では癒し不可能な不正な人に似ているからだ。ソクラテスの記述を追っていこう。

509c6-510a5でソクラテスは，不正を受けないためには，不正を行なわない場合と同様に，私たちは願望するだけでなく何らかの技術と力を必要とする，と主張する。それから彼は，不正を受けないための力は不正を行なわないための力と両立しないということを論証しようとする（cf. 510a6-511a3）。この論証の中で彼は不正な人になりつつある若者に言及している。論証内容を見てみよう。

ソクラテスはまず，ポリスにおいて力をもつことになる2つの手段について語る。1つは，僭主独裁者になったりして，自らポリスの支配権を握ることであり，もう1つは，支配者に味方する党派に属すことである（cf.510a6-10）。次にソクラテスは後者の場合の明確化を狙って「似たものと似たものとが最も近しい友となれる」という原則を語る（cf.b2-4）。この原則により，僭主独裁者はポリスの中で自分よりもすぐれた人を恐れるため，すぐれた人はその友とはなり得ない（cf.b7-c6）。僭主の友となりうるのは，次のような3つの条件が満足される場合に限るとされる。第1に，人は僭主と同じ性格をもたねばならない（ὁμοήθης c8; cf. αὐτοφυῶς ὅμοιον 513b4）。第2に，人は僭主と同じ者を非難し賞賛せねばならない。第3に，人は僭主によって支配され僭主に従うことをすすんで欲する（ἐθέλῃ 510c9）のでなければならない（cf.c7-d2）。結果として，その人は僭主の友となり，他者から不正を受けないで済むのである。こうした人は，政治家や弁論家だと考えられている（cf. 513b6-9）。

ソクラテスは次に不正な人になりゆく若者のことを論じ始める。

> T8 *Grg.* 510d4-8：そこで，この国に1人の青年がいて，こう考えた（ἐννοήσειεν）としたらどうだろう——「一体どうしたら自分は大きな権力を手に入れて，私に誰も不正を加え得ないようになるだろうか」と。どうやら，彼にのこされた途は，若いときからすぐに，主人と同じものを喜んだり嫌ったりするよう自分を習慣づけて（ἐθίζειν），できるだけその主人と相似た性格になるべく準備する

第2章 『ゴルギアス』篇の〈悪人〉論　　　　　　　　　　49

ことだろう。

　T8 は若者が主人（僭主）のようになりゆく習慣化の過程を強調しているが，この過程は結局のところ君主がもつのと同じものへと快と苦を方向づけることに他ならない。明らかにこの若者は「不正な人である支配者と似た者となって彼の下で大きな権力を行使できるだろう」（510e5-6）と考えながら，先の3つの条件を満足させるべく努力している。こうして若者は不正を行なわないことが決してないような人になるであろう。若者の習慣づけは「真似・模倣」（μίμησις; cf. 511a2, 513b3）とも呼ばれている。

　　T9 *Grg.* 511a1-3：そうなると彼は主人を模倣し権力を行使するため，魂において邪悪になり，すっかり損なわれてしまう（λελωβημένῳ），そして彼に最大の悪〔＝不正〕が備わることになるだろう。

　さてこの若者を2種類の不正な人と比較してみよう。再び例の2つの観点に訴えたい。まず外的観点から若者が何をすると考えられているのか確かめよう。この点についてソクラテスは何も明瞭な仕方では述べておらず，ただ彼が自分の君主の模倣者だと指摘するのみである。このことは，彼が君主と同じように既に幾度も大きな悪事を重ねてきているということ，さらには，罰の機会を何度もくぐり抜けてきたということを意味するのであろうか。次の箇所は否定的な答を用意する。

　　T10 *Grg.* 510e6-8：私が思うに，そのような状態にあっては，その人がなす準備は全く反対に，できるだけ多くの不正をおかすことができるように，そして不正を犯してもその罰を受けないようにという目標に，向けられることになるだろう。

　T10 においてソクラテスは，未だ若者が数多くの不正を犯していないこと，また，不正を行なったりその罰を受けないでいたりすることは彼にとって努力目標であり，彼は魂をその方向へと準備（心の備え：

παρασκευή 510e7; cf. παρασκευάζειν d8) しつつあるのだということを強調している。外的観点から比較された場合，この点は若者と癒し不可能な不正な人との大きな違いと言ってよい。T9 が示すように，最大悪としての不正は若者の魂がすっかり損なわれてしまったときに宿るのである[24]。何ら不正行為を行なうことなしに若者が癒し不可能な不正な人になることはありそうもないので，彼は癒し可能な不正な人が行なうようなちっぽけな悪事を積み重ねているのかもしれない。しかしこの場合，若者が癒し不可能な不正な人のように，成功するにせよしないにせよ，罰を逃れようとしているのは疑い得ない。

次に内的観点からの考察に移り，まず，若者がどう君主を模倣しているのかを説明している T8 を取り上げよう。

T8 から想像できるのは，若者が幼い頃から君主と同じ生活形式を取ろうと努力し習慣づけている姿である。君主・僭主がすすんでなすことは悪しき行為であり，避けることはよい行為であるのだから，若者の性格形成としての習慣づけは悪しき行為に喜びを見出し，よい行為に苦痛を感じるよう自らを導いていく過程に他ならない。これは即ち，君主が快と苦を経験する仕方を模倣することによって，自らの欲求を形成していく試みなのである。カリクレスとソクラテスの議論の中で，快は欲求を充たすこととして特徴づけられているのだから[25]。

T11 *Grg.* 494c2-3：カリクレス：そうだ。また他の欲望を全てもち（τὰς ἄλλας ἐπιθυμίας ἁπάσας ἔχοντα），それらを満たすことができて（δυνάμενον πληροῦντα），それによって喜びながら（χαίροντα），幸福に生きるということを言っているのだ。

T12 *Grg.* 496d3-e2：ソクラテス：一般に欠乏（ἔνδειαν）や欲望（ἐπιθυμίαν）は，どれもみな苦しいものだということに，君は同意してくれるかね？ カリクレス：同意する。（…）ソクラテス：（…）「飲む」というのは，欠乏の充満（πλήρωσις … τῆς ἐνδείας）であり，快楽（ἡδονή）なのだね。 カリクレス：そう

---

24) 完了分詞で表現された "λελωβημένῳ"（511a2）に注意。
25) Cf. Irwin（1979: 193）on 491e.

だ。

　主人とは支配者たる僭主であって（cf. 510b7, e5, 511a2-3）癒し不可能な不正な人である（cf. 525d1-2）から，ソクラテスとカリクレスの両方が快を欲求・欲望の充満として捉えていると前提すれば，問題の若者は，癒し不可能な不正な人が快・苦を感じるその仕方を模倣することによって，自らの欲求・欲望を形成しようと努めているということがわかる。
　では若者の魂の知的（理性的）部分についてはどうだろうか。若者は「いったいどうしたら自分は，大きな権力を手に入れて，誰からも不正を受けないようになれるだろうか」と反省する（ἐννοεῖν）のだから，「いかに生きるべきか」に関する彼の信念は癒し不可能な不正な人のそれに似たものであるに違いない。換言すれば，若者は自分が「いかに生きるべきか」知っているのだと誤って信じ込んでいるのである。不正行為を積み重ねながら長く生き続けることは正しく生き死ぬことよりもより大切だと考えてさえいるのだ（cf.511b6-c3）。したがって，若者の偽なる信念はソクラテスのエレンコスの的になるだろう。ここで問題はソクラテスとの対話が生じるか否かである。若者は，僭主とは違って，未だ自らの生に満足していないはずである。さもなくば僭主の生に憧れを抱いたりはしないであろう。ここに〈間隙〉が生じる。丁度カリクレスがそうであったように，若者もソクラテスとの対話に挑むのではないか。ソクラテスとの出会いがありさえすれば。そうして若者は自らの無知に気づくに至るのではないだろうか[26]。若者の場合，癒しの可能性は依然として存在すると考えられているようである。

---

26) 若者が無知に気づけば，すぐにでも欲求のあり方にも変更を加えるであろう。しかし，無知に気づく前に，強制的に罰を受けたとすればどうか。若者はグレるかもしれないし，快楽主義者にありがちなように，罰という苦を避けるために，ある種の快を求めなくなるかもしれない。しかしながら，この場合は，よりソフトな快楽主義者になるだけのことで，信念の変更とは言い難い。

むすび

　本章で私が示したかったことは,『ゴルギアス』篇においてプラトンは, 不正な人を「不正を行なう人」(外的観点)とか「悪徳としての不正を所有する人」(内的観点)といった単純な仕方で特徴づけてはいないということである。第1に, 癒し可能な不正な人は, ソクラテス的な無知の自覚が備われば, 必ずしも不正を行なうことはないし, 第2に, 不正な人になりつつある若者の場合に顕著なように, 不正を行なっていても厳密には不正な人と呼べないこともある。そして第3に, 癒し不可能な不正な人は, 魂の悪しき性格とも言うべき不正のみならず, 無知の無知に支配されている。自分の幸福観がただしいと固く信じ込んでいて, 他者との対話ができないような人であるため, その信念の変更はおろか, 生全体を司る欲求の向け変えや, 不正の除去も不可能なのだ。
　また今後の課題としては, まず内的観点からの考察が魂の欲求が関わる部分と知的な部分の両方についてより慎重に行なわれなければならない。とりわけ, 無知について,「いかに生きるべきか」に関する無知と, それについての自己の関わり方としてのただしい思いと誤った思い, そして, 自己のあり方についての無知など, 様々な相において省みられねばならない。次いで, 無知の自覚の可能性を喪失することが何を意味するのかが, プラトンの〈不幸〉論との関係で研究されねばならない。そのことはカリクレスの魂のあり方を見ていくことを出発点とするであろう。その上で, 全く満足しきっている人について「不幸だ」と語ることがどのような意味をもつのかが, 内的観点から, 考察されるべきだろう。プラトンが『ポリテイア』篇で語るように, 不正行為をするから, ではなく, 魂のあり方が悪いから, 私たちは悪人であるのだ。そして魂における悪の源泉は〈無知の無知〉——魂のあり方への無関心——であるというのが, プラトンの洞察であった。現在の「悪人観」に対するアンチ・テーゼは, まずもって, そこに認められるのではなかろう

か[27]。

---

27) 準備段階で，G・サンタス，T・ペナー，納富信留，国越道貴，村上学，高橋雅人の各氏から貴重なコメントをいただいた。記して感謝します。

第3章

プラトン初期対話篇における〈害悪〉論

1 〈害悪〉をめぐるパラドクス

『ソクラテスの弁明』（以下『弁明』）の中で，ソクラテス[1]は〈害悪〉をめぐって2つの驚くべき道徳的主張をなしている。

> T1 *Ap.* 30c6-d5：いいですか，もし自身でそうだと語っているようなそのような私をあなたたちが殺すとしても，あなたたち自身を害する（βλάψετε）以上に私を害することはないのですよ。なぜなら，メレトスもアニュトスも私を全く害せない（βλάψειεν）のですから——それは不可能でしょう——というのは思うに，よりよい人がより悪い人によって害されること（βλάπτεσθαι）は許されていないのですから。もちろん，〔私の告発者は〕恐らく私を殺したり，追放したり，私から市民権を奪ったり出来るでしょう。しかし，この人も他の人も多分そういったことが大きな悪（κακά）と考えているのですが，私はそう考えてはおらず，この人が今行なっていること，即ち，人を不正にも殺そうと試みることの方が，より一層大きな悪だと考えているのです。

> T2 *Ap.* 41c9-d2：〔あなた方は〕次の1つのことが真実であると心に

---

1) 以下「ソクラテス」はプラトン対話篇の登場人物としての〈ソクラテス〉を指示する。

留めて置かなければならない，即ち，生きているときも死んでから
も，よき人を害するものは何も存在しないのだと[2]。

　T1 と T2 でソクラテスは，メレトスたちが死・追放・市民権剥奪等
を彼に加えたとしても，彼がよい人である限り，彼を害することはない
のだ，と主張している。ソクラテスの主張は，控え目に言っても，逆説
的に響く。なぜよい人は，何によっても，誰によっても害されることは
ないのだろうか。なぜ，例えば，死はよい人にとって害悪とはならない
のだろうか。
　この逆説は，むろん，これまで多くの解釈者の注意を惹きつけてき
た。有力解釈によれば，ここでは「よいものは幸福へと，悪いものは不
幸へと導くもののことだ」という〈幸福主義の原理〉と「人に徳さえ備
わっていれば，その人は幸福である」という〈徳充足説〉が前提とされ
ていて，よい人，即ち，徳ある人はその限りで幸福なのだから，何もの
もその人にとって悪，つまり，その人を不幸へと導くものたり得ない，
と説明される[3]。この解釈がただしいとすれば，死も追放もよい人を不
幸にすることは決してない。それらはその人を害する悪いものではない
のだ。
　こうした通説とも呼べる解釈に対して，ブリックハウス＆スミスは
真っ向から反対した。彼らは通説の前提〈徳充足説〉に狙いをつけて，
初期対話篇の中からソクラテスが「病気は人を不幸にする」と語ってい
る箇所（Cr. 47e3-5, Grg. 505a2-3, 512a2-b2）を指摘し，よい人も病気
になり，それ故，不幸にもなる，そのため徳だけでは幸福にとって決し
て十分ではないのだ，と批判する。そして，彼らは〈徳充足説〉の代わ
りに〈幸福＝徳ある活動〉という説を提出し，病気等，徳ある行為（＝
幸福）を妨げるものを〈相対的害悪〉と呼び，人を不幸にする〈絶対的
害悪〉，つまり，魂にとっての悪たる悪徳や無知と区別する。ブリック
ハウス＆スミスによれば，T1 と T2 では絶対的害悪である悪徳と無知

　2）T2 においてプラトンは「害」を表わすギリシア語は使用していないが "οὐκ ἔστιν ἀνδρὶ ἀγαθῷ κακὸν" はこのように訳せると思う。
　3）Irwin や Vlastos がこの解釈の代表者である。Brickhouse & Smith（1994: 103-104, 120-21）の解説を参考にした。

だけが問題になっており，よい人には悪徳や無知は影響を及ぼし得ないのである。他方，よい人ですら相対的害悪からは自由たり得ないので，病気になったりして徳ある行為が遂行できない場合には，不幸な生を送ることになるのだ[4]。

さて，こうした 2 つの解釈を前にして，私たちはどう T1 と T2 を理解することができるだろうか。私が注目したいのは，両解釈が前提とする〈幸福主義の原理〉である。T1 と T2 で実際，この原理が前提とされているのであろうか。本章は，プラトン初期対話篇のいくつかのテキストを検討することを通じて，プラトンの〈害悪〉観を浮き彫りすることを目的とする[5]。その上で，〈幸福主義の原理〉が T1 と T2 には含まれていないことを指摘し，「何ものもよい人を害することはできない」という見解の理解に努めたい。

2 〈領域相対的悪〉と〈害悪〉[6]

まず『ゴルギアス』（467c-468e）を取り上げる。そこでソクラテスは，存在するものの全体をよいもの，悪いもの，中間のものに分類する。よいものの例として知・健康・富が挙げられているので，悪いものには無知・病気・貧困があると推測できる。中間のものには，石や木材のような感覚事物と座ることや立つことといった行為があるとされるが，この箇所では特に行為が問題になっている。この中間のものは，よいものに与える・と・き・に・は（μετέχειν）「有益なもの」（ὠφέλιμα）となり，悪いものに与える・と・き・に・は「有害なもの」（βλαβερά）となると語られる。例えば，病気のとき，私が薬を飲むことは，私が健康になるならば，私にとって「有益なこと」である。他方，ギャンブルは，私が貧乏になるならば，私にとって「有害なこと」である。これらの例では，中間のもの

---

4) Brickhouse & Smith（1994: 103-23），（2000: 123-55），cf. 清水（1995），岩田（1995: 272-77 n. 44）に，要を得た Brickhouse & Smith の解釈の紹介と批判が見られる。

5) 私は『ポリテイア』篇第 1 巻が，その対話篇全体の構想の中で執筆されたと考えるが（cf. Kahn（1993）；加藤（1988）），本章では，その内容と形式から，初期対話篇理解のために用いることにする。

6) 第 2 節の考察は，本書第 1 章第 1 節の考察を受けたものである。

のよいもの／悪いものへの与りを，前者が後者を生み出す因果関係と捉えているが，時間的な先後関係を含んでいなくても差し支えない。例えば，散歩をすることが私の健康を維持するのに有益ならば，それは健康をその都度構成的に作り出しているのである。重要なのは，有益・有害という価値が，よいもの／悪いものの方から付与されるという点である。

さて，ここで先の悪いものに注目すると，無知・病気・貧困は477b-cでそれぞれ「魂における悪しき状態」(b5-6)「身体の状態における悪」(b3)「金銭の状態における悪」(b1-2)と呼ばれている[7]。明らかにこれら悪いものは個々の領域（「……における」）との相関関係において語られているので，それらを〈領域相対的悪〉と呼ぼう。逆に，知・健康・富は〈領域相対的善〉と呼ばれうる。そうであれば「有害なもの・害悪」について次のような公式が得られよう：

(RE) SがPにとって有害なもの・害悪であるのは，SがPを〈領域相対的悪〉へと導くか，或いは，それを構成する場合であり，かつ，そのときに限る。

ここでSはそれ自体では（領域相対的な意味で）よくも悪くもない中間のものである。ポロスを驚かせる次のソクラテスの発言――プラトンはT1の解説をも意図している――もこのREとの関係で理解されなければならない。

T3 *Grg.* 470b1-c3：ではこのことも考察してみよう。我々は先に語っていたこと，人々を殺すとか追放するとか財産を没収するとかいったことをするのは，ときにはよりよいことだが，ときにはそうでない，ということに同意しているのだね。(…) ではいつそれらをすることがよりよいことだと君は言うのか。どんな規準で判断するのか言ってくれたまえ。(…) それでは，私から君が聞くのが心

[7) より正確に言えば，魂の悪しき状態の例として無知の他に不正と臆病さが挙げられ(477b7)，中でも不正が代表とみなされている (c2, c3, et al.)。身体の状態における悪についても，病気に加えて，力の弱さと（容姿の）醜さが例となっている (b4)。

第 3 章　プラトン初期対話篇における〈害悪〉論　　59

地よいのであれば，私が言おう，ポロスよ。人がそれらを正しく
（δικαίως）なす場合は，よりよいことであり，不正に（ἀδίκως）
なす場合は，より悪いことなのだ。

　T3 の「よりよい」「より悪い」は，〈ときには〉という限定表現から
もわかるように，467c-468e の議論中の「有益」「有害」を受けている。
死刑・追放・財産没収といった中間の行為が「有益」「有害」になるの
はいつなのかを問題にしているのだ。ソクラテスが提出する規準から
わかるのは，T3 が正義・不正という領域相対的善・悪――魂における
善・悪――に関わっており，行為がそれらを生み出したりそれらから
発出したりして「正しい行為」「不正な行為」となる場合に，当の行為
は「有益」「有害」と記述されるということである。有害なものに限定
して言えば，ある行為は領域相対的悪である不正に与ることで「不正な
行為」となり，行為者にとって害悪となる。T3 は RE 以上のことを語
るものではない。
　魂という領域に限定した類似の議論は『クリトン』（47a-48a）にも見
られる。次にその箇所を検討し RE のさらなる理解に努めよう。

3　〈不正〉と不正行為

　対話篇の冒頭でクリトンはソクラテスに脱獄をすすめるが（44b5-
46a9），ソクラテスは，彼が大衆の意見を重んじているのに気づき，人は
大衆の意見を尊重すべきでないことを論証しようとする（47a2-48a10）。
論証は次のように再構成できる。

　1. 人は，人々が所有する意見の全てを尊重すべきなのではなく，
　　 よい意見は尊重すべきで，悪い意見はそうすべきでない。（前提）
　2. 賢い人々の意見はよい意見で，賢くない人々の意見は悪い意見
　　 である。（前提）
∴ 3. 人は，賢い人々の意見を尊重すべきであり，賢くない人々の意
　　 見はそうすべきではない。（(1) と (2) より）

4. 身体の場合，人が医者と体育教師の意見を尊重しないならば，
　　　　何か害悪を蒙るだろう。(前提)
　　　5. もし人が身体を駄目にするならば，その人は生きるに値しない。
∴　6. 人は医者と体育教師の意見を尊重すべきである。((4) と (5) よ
　　　　り)
　　　7. 身体よりも貴重な魂の場合，もし正と不正について知っている
　　　　人を尊重しないならば，その人は何らか害悪を蒙るだろう。(前
　　　　提)
∴　8. もし人が魂を駄目にするならば，その人は生きるに値しない。
　　　　((5) と (7) より)
∴　9. 人は正と不正について知っている人 (＝真理) の意見を尊重すべ
　　　　きである。((7) と (8) より)

　この論証について 3 点指摘したい。
　第 1 に，この論証は，害悪への言及を含んだ，魂の特異な見方を前提としている。私は (7) (8) で便宜的に「魂」(ψυχή) という語を用いたが，プラトンは明らかに意図的に──つまりは，読者が通常の魂観に依存するのを避けるため──その語の使用を避けており，むしろ魂を自らの仕方で定義し直しているのである。

　　　T4 *Cr.* 47d1-5：(…) もし〔正・不正，醜・美，善・悪について〕知っている人が誰かいるとすれば，他の一切の人々よりもむしろその人に恥の念を抱き，恐れ入らなければならないのだね。もし私たちがその人に従わないとすれば，正によってよりよいものとなり，不正によって破壊される (ἀπώλλυτο) そのものを駄目にし (διαφθεροῦμεν)，害してしまうことになるだろう (λωβησόμεθα)。
　　　T5 *Cr.* 47e6-48a1：ではしてみると，不正が害し (λωβᾶται)，正が益することになる，かのものが駄目になって (διαφθαρμένου)，我々は生きるに値するのかね。それとも，我々はそれが身体よりも取るに足らないものだと考えるかね，それはまさしく我々の所有するものの中で，〈不正〉と〈正義〉が関わっているものなのだが。

第 3 章　プラトン初期対話篇における〈害悪〉論　　　　　　61

　T4 と T5 で傍点が打たれているものが魂を指すのは明らかであるが，その魂がここでは「正が益し，不正が害するもの」と特徴づけられている[8]。本節で「正・不正」と（ヤマ括弧なしで）訳してきた語は共に実体詞化された形容詞単数で表現されているが，複数表現も散見でき（47c9-10, 48a6, 7），単数・複数の区別が重視されていないことから，（T5 の〈不正〉〈正義〉と同一視される）抽象名詞的用法というよりも，「正しいこと」「不正なこと」，さらに言えば，個々の「正しい行為」「不正な行為」を指すと思われる[9]。そこで，プラトンは読者が魂を「正しい行為が益し，不正行為が害するもの」とだけ考えるよう促している，と思われる。

　第 2 に，「病気のアナロジー」に注意したい。ソクラテスが身体を「病的なもの」（τὸ νοσωδές; 47d8）が駄目にするものと特徴づけるとき，この語（τὸ νοσωδές）は〈病気（νόσος）を作り出すもの〉——暴飲暴食やその他の不摂生な行ないのことか？——を意味している[10]。

　であれば類比的に魂の場合も，「不正行為」（τὸ ἄδικον ; cf. 47d5, e7; 48a7, 10）は，行為者の魂内に「〈不正〉を作り出すもの」を意味すると解されるべきだろう[11]。T4・T5 で，魂を害するものとして不正行為が語られるとき，それは，不正行為が領域相対的悪たる〈不正〉を魂に生み出すということを意味しているのである。つまり，先に見た RE に従った意味で，不正行為は「有害なもの・害悪」なのである。そこで T6 の「悪」（κακόν）は「害悪」のことになる。

　T6 *Cr.* 49b4-6：不正をなすことは，いつもあらゆる仕方で，不正をなすその当人にとって，悪であり恥ずかしいことなのである[12]。

――――――――――
8)　この論証の中でプラトンは「害悪」について 3 つの語を区別なく用いているが，便宜上，次のように訳し分けておく：「害する」（λωβᾶν 47d4, 7）「駄目にする」（διαφθείρειν 47d3-4, e6; cf. d8, e1, 4）「破壊する」（ἀπόλλυναι 47d5; cf. διόλλυναι 47c7, d8）。
9)　Grube（1975: 48）の英訳 "unjust action" を参照。
10)　Adam（1891: 49）は 47d7 に対して "νοσωδές is not here = 'diseased,' but 'causing disease,' 'unwholesome' " と註を付けている。
11)　『ポリテイア』篇が〈不正〉と不正行為の関係をどう理解しているかについては，栗原（2001: 20-21）で論じた。
12)　この箇所についての明晰な解釈は，Young（1997: 13-23）に見られる。

不正行為が行為者にとって常に悪なのは，それが行為者の魂に領域相対的悪である〈不正〉を生み出すという意味において，魂を害するからであり，その結果，行為者を徳に関してより悪しき者にするからである。

　第3に，『クリトン』のこの箇所が別種の価値連関を問題にしている点に注意したい。それは〈生きること〉それ自体の善／悪と〈正義〉〈不正〉の連関である。再び「病気のアナロジー」に注目しよう。論証の (4)(5) で，病気に導く行為が身体を駄目にし，身体が駄目になってしまえば（διεφθαρμένου 47e1；完了分詞），その所有者は生きるに値しないと言われる[13]。これは重病に苛まれながら生きることは当人にとって《悪い》ということを意味するのだろう。重病が生きることを悪くするのだ。同様に，(7)(8) では，不正行為は魂を駄目にし，魂が駄目になってしまえば（e6），その所有者は生きるに値しないと語られる。不正が〈生きること〉を悪くするのである。したがって，この箇所には，〈生きること〉の悪──即ち〈不幸〉──の内実は語られはしないが，それでも次の構造は見て取れる。

　　　不正行為⇒悪徳としての〈不正〉⇒〈生きること〉の悪＝〈不幸〉
　　　　　　　　　(i)　　　　　　　　　(ii)

　(i) は，先に見たように，RE に見られる領域相対性によって説明される。他方，(ii) については，『クリトン』は殆ど沈黙しているに等しい。これがどういう関係かを知るために，私たちは『ポリテイア』第 1 巻へと向かう必要がある。

4　悪の〈機能〉論的説明

　『ポリテイア』第 1 巻最後の議論としてソクラテスは，正しい人が不正な人よりも幸福であることを証明し，トラシュマコスの吟味を終え

---

13)　病気の生が生きるに値しないとの主張が何を意味するかは後述。

る。ソクラテスはその論証を始めるに当たって，〈はたらき＝機能〉を定義する（352d8-353b1）：

〈独占機能〉
XだけがYを果たしうる場合，YはXの独占機能（exclusive function）である。
〈最適機能〉
Xが他の何よりもよくYを果たしうる場合，YはXの最適機能（optimal function）である[14]。

例えば，見ることは，目だけがなしうることなので，目の独占機能である。他方，葡萄の蔓を刈り取ることは，短剣でもナイフでもなしうるが，刈込み鎌が何よりもよくなしうることなので，刈込み鎌の最適機能である。
　次にソクラテスは，〈徳＝卓越性〉（ἀρετή）を「それぞれのものがそれによって自らの〈はたらき〉を立派にはたすようになる，それ」と定義し（cf. 353b2-d2），その定義に基づいて，それぞれのものは〈悪徳＝劣悪性〉によって自らの〈はたらき〉を拙劣に果たすことになる，と語る（c6-7）。例えば，耳が徳を失えば，耳は拙劣にその〈はたらき〉を果たし，よく聞こえなくなる（cf. c9-10）。
　これらの〈はたらき〉と徳／悪徳の定義を人の魂の場合に適用して，ソクラテスは，正しい人の方が不正な人よりも幸福だ，ということを証明しようとする（353d3-354a11）。

1. 魂は，配慮すること，支配すること，思案すること，生きること，等のはたらきを有する。（前提）
2. 魂は徳によってはたらきを立派に果たす，悪徳によって拙劣に果たす。（徳の定義より）
3. 魂の徳は〈正義〉であり，悪徳は〈不正〉である[15]。（前提）

---

14) Cf. Santas（1985: 228-34），（1986: 99-108），（2001: 66-75）.
15) この前提は335c4-5での同意を承けていると推測できる。この同意自体の問題については後述。註22を見よ。

∴ 4. 魂は正義によってよく，不正によって拙劣に，配慮し，支配し，思案し，生きる。（(1)(2)(3) より）

5. 魂において正義を有する人は正しい人であり，不正を有する人は不正な人である。（前提）

∴ 6. 正しい人はよく生き，不正な人は悪しく生きる。（(4) と (5) より）

7. よく生きる人は幸福であり，悪しく生きる人は不幸である。（前提）

∴ 8. 正しい人は幸福であり，不正な人は不幸である。（(6) と (7) より）

この論証に，私たちは〈不正〉と生きることの悪である〈不幸〉の関係を見出すことができる。(1) から (4) より，不正は「魂がその〈はたらき〉としての生きること[16]を拙劣に果たすようにするもの」であり，(7) より，生きることを拙劣に果たしている魂のあり方が不幸なのだから，不正は不幸の原因・根拠とみなされているのである。

さて，このことから一体何がわかるだろうか。3 点指摘したい。第 1 に，ソクラテスは最適機能ではなく独占機能に訴えて論証を推し進めている（e.g. 353c1-2, 6-7）。彼が目や耳の例を用いるのもそのためである（b4-c11）。これは〈はたらき〉が領域相対的に決まっていること，そして，それに応じて〈はたらき〉の善し悪しがあり，それらが領域相対的善・悪であることを意味する。そうすると，ここでも RE は有効であろう。魂にとっての領域相対的悪――魂の〈はたらき〉の悪い状態である〈悪しく生きること〉――は不幸であるから，不正は不幸の原因・根拠として魂にとって有害なものであり害悪である，と言える[17]。丁度，

---

16) 議論を必要以上に複雑にしないために，魂の他の〈はたらき〉（配慮・支配・思案）については考察しない。私はこれらが魂の部分のはたらきに関わり，生きることのみが魂全体のはたらきだと考えている。Adam (1963: 59) は配慮・支配・思案がヌースのはたらきだとみなしている。また，他にどんなはたらきが魂にあるのか（cf. 353d5-6）も考慮に入れない。

17) ここで人は『ポリテイア』第 2 巻冒頭 (357b-358a) で，正義が「我々がそれ自体のために愛し，それから生じる結果のゆえにも愛するもの」（cf. 357c1-2）と特徴づけられているのを指摘して，正義のそれ自体としてのよさ（不正のそれ自体としての悪）を私が無視していると批判するかもしれない。しかしこのカテゴリーに「健康」が含まれている点に注

第3章　プラトン初期対話篇における〈害悪〉論　　65

不正行為が不正に与る限りで害悪であったように，不正も不幸に与る限りで害悪だと特徴づけられるのである。

　第2に，しかしながら，不正と不正行為の場合と違って，不正と不幸の関係は定義的・必然的関係だと言うべきである。というのは，前者の場合，中間的なものである行為が不正に何らか与る・・・ときに害悪となり，同じ行為が正義に与るとき・・・には有益となる特徴が見られた。つまり，行為が有害か否かは〈条件付き〉なのである。だが，後者は「不正は魂の〈はたらき〉を害するもの」という定義的関係を表しているのだから，〈条件ぬきの必然的関係〉を表している。

　第3に，それ故，不幸の内容は不正から独立に決定されるのでなければならない。つまり，"悪い"不正によって生み出されたから不幸は悪いのではなく，不幸がそれ自体で悪いものだから，それとの関係で不正が"悪い"ものとなるのである[18]。では，不幸の悪は何か。

　ソクラテスは，この箇所で「目の例」を説明のために用いている（353b4-d2）。目の独占機能は〈見ること〉であり（cf. 352e），目に固有の徳と悪徳が何であるかは語られていないが，第10巻（608e6-609a1）では「眼病」（ὀφθαλμία）が悪徳だとされている。目のよいはたらき方は〈ものがはっきりと見えること〉，悪いはたらき方は〈ものがぼやけて見えること〉であろう。ここには程度の差——はっきり・ぼやけての度合——が認められ，1つの尺度の存在を予想させる（視力検査の場合のように）。そして眼病は，目のはたらきを〈何も見えなくなること＝失明〉まで落としていくものなのだ。

　では，魂のはたらきである〈生きること〉のよいあり方と悪いあり方とは何だろうか。プラトンによれば，視力の場合と異なり，魂は不死なのだから[19]，あり得ない〈魂の消滅〉からの距離によって魂のあり方の

意すれば（cf. c2-3），事柄がそう単純でないのがわかるだろう。健康の場合は，領域相対的によい〔＝それ自体としてのよさ〕と同時に，幸福に寄与する限りでよい〔＝結果ゆえのよさ〕と——一般見解に基づいて——言える。であれば，正義の場合はどうだろうか。ソクラテスがグラウコンにより説明を求められているのは，正義が魂という領域相対的に善であるとしても，それが幸福に寄与するかどうか，ということである。

18）註17の論点を受けて，ここで「悪い」が二義的に使用されている点に注意したい。つまり，〈不正〉は領域相対的に「悪い」のであるが，同時に，不幸との関係で，それに与る限りで，害悪でもある。

19）魂の不死性については608c-612aを参照。初期対話篇において魂が不死であると考

善し悪しが決まるわけではない。では何か。魂の場合，生きることの内実が明瞭でない点に問題がある。単に，魂と身体の分離（＝死）が生じていないことを意味するのか。しかしそうであれば，身体のはたらきと区別されえないのではないか。身体を動かすことだけが問題になっているのであれば[20]，身体運動の善し悪しは医者や体育教師が取り扱うことになるだろう。そうであれば，身体的側面を無視して〈生きること〉を反省してみて，見えてくるのは何だろうか。それは〈人間として生きる〉ということではないか。人間らしく生きているか否か[21]。この点で，生きることの善し悪しは何らか語りうるものになる，もし人間とは何かが判明してさえいれば。『ポリテイア』篇は第2巻以後，人間とは何かを魂の内と外から考察していく。人間の本性（φύσις）が明らかになることで，幸福と不幸の内実は自ずと見えてくるだろう。しかしその考察は本章の範囲を遙かに越えることである。

　本節では，不正は魂にとっての領域相対的悪である不幸を生み出す限りで，その不幸から価値を付与されて害悪となる次第を，プラトンによる〈はたらき〉と徳・悪徳の定義を見ることで確認した。そして不正が魂のはたらきを悪くすると言われるとき，それは人としてのあり方が悪くなることを意味するのでは，と推測した。以上を踏まえて，『ポリテイア』第1巻で展開されるプラトンの〈害悪〉論を続けて見ることにしよう。

5　人はいかにして害されるのか？

　「借りているものを返すことは正しいこと」というシモニデスの正義

えられているかどうかは微妙である。但し，*Ap.* と *Men.* は肯定的答を予想させる。

　20) Halliwell（1988: 157）は，「生きること」が魂のはたらきとされるとき，「身体を動かす〈生〉の原理」という魂の側面に焦点が当てられていると解説している。『ポリテイア』の別の箇所では，魂は「それによって我々が生きるもの」（*R.* 4. 445a9）と特徴づけられている。

　21) Brickhouse & Smith（1989: 263-64, 邦訳 419-20）はソクラテスが〈人＝魂〉と考える傾向があると指摘している。また，Brickhouse & Smith（1995: 122）も参照。この問題についてのさらに重要な考察は，加藤（1988: 242-45 n. 5）に見られる。

第3章　プラトン初期対話篇における〈害悪〉論　　　　67

観を改変して，ポレマルコスは正義を「友を益し敵を害すること」と定義する。ソクラテスがこの定義を吟味する際に（335a6-336a10），彼は特異な〈害悪〉観に依存している。それは第1節で問題にした「人を害すること」を理解するのに役立つと思われる。まず，ソクラテスの論証を再構成することから始めよう。

　　1. 友を益し，敵を害することは〈正しい〉。（定義）
∴　2. 正しい人は敵を害する。（(1) より）
　　3. 人が害されるとき，人間の徳に関して，より悪くなる。（馬・犬のアナロジーより）
　　4. 正義は人間の徳である。（前提）
∴　5. 害される人はより不正な人になる。（(3) と (4) より）
　　6. 正しい人が，正義によって，人を不正にすることはあり得ない。（音楽家・馬術家のアナロジーより）
　　7. 害することはよき人のはたらきではなく，反対の人のそれである。（熱／冷・乾／湿のアナロジーより）
　　8. 正しい人はよい人である。（前提）
∴　9. 友であれ，敵であれ，人を害することは正しい人のはたらきでなく，反対の人，即ち，不正な人のそれである。（(5) (6) (7) (8) より）
∴　10. (1) は偽である。

　この論証はいくつもの問題点を含んでいる。例えば，論証の妥当性（validity）に関しては，(5) は (3) と (4) から帰結することはない，なぜなら (4) はそれ自体では正義以外の徳の存在を排除しないからだ。もし正義が唯一の徳でないとすれば，害される人は不正にならずに，放埓になったり臆病になったりするかもしれない[22]。さらに，正しい人は誰も害することはないということを結論するために，なぜソクラテスが前提 (7) と (8) を必要とするのかも理解しがたい。というのは，こ

---

22) Cf. Shorey (1930: 35), Young (1974: 106 n. 17), Annas (1981: 32-33) この問題については，『ポリテイア』全体でどのように正義（と不正）が位置づけられているかを考察する必要がある。

の結論は，実際のところ，(5) と (6) から帰結するからだ：(5) は「もし x が y を害するならば，x は y をより不正にする」を含意し，(6) は「もし x が正しい人ならば，x は誰もより不正にすることはできない」を含意しているため，それ故「もし x が正しい人ならば，x は誰も害することはない」ということが帰結するのである[23]。

　他方，論証の健全性（soundness）に関して言えば，ソクラテスが (3) (6) (7) のために導入する 3 つのアナロジーがどこまで説得的か疑問である。例えば，(6) で正義は音楽術や馬術のような技術とみなされているが，これはどれほど効果的なのだろうか[24]。このように問われるべきことは多々あるが，私の関心はこの論証中に見られる害悪概念にあるので，以上の疑問に 1 つずつ答えることはせず，それらが害悪に関係してくる限りで，問題にしたい[25]。では，この論証からどのような害悪観が知られうるのだろうか。

　はじめに，害悪概念の明確化が意図されている (3) (4) (5) を検討したい。ここで，害悪は〈人間の徳（より限定すれば，正義）に関して，人をより悪くするもの〉と断定されている。この特徴づけは，害悪を狭く取りすぎていると多くの解釈者たちから非難されてきた。つまり，ソクラテスは "βλάπτειν" の二義性（「傷つける」(hurt) と「害する」(harm)）を悪用していて，ポレマルコスが「傷つける」の意味で導入したにもかかわらず，ソクラテスは「害する」の意味で使っているのだ：人を「傷つける」とはその人の利益に損失を与えるとの謂いであるため，これは先の害悪概念とは区別されるべきだ，と主張するのである[26]。私はソクラテスがこの非難に値するとは考えない。なぜなら，この箇所でポレマルコスが "βλάπτειν" を専ら「傷つける」の意味で理解しているということは必ずしも自明ではないからである。ソクラテスはポレマルコスが (3) を受け入れるかどうか〈問うている〉のであるから，ソクラテスは概念の曖昧さに依存しているのではなく，むしろポレマルコスの心の

---

[23] 田中 (1998) 参照。
[24] 332d2 で既に正義は技術知とみなされていたことに注意。Cf. Young (1974: 106 n. 17)
[25] Young (1974) は 335c9-10 と 335c12 におけるソクラテスのアナロジーの使用に焦点を当てながら，(6) について重要な問を発している。
[26] Cross & Woozley (1964: 20-22), Young (1974: 106 n. 17), Irwin (1977: 324 n.3)

第3章　プラトン初期対話篇における〈害悪〉論　　　69

内に"βλάπτειν"の明瞭な理解をもたせていると言うべきであろう[27]。そこで私はこの批判を無視し[28]，この論証中の害悪概念に集中したい[29]。

　(3)(4)(5)では「何か，或いは，人(X)が誰か(Y)を害するならば，Yは人間の徳(=正義)に関して悪くなる，即ち，より不正になる」と語られる。「より不正になる」とは，もしYが不正な人でなかったとすれば，不正の悪徳を所有するようになることを意味し，既にYが不正であれば，不正の度合が進むことを意味するのだろう。いずれにせよ，XはYの不正に関わるゆえに〈害するもの〉となるのである。そうであれば，不正は領域相対的悪であるから，またもや，REが適用されるだろう。

　論証の次の段階，(5)から(9)では，Xが人と限定されて「不正な人が人々を害し，より不正にする」ということが論じられる。いかにして不正な人は人々を害するのか。まず(6)を見てみよう。そこでソクラテスは，音楽家と馬術家のアナロジーを使って，正しい人は正義によって人々を不正にすることができないと論じている(cf. 335c9-d2)。

　6a. 音楽家は，音楽の技術に・よ・っ・て・，人々を音楽の心得がないようにすることはできない。
　6b. 馬術家は，馬術に・よ・っ・て・，人々を馬術の心得がないようにすることはできない。
　6. 正しい人は，正義に・よ・っ・て・，人を不正にすることはできない。

　ヤングが指摘するように，「によって」という与格表現は二通りに解されてきた：(i) その技術を行使すること「によって」，或いは，(ii)

---

27)　ここで，ソクラテスがシモニデス，ビアス，ピッタコスに言及していることから示唆されるように，ポレマルコスの害悪観は伝統的なものだと言えるかもしれない。「友を益し敵を害せよ」は最も重要な英雄コードの1つだったのだから。しかし依然として，ポレマルコスがソクラテスの害悪の特徴づけに同意を与えていることは見過ごせない。

28)　Annas (1981: 32) は，こうした批判は「誤ったアプローチ」だと批評している。

29)　それにもかかわらず，なぜプラトンは，叩いたり殴ったりといった身体に加える暴力——「一般的に理解された」害悪——を容易に無視し得たのか，疑問に思う人がいるかもしれない。Cf. Irwin (1979: 227-28). これについて私は，この箇所でプラトンは人間の徳と関係する限りでの害悪に関心を抱いているのであって，それ以外に理解された害悪にではない，としか答えられない。さらに本章「補足」参照。

その技術を教えること「によって」[30]。もしソクラテスが技術者と他の人々との関係を，上に訳したような仕方で，考えているのならば[31]，(6a) と (6b) を (ii) で解するのが自然であろう。というのは，(6a) と (6b) が含意するのは，人々を技術に長けた者にするということは〈技術者〉である限り必然であって，逆に，人々を技術の心得のない者にすることはできない，ということだからだ。もしそうなら，(6) は，正しい人は正義を教えることによって，人々を不正にすることはできない，ということを意味すると解される。ここで正義を教えることが何を意味しようと，この解釈の下では，正しい人は人々が，不正ではなく，正義を所有するようにし，彼らを正しくする人とみなされる。

　この解釈がただしいと仮定しよう。すると，逆の場合，即ち，不正の場合には，不正な人は不正を教えることによって，人々を不正にする，と言える。このことは (7) において「熱さと乾きのアナロジー」によって示されている。

　7a. 冷たくするのは，熱さのはたらきではなく，反対のもの（＝冷たさ）のはたらきである。
　7b. 湿らせるのは，乾きのはたらきではなく，反対のもの（＝湿り気）のはたらきである。

　(7a) は，冷たいものが別のものを冷やすことで冷たくするという自然現象を，(7b) は，湿ったものが別のものを湿らせることで湿り気を帯びさせる自然現象を，それぞれ語るものである。ここには，ある性質を備えたものが，直接的であれ間接的であれ，別のものと触れ合うことで，その性質が伝播・拡散していくイメージが見て取れる。類比的に考えれば，不正な人が，直接的であれ間接的であれ，他の人々と触れ合うことで，つまり，つき合いをもつことで，その人々を不正にしていくのであろう。これが「不正な人が不正を教えることによって，人々を不正

---

30) Young (1974: 97).
31) Young (1974: 104-6) は，技術者はその技術の対象となるものをその徳に関して劣ったものにすることはない，というように解釈する。例えば，(6b) について，馬術家は馬術を行使することによって馬を馬として劣ったものにすることはない，と解釈する。

にする」ということの内実だと思われる。そうであれば，こういった相互行為においては，不正な人の影響力だけが重要なのではなく，不正を受け取る側の資質も問われる筈である。『ゴルギアス』(510a 以下) で語られるような若者たちであれば，僭主を模倣して不正行為を繰り返し，容易に不正な人になることだろう[32]。不正な人は不正行為を示し，こういった若者たちを魅惑し，彼らが不正を行なうような環境を作り出す。そうした中で若者たちが不正な人になって，誘惑者たる不正な人は彼らを害することに成功するのである[33]。

　以上の考察は，私たちが本章冒頭の問題に戻っていくことを可能にする。ソクラテスはなぜよい人は誰によっても，何によっても害されることはないと考えたのか。

6　パラドクス再考

　第1節で引用したT1とT2は「何ものも，誰もよい人を害することはできない」というパラドクスを含んでいた。第5節で見たように，〈人が害されること〉は，その人が不正行為をするようになって，悪徳としての不正を魂内に生むか，既に所有している場合は，強化することを意味するのであった。さて，よい人の場合はどうだろうか。
　ブリックハウス&スミスが強調するように，プラトンの対話篇で「よい人」は2種類の人を指す[34]。まず，それが徳の所有者を意味する場合，不正を行なうことを望みはしないため (cf. Grg. 460c1-2)，不正を所有するようにはならないだろう (cf. R. 334d3；但し Grg. 509e6-7 参照)。次いで，ソクラテスのように，有徳ではないが，不知の自覚により自他の吟味に生きるよい人を意味する場合，その人は一方で不正を行なっ

---

32) この若者たちについては，本書第2章第3節で論じた。
33) プラトンが『ポリテイア』篇で，どう若者が不正な人になっていくと考えているかについては，主に第2・3巻 (初期教育論) と第8・9巻の読解を通じて栗原 (2001) で考察した。
34) Brickhouse & Smith (1989: 262-67, 邦訳 419-24)；cf. (2000: 150)。

てはならないと常日頃考えながら（cf. *Cr.* 49b8, *Ap.* 29b6-7），他方で正・不正について知っている人の意見に従うつもりでいるため（cf. *Cr.* 47c-48a），不正をなすことはありそうもない。そうであれば，よい人は，どのような状況を作り出されても自ら不正行為をなすこともなく，それ故，魂内に不正を作り出して自らを害することもないと結論できよう[35]。

では，このことは，例えば，病気や死刑や財産没収といったことがよい人には何ら害悪たり得ないことを意味するのだろうか。その人が「よい人」として捉えられている限り，病気等は害悪とはなり得ないと結論しなければならない。なぜならば，第5節の考察が明らかにしたように，よい人は，先のどちらの意味においても，魂のあり方によって決まっているのであり[36]，この場合は RE が適用されるため，害悪は不正行為でしかないのである。それ以外のものは，病気であれ，貧困であれ，不正という悪徳とは領域を異にするため原理的に影響をもたらしえないのである[37]。

しかしながら，病気・死・貧困は，確かに，不正とは独立であるとしても，当人の〈人生〉には影響を及ぼすのではないか；不治の病は人を不幸にし（cf. *Grg.* 511c-512b, esp. ἄθλιος 512a4; 505a2-5），生きるに値しないものにするのではないか（cf. *Cr.* 47e3-5；*R.* 445a6-8）[38]。この反論に対しては，そうした主張はテキストに見られるが，どれもアナロジーという役割を担っていることに注意すべきだ，と答えたい。そこに共通して見られる表現は「駄目になった身体と共には生きるに値しない」というものである。そこから「惨めである」ということが語られたりもするが，重要なのは2点。第1に，ここには当然アナロジーで説明される側の魂的要素は含まれていないということ。それ故，ここで

---

35) この点では，Brickhouse & Smith（1989: 262-67, 邦訳 419-24）の結論と同じである。
36) Cf. *HMi.* 376b1-2, *Men.* 87e1.
37) つまりは，富や健康を有していても「よい人」とは呼ばれ得ないし，貧困や病気に苛まれていても，それだけでは「悪い人」と言えない，ということである。もちろん，例えば，貧困のゆえに「正しい人」が盗みに入ることは——それが不正行為であれば——，当人が「正しい人」である限り，定義的・文法的にありえないため，前の段落で言われたように，この意味でも，貧困が「正しい人」を害して「不正な人」にすることは不可能である。
38) 冒頭で見たように，Brickhouse & Smith はこの反論を通説に対して加えていた。清水（1995: 10-15）参照（cf. 清水（2000: 72-76））。

第3章　プラトン初期対話篇における〈害悪〉論　　73

の「生きる」は魂的側面を捨象した上でのものであり，いわば生命体として「生きる」ことが問題になっている。そのため，その基盤としての身体が機能を喪失してしまっているのならば，定義的に「生きるに値しない」ことになるのだ[39]。第2に，どのアナロジーにおいても「健康であれば幸福だ」と積極的に語られてはいないこと。つまり，プラトンは〈幸福〉を魂的要素として確保していると考えられる。類比的に語られる魂の場合は逆に，病気でどれほど身体機能が低下していても，それだけでは「生きるに値しない」とは決して言えないことになろう。魂の状態如何では〈幸福〉であるとも考えられるのだ[40]。この〈幸福〉と対置される〈不幸〉は魂という領域に相対的な悪であって，病気・貧困等からは独立なのである。よく問題にされる T7 も，そうした読みと共に解釈されねばならない。

　　T7 *Ap.* 30b2-4：金銭から徳が生まれるのではなくて，徳から金銭やその他一切は，公私両方において人間にとってよきものとなるのだ。

　金銭やその他はそれ自体では〈中間のもの〉である。それらが正義や不正に与って正義・不正との関係で有益・有害なものになるのであって，例えば，無知により不正との関わりで多額の金銭が用いられると，それは経済面からは（領域相対的に）"よいもの"であるが，不正に与る限りで"有害なもの"となる。ここには何ら矛盾は認められないのだ（cf. *Euthd.* 281b8-e5）。そしてもちろん，T7 の「よきもの」は徳に与るという条件での「有益なもの」である[41]。

39）このアナロジーの効果は，聞き手が，身体的にだめになった状態が惨めな生を構成すると信じ込んでいるときに生じる。その意味で ad hominem な議論となる。さらに言えば，ソクラテスの主張（T1, T2）が逆説的に響くのは，我々が自らの生を，身体的側面，経済的側面を重視しながら，考えているからではないだろうか。
40）第4節末尾の考察と関係づけて，次のように言える。人間が幸福である，つまり，よく生きるためには，身体と共に生きることが必要条件であるが，端的に〈人間として生きることのよさ〉は，人間を人間たらしめる魂の〈よさ〉に根拠づけられるのであって，決して身体の〈よさ〉に基づくのではない：〈人間として生きること〉の sine qua non である身体と，それをその〈はたらき〉とする魂の区別は根本的である，と。
41）ここで清水（1995）の解釈に対して検討を加えたい。清水は，魂のアレテーを〈知

こうしてブリックハウス＆スミスがもち出す「不幸」がよい人には見当外れだと結論したいが，他方，〈徳充足説〉に基づくパラドクス解釈についてはどう言えるだろうか。今度は〈幸福主義の原理〉の適用が批判されねばならない。「何ものもよい人を害することができない」という主張を解釈する際に，通説は「よい人は徳の所有それだけで幸福だから」と理由を提出するが，この主張は何も〈幸福〉を問題にしてはいない。それは，例えば，ある人に正義が成立しているならば，何ものもその人を誘惑して，正義を壊すことになる不正行為をさせることはできない，と語っているにすぎないのである。繰り返せば，貧困も病気も魂的領域からは独立であって，不正行為とは直接結びつかない；それだから，そうしたものは何ものも有害なものになりえない；このことだけが語られているのであって，幸福主義の原理と直接的には関係していないのである。

らないことを知らないと自覚したあり方）（無知の自覚）と結論づける（7）点でユニークな解釈を提出している（つまりは，ソクラテスにとってアレテーは直接的には正義や節制でない）。そして，魂のよさに基づいた吟味生活が直ちに幸福な生・善い生ではなく，必要条件にすぎないと語る（8-9）。なぜなら「魂のよさ」は生に臨む姿勢に関わるが，現実の生きる活動全体である「幸福な生」には，様々な偶然的未確定要素——「自己が置かれた，あるいは結果としてもたらされる環境ないし状況」(11)——も影響するため，アレテーだけでは十分でないからである（10-11）。但し，ソクラテスの信念だけを問題にするならば，「生に臨む姿勢のよさが，善い生の十分条件だといってもよいことになろう」(11)と清水はやや譲歩的に述べている。清水の解釈の特徴は，魂の〈善さ〉と生の〈善さ〉を明瞭に区別する点にある。私も第4節と註17, 18で〈悪〉について述べたように，基本的にこの点には賛成する。だが，清水は〈善さ〉の違いについて明確化を保留し（註7, 9），ソクラテス解釈に関しては，生の〈善さ〉の内容——幸福の内容——は知り得ないとする（13, 14）ため，不明な点がいくつか出てくる。第1に，清水は魂の〈善さ〉が幸福との関係で決定されると考えていない筈だが，そうであれば，それはどのようにして決まるのか。つまり，無知の自覚が〈魂のよいあり方〉だとして，それはどうして〈よい〉と言えるのか。第2に，現実の生きる活動全体に含まれる環境・状況のよさは「幸福をもたらすかどうか」によって決まるという〈幸福主義の原理〉を清水は前提している（9, 10, 13, 14）が，幸福の内実が不可知であれば，環境・状況のよさ——それも不可知となる——を語ることにそもそも意味があるのだろうか。第3に，幸福な生の内容が知り得ないのに——知り得ないことが理解されてもいるときですら——幸福な生が無条件的に求められる（＝幸福主義）のはなぜか。何らか〈予握〉とでも言うべきものが存在するのではないか（cf. *R.* 6. 505e1）。以上の諸点は，初期プラトンの描くソクラテスをどう理解するかに関わる一筋縄ではいかない難問であって，解釈者一人ひとりが答えていく必要があるのだろう。

むすび

　本章は，プラトンの初期対話篇で害悪が問題になっているとき，それが基本的には領域相対的悪との関係で考えられていることを明らかにした。第1に，個々の事物や行為（中間のもの）は，各領域に固有の悪――不正（悪徳）・病気・貧困等――に与る限り，「害悪」（βλαβερά, κακά）となる。第2に，不正（悪徳）は魂の〈はたらき〉の悪しきあり方である〈不幸〉の原因・根拠であるため，「害悪」（βλαβερόν, κακόν）である。第3に，生きることの悪である〈不幸〉の内容が理解されるためには人間本性――魂の本性――の解明が必要である。第3節末で提示された図を使って敷衍すれば：

　　　不正行為⇒悪徳としての〈不正〉⇒〈生きること〉の悪＝〈不幸〉
　　　　　（i）　　　　　　　　　　（ii）

　（i）も（ii）もREに従って，領域相対的悪――（i）：〈不正〉；（ii）：〈不幸〉――との関係で「害悪」と特徴づけられる点では共通しているが，（i）の関係が，「中間のもの」である行為が〈不正〉に与るという条件で「害悪」となるという意味で〈条件付きの関係〉を表す――ある量の食事を取ることが，病気を生むときに〈暴食〉となり，健康を生むときに〈栄養食〉となるように――のに対し，（ii）の関係は，〈不正〉が無条件的・必然的に〈不幸〉の原因・根拠として「害悪」であるという〈条件ぬきの必然関係〉を表す――貧困は無条件的必然的に経済生活にとって害悪である――という点で異なっていると言えよう。このように2種の〈害悪〉概念を区別することが重要であって，〈害悪〉を〈幸福主義の原理〉と関係づけて理解するだけでは不十分だと結論したのであった。

　もちろん，本章の考察は〈害悪〉をめぐるパラドクスを解釈するためになされたものであり，それゆえ，哲学的コンテクストの中で〈害悪〉概念が反省されたのだから，一般的理解に基づいた「害悪」（βλαβερά, κακά)の用法がプラトンのテキストに全く見られないと主張しているわけではない[42]。だがそうであっても,とりわけ初期プラトンの方法が,私たちの日常語使用の根底に潜んでいる世界観,幸福観,人間理解を暴き出して意識化し,表層で意識的に信じられていたこととの矛盾を突くことを目指す以上,「害悪」の一般的用法も何らか概念的考察のために活用できるだろうし,概念的に説明されうることだろう[43]。

［補足］「害悪」の一般的理解

この「補足」では,「害悪」という語が二義的に使用されうることを確認する。そのために『ソクラテスの弁明』中の一節——ソクラテスがメレトスを論駁する箇所（24c-26a）——を検討する。

メレトス等が提出した告訴状には「ソクラテスは有罪である,若者を堕落させ,かつ,ポリスの認める神々を認めず他の新奇な神霊を認めることの故に」（24b8-c1）とある。ソクラテスは2つの理由のそれぞれについてメレトス論駁を試みるが[44],私は第一の理由に対する反論だけに焦点を当てたい。ソクラテスの反論は2つの部分からなる。まず彼は24c9-25c4で,メレトスが全然若者たちを気遣っていないことを示そうとする。その際,ソクラテス以外のアテナイ人全てが若者たちをよりよくすると主張するメレトスに対して,ソクラテスは,馬の調教師だけが馬をよくするのであって,他の人は皆,馬を駄目してしまうとのアナロジーを用いて,メレトスの論点がどれほど馬鹿げていて,彼が若者たちについて真剣に考慮したことがなかったかを示す。

次に25c5-26a7でソクラテスはさらなる反論を加える。彼の論証は次のように再構成できる。

---

42) 「害悪」の一般的理解については,本章「補足」参照。
43) 本章は,1999年7月25日に中央大学駿河台記念館で開かれた「第33回ギリシア哲学研究会」での発表原稿に基づいている。当日耳を傾けてくれた参加者,また,様々なコメントをしてくれた市川哲也,伊藤雅巳,荻原理,清水哲郎,田中伸司,土橋茂樹,野村光義,松浦明宏,八木英之,横手健の諸氏に感謝いたします。
44) 告訴状に関わる問題点については,加藤（1988: 64-79）を参照。

第 3 章　プラトン初期対話篇における〈害悪〉論　　　　77

1. 人を堕落させることはその人をより悪くすることを意味する。
   （前提）
2. 悪しき人々[45]は他人に悪を産み出す。（前提）
∴ 3. もし人が他人を堕落させるならば，その人は堕落させた人から
   悪を受けることになる。（(1)(2) より）
4. 害されることを欲するものはいない。（前提）
∴ 5. もし人が (1) から (3) の推論に無知でないならば，その人は
   他の誰も堕落させることはないだろう。（(3)(4) より）
6. ソクラテスが (1) から (3) の推論に無知であるとは信じ難い。
   （前提）
∴ 7. ソクラテスは他の誰も堕落させることはない。（(5)(6) より）

　この論証の後でソクラテスは，たとえ彼が誰かを堕落させたとしても，本意からでなくそうしたのであって，その場合メレトスは，ソクラテスを法廷へ連れてくることなく，ただすべきだったのに，そうしなかったのだから，メレトスの方に責任があると主張する。
　ソクラテスのメレトス反駁は害悪に関するいくつかの表現を含んでいる。第 1 に，"βλάπτεσθαι" (25d1) は普通に「害する」を意味する "βλάπτειν" の受け身形であり，ここでは「悪を蒙ること」(κακόν τι λαβεῖν 25e3) の意味で用いられ「益されること」(ὠφελεῖσθαι 25d2) と対比されている。つまり「害すること」は「悪を産み出すこと」(κακόν τι ἐργάζεσθαι 25c8, d10) である。第 2 の表現は，上で「堕落させること」と訳された "διαφθείρειν" である。「益すること」(ὠφελεῖν 25b8-c1; cf. 24e10) と対比させられているため，"βλάπτειν" とほぼ同義であって「害すること・悪を産み出すこと」を意味する。さらに "διαφθείρειν" は「人をより悪くすること」(ποιεῖν πονηροτέρους 25d5-6) を意味するものとして使用されている。そのため「人をよりよくすること」(ποιεῖν βελτίους/ἀμείνους 24d3, d6, d10, e4-5, e10, 25a6-7, b1, b3) である「教育すること」(παιδεύειν

---
45)「よい人／悪しき人」と「よい市民／悪しき市民」の違いをめぐる問題は，ここでは無視する：cf. West (1979: 139)。この区別については，アリストテレス『政治学』3.4, 1276b16-1277b32 参照。

24e4)と対比されている。第3に，告訴状の中で「有罪である」と訳された"ἀδικεῖν"もまた何らか「害すること」と関係している。というのは，"ἀδικεῖν"は文字通り「不正をなすこと」を意味するが，メレトス一派は，ソクラテスが若者たちを堕落させて不正をはたらいている，と訴えているからである。かくしてこれら3つのギリシア語が〈害悪〉概念と関わっていることがわかる。

以上の分析は「害すること」が2様に言い換えられていることを示す。即ち，2人の人，XとYについて

XはYを害する ＝ (i) XはYの内に悪を産み出す
(ii) XはYをより悪くする

である。(i) はより一般的な〈害悪〉規定である。なぜなら，どんな種類の悪が問題になっているのか，誰にとって悪いものなのか，が限定されていないからである。最初の問に対しては，本章第2節で見たように，例えば，領域相対的な悪である悪徳・無知，病気，貧困等のどれなのかがさらに特定可能である。後者の問については，Xにとってなのか，Yにとってなのか，それとも，限定抜きに誰にとってもなのか，が問われうる。このように (i) は一般性を帯びているが，(ii) は (i) が既に限定された形になっている。まず，上の論証の (2) (3) を見ると，ソクラテスは蒙る側（Y）にとっての悪を念頭に置いているのは明らかであり，また「XはYを益する」という表現と対比されているので，Yにとって悪いものだと考えられる[46]。さらに，ソクラテスのエウエノスについての報告（cf. 20a1-c3）からもわかるように，ソクラテスは教育に関して人をよくすることと対比しているのだから，人間の徳に関して

---

46) T1ではまさにこの点が，ソクラテスとメレトスとの間で対立点となっているのである。もう1度T1を見てみよう。ソクラテスは，メレトスがどういったことを悪と考えているのかを指摘している。彼によれば，メレトスは死・追放・市民権の喪失を大きな悪と考えているのである（cf.30d3-4）。もしそれらが実際ソクラテスにとって悪だとすれば，(i) より，ソクラテスはメレトスによって害されることになるであろう。しかしながら，ソクラテスはメレトスによって害されることを否定しているのだから，彼の方は刑罰によってもたらされるそういったことを悪とみなしていない筈であろう。もちろんそれがXにとって悪いものであったり，誰にとっても悪いものであっても構わない。Cf. Santas (1979: 185); Irwin (1979: 154); Brickhouse & Smith (2000: 126).

人をより悪くする（cf. 20b1-2, b4-5）ことを専ら考えているのである。であれば，(ii) は本章第 5 節で考察された〈害悪〉概念と一致すると言えよう。つまり，X は Y の魂をより悪くする，という狭い意味で「害する」ことが理解されているのである。

　このように「害悪」という語は 2 通りに解される。強調しておきたいのは，普通の人々ですら「害悪」をより狭い意味（＝ (ii)）で用いているということである。プラトンの〈害悪〉論はこうした日常語法に根差しており，それゆえ「何ものもよい人を害することはできない」というパラドクスも私たちの信念が丹念に吟味されたならば，理解可能なものとなりうるのだ[47]。

---

47) 「僕は他人を傷つけるのはいやだ。だから，人と深いつき合いはしないで，自分の世界に閉じこもり，その世界を大切にしているんだ。」「いやそれは違うよ。君は人を傷つけることを避けているのではなくて，人を傷つけることで，自分が傷つくのが怖いんだ。」こんな会話にリアリティがあるかどうかは別にして，我々は時折〈人を傷つける〉という言い方を，何やら身体ではなく，こころに悪い影響を及ぼす，ということを意味して用いているようだ。この用法とギリシア語「害悪」の狭義の用法には何らかの親近性が感じ取られる。こころ・魂にとっての〈悪〉が同様に理解されているかはわからないが。

第4章

善をめぐる思考と欲求
——『メノン』篇 (77b-78b) の一解釈——

はじめに

ソクラテスに帰せられる強力な主張の1つに「誰もが幸福を望んでいる」という〈幸福主義の公理〉がある[1]。幸福が人生のあり方であり，諸々の行為が人生を構成している限り，幸福の願望は人の諸行為を何らか「目的論的」に秩序づけている。私が本を読むのは楽しむためであり，今楽しむのは幸福な人生を送るためである，というように。幸福という人生の究極目的との関係でそれへと自身を導くと思われる手段を人はその都度択び取っているのである。

このように幸福主義の公理から人生と行為の関係を見るとき，これまたソクラテスのものとされる「徳は知なり」という主知主義のテーゼが前面に出てくる。人を幸福へと導く行為を間違えることなく選択させる知識が人の卓越性として考えられるのである。幸福の願望は皆に備わっているのだから，願望を実現するための手段に関わる知識が得られれば人は有徳になり幸福になる。ソクラテスが知識にこだわったのはそのためであった，と。

---

[1] 本章での「ソクラテス」はプラトン初期対話篇で描かれるソクラテスである。幸福主義の公理について，Vlastos (1991: 203) は EA (the Eudaemonist Axiom)：「幸福は，万人によってその一切の合理的行為の究極目的として求められる」と定式化している。EA は，様々な行為から成り立つ我々の人生が，行為の究極目的たる幸福への欲求と結びつくことで，何らかの秩序を保っていることを含意している。

だがこのソクラテス像は説明せずに済ませている重大な問題を含んでいる。それは幸福の内容を何とすべきか，それにどう知が関わってくるのかという問題である。人は幸福を願望しているとき，幸福の内容を考・え・て・い・て・，そ・の・上・で・願望しているのか。それとも思考や知識は幸福には関与せず，手段にのみ専ら関わるのか。もし前者であれば，その思考の是非が問われるだろうし，後者であれば，幸福観の違いが生き方の違いとなる（名誉愛好者や金銭愛好者）という事実をさらに説明しなければならない[2]。

　こうしてソクラテスを理解するための考察は複雑なものとならざるをえないが，本章で私は「誰も悪を欲求する者はいない」というパラドクスをその手掛かりとする。このパラドクスは幸福主義の公理をいわば裏面から表現しているだけでなく，行為をめぐる欲求と思考に関わっていると思えるからである。検討するテキストは『メノン』（77b-78b）である[3]。この箇所はこれまでG・サンタスに典型的に見られる仕方で解釈されてきた[4]が，近年T・ペナーとC・ローがこの「通説」に批判を加え，テキストの変更を伴う新たな読みを提示した[5]。彼らの説は未だ一般に認められてはいない[6]が，当該パラドクスのみならずソクラテス像全体の理解に一石を投ずる，十分検討に値するものである。だが私は，通説も新説も，当該箇所の解釈としては成功していないと考える。そこで私が試みるのは，これらの説に検討を加えながら，「誰も悪を欲求するものはいない」というソクラテス的テーゼが何を意味するのかを

---

　2) もちろん名誉愛好者や金銭愛好者は不正な人の類型として『ポリテイア』で主題的に扱われる。

　3) 本章ではBurnet（1903）を『メノン』のテキストとして用い，箇所指定（頁・行）はステファノス版，他著作の略記は慣例（LSJ）に，それぞれ従う。

　4) Santas（1979: 183-189）；Bluck（1961: 257-259）；Sharples（1985: 137-139）；Nakhnikian（1994: 129-151），etc.

　5) Penner & Rowe（1994: 1-25）．彼らは，ソクラテスのパラドクスを理解するために特に重要な『メノン』77b-78bと『ゴルギアス』467a-468eがどう整合的に読めるのかを問題にする。本章はこの問題意識を共有しているが，『ゴルギアス』を主題化できないため，2つの箇所の比較は部分的なものとなる。『ゴルギアス』のより詳しい考察については，本書第1章，第3章参照。

　6) 私の知る限りでは，Anagnostopoulos（2001: 56-114）が唯一正面から取り組み議論している。Penner & Rowe論文のAppendix（24-25）——Reshotko（1992）の検討——に答えたものとしてReshotko（1995）がある。

77b-78bの読解——テキストの新しい読みの提案——を通じて解明することである。そのことによって，ソクラテスが欲求と思考を幸福／不幸や行為とどう関係づけているのかを明らかにし，彼に帰せられる幸福主義の公理と主知主義の再考に努めたい。

1　問題状況の確認

　徳の教授可能性に関心を抱くメノンに対して，ソクラテスは徳とはそもそも何であるかを先に明らかにしなければならないと主張する（70a-71d）。紆余曲折（71e-77b）の後，メノンが詩人の権威に基づいて提出した答は「徳とは，美しいものを欲求してこれを獲得する能力のあること」であった（77b）。ソクラテスはこの定義の吟味に取りかかるが，彼の方針は

　　(ⅰ)「美しいものを欲求すること」と「美しいものを獲得する能力」の分離
　　(ⅱ)「美しいものを欲求すること」の「善きものを欲求すること」への変換
　　(ⅲ)「善きものを欲求すること」は全ての人に共通することであることから，人の卓越性を示す徳の要素としては不必要であることの証明

であった。「誰も悪を欲求する者はいない」というパラドクスはこうして（ⅲ）の中で導入され，その論証が（ⅲ）の中心を占めるのである。
　まず，論証を再構成することから始めよう[7]。

　1　悪しきものを欲求する人もいる。（77b7-c3）
　　1.1　悪しきものを善きものと思いこんで悪しきものを欲求する。

---

7) 訳語・翻訳は藤沢訳に準拠したが，藤沢がこの再構成を提示している訳ではない。

(77c3-5)
1.2　悪を悪と知りながら悪しきものを欲求する。(77c3-5)
〈1 の言い換え〉
2　悪しきものが自分のものとなることを欲するという形で，悪しきものを欲求する。(77c5-d1)
2.1　悪しきものが有益だと信じて悪しきものを欲求する。(77d1-4)
2.2　悪しきものが害をなすと知って悪しきものを欲求する。(77d1-4)
〈2.1 の検討〉
2.1.1　悪しきものが為になると信じている人々は悪しきものが悪しきものだと知らない。(77d4-7)
2.1.2　この人々は，悪しきものを欲しているのではない。(77d7-e1)
2.1.3　悪しきものであることを知らない。(77e1)
2.1.4　彼らが善であると思って求めていたものが，実際には悪であった。(77e1-2)
2.1.5　したがって，それと知らずに善きものだと思っている人たちは，善きものを欲している。(77e2-4)
〈2.2 の検討〉
2.2.1　自分が悪しきものから害をうけることを知って，悪しきものを欲求する。(77e5-78a1)
2.2.2　この人たちは，害をうける者たちが，害をうけている限り，みじめであると思う。(78a1-3)
2.2.3　みじめな者たちは不幸である。(78a3-4)
2.2.4　みじめで不幸であることをのぞむものは誰もいない。(78a4-5)
2.2.5　みじめで不幸であることをのぞむことなしに，悪しきものをのぞむものは誰もいない。(78a6-7)
2.2.6　みじめであるということは，悪を欲してそれを自分のものにすることである。(78a7-b1)
3　悪しきものをのぞむ人は誰もいない。(78b1-2)

第 4 章　善をめぐる思考と欲求　　　　　　　　　　85

　　(a)　善きものを欲求する人がいる。(77b6-c2)
　　(b1) 悪しきものを善きものと考えて欲求する人がいる。(77c3)
　　(b2*) 悪しきものを悪しきものと知って欲求する人がいる。(77c4-d1)
　　(b2x) 悪しきものを悪しきものと知りつつ，それらが有益だと考えて，それらを所有しようと欲する人がいる。(77d1-2)
　　(b2y) 悪しきものを悪しきものと知り，かつ，有害だと考えて，それらを所有しようと欲する人がいる。(77d2-4, 77e5-78a8)

　ペナー／ローの解釈では，(a) に反する 2 つの場合――(b1)，(b2*)――のうち，(b2*) はその下位区分である (b2y) が帰謬法により不可能だと証明され，もう 1 つの下位区分 (b2x) は 77d4-7 で (b1) に還元される。それゆえ，(b1) の可能性だけが問題になるが，それも 77d7-e4 の議論で (a) に還元されるため，結局 (a) の承認だけでパラドクスは論証される，というものである[9]。再構成に関する私の解釈とペナー／ローの解釈の最大の違いは，私の (2.1)，彼らの (b2x) を「悪

---

8)　Penner & Rowe (1994: 10-11). p. 10 の再構成に (b2*) は見当たらないが，次註に見られるように，ここで挿入して差し支えない。また Santas (1979: 185-186) は，ソクラテスは，「悪と知りつつ欲求する」ケースの吟味から始まり，途中 77d5-e4 で「悪だと思って欲求する」ケースの検討へと向かい，最後に最初のケースへ戻って結論を下している，と解す。
9)　Penner & Rowe (1994: 10 n.5, 22 n. 33) は樹形図を使って次のように説明する。

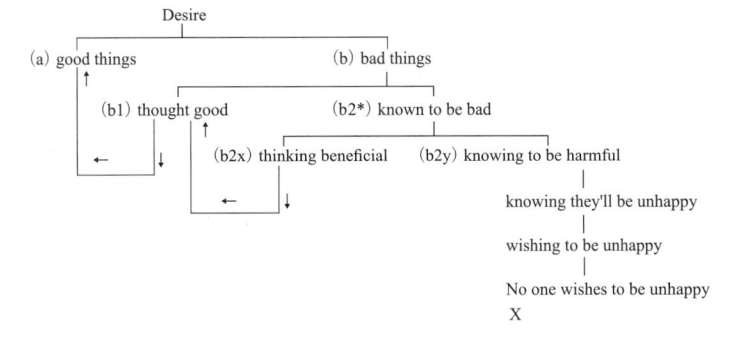

```
                    Desire
         ┌────────────┴────────────┐
    (a) good things           (b) bad things
         ↑              ┌──────────┴──────────┐
    (b1) thought good   (b2*) known to be bad
         ↑         ┌──────────┴──────────┐
         │    (b2x) thinking beneficial  (b2y) knowing to be harmful
         ←         ↓                            │
                                          knowing they'll be unhappy
                                                │
                                          wishing to be unhappy
                                                │
                                          No one wishes to be unhappy
                                                X
```

しきものを悪しきものと知って欲求する人」の下位区分に入れるか否かに存する[10]。彼らは (b2x) が (b1) に還元されていると考えるため，この違いは大した意味をもたないようにも思えるが，実は論証全体を理解するのに重要な論点に関わっているのである。それは 77c7-d1 の不思議な挿入に関わる。そこでの議論を見てみよう。

　　ソクラテス：「欲求する」ということで，君は何を意味しているのかね？　きっとそれは，その対象が自分のものになることを欲求しているということだね？（Τί ἐπιθυμεῖν λέγεις; ἦ γενέσθαι αὐτῷ[11];）
　　メノン：自分のものになることをです。それに違いありません[12]。（Γενέσθαι· τί γὰρ ἄλλο;）

ペナー／ローは，ソクラテスの台詞が直前のメノンの同意（「〔悪しきものを悪しきものと知・り・な・が・らそれを欲する人がいると私が考えているのは〕その通りです」（77c7））を受けていると解し，(b2*) の中に入れて考えている。だが，私はソクラテスの "Τί ἐπιθυμεῖν λέγεις;"（77c7-8）は，これまでの議論で明らかになったメノンの信念（「悪しきものを欲求するものがいる」）全体を吟味する最初のステップととる[13]。直前（c5-7）でソクラテスは，悪を悪と知・っ・てなお求める人がいると考えるメノンに驚き（Ἦ γάρ（77c5））[14],〈欲求の文法〉を確認して本格的吟味を開始すると考えるのである。私の解釈のメリットは論証の再構成が非常に単純化される点が1つ。つまり，(2.1) 悪を善と勘違いして求める場合と

10）　Sharples（1985: 138）もこの点については Penner & Rowe と同様である。Cf. Guthrie（1975: 246-47），田中（2001）．
11）　多くの論者（e.g. Bluck, 藤沢）と共に，写本の αὐτῷ の代わりに αὑτῷ を読む．
12）　藤沢（1994）訳「悪しきものに関して何を求めるのだと言うのかね？　きっとそれは，その悪しきものが自分のものになることを欲しているのだろうね」．
13）　Santas（1979: 186, 315 n. 14）は「何かを欲求しているときには，それを所有することを欲求している」といった〈欲求の文法〉が確認されていると解釈する（cf. Apelt（1922: 31），Reich（1972: 25））．Sharples（1985: 55）は "What do you mean that he desires? That these things should be his." と訳し，欲求の文法が問題になっているとするが，ἐπιθυμεῖν（77c7-8）に 77c7 から αὐτῶν を補い「これら悪しきもの」が生ずることに限定して考えている．註 12 の藤沢訳，Day（1994: 43），Merkelbach（1988: 40）の同様の訳も参照．
14）　Smyth（1956: 649-650）；McKirahan（1986: 15）．

(2.2) 悪を悪と知りながら求める場合とが順番に論じられていると整理される[15]。

だが解釈上の利点はこれだけに留まらない。欲求の対象が「悪しきもの」から「悪しきものが自分のものになること」へと代わると同時に，〈有益／有害〉という概念が導入され，メノンを論駁する武器が手に入ると読むのである[16]。確かに，この武器についてペナー／ローも注意を払ってはいる[17]が，その取り扱い方は（彼らが考えるほどには）あまり効果的だとは思えない。しかしこの変換は実に論証の哲学的含意を理解するのに重大な意味をもつのである。

この点の詳述は第3節に譲るが，ここでは簡単に〈有益／有害〉概念が（2.2; b2y）の中でどう機能しているのかを確かめておきたい。論証のこの部分は特に「害悪（βλάπτειν）」概念の理解に依拠している。この点に注目して，〈2.2の検討：2.2.1〜2.2.6〉で指摘したいのは，2点。第1に，ここでは，悪しきものが害悪と捉え返されることによって，それが不幸に寄与する限りでの「悪」だと考えられている。すなわち，他の初期対話篇でも見られるように，「悪しきもの」は領域相対的に解されるだけでは，不幸に導いたり構成したりするとは限らない[18]。例えば，身体の悪である「病気」も経済的な悪である「貧困」も（有徳な人の場合）不幸に寄与する害悪だとは限らないのである。

第2に，悪しきものが欲求・思考主体自身との関係で特徴づけられている点が重要である。あくまで悪しきものはそれに関わる当人自身にとって「有害なもの」つまり「（自身の）不幸に寄与するもの」と考え

---

15) Bluck（1961: 257）の簡単な要約も同様に解しているようである。Penner & Rowe（1994）の pp. 21-22 にかけて挿入されたコメント参照。Penner & Rowe たちによる再構成の最大の問題点は，77d7-e4 に登場する人々が（2b*）の下位区分として「悪しきものが悪しきものだと知っている」人々である筈なのに，77d4-7でそうであるのを知らない人々と確認されていることである。このことに対する説明はうまく行っているとは思えない。

16) 〈xを欲求する〉が〈xがyに生じること〔＝ xによりyがzという新しい状態になること〕を欲求する〉へと改変されるとき，xは定義的・必然的にzに寄与すると考えられている。もしzが善き状態であれば，xはそれに寄与する〈有益なもの〉（ὠφέλιμον）であり，zが悪しき状態であれば，xはそれに寄与する〈有害なもの〉（βλαβερόν）と特徴づけられる。本書第3章第2節参照。

17) Penner & Rowe（1994: 11 n.16, 21-22）．

18) 例えば，*Euthd.* 281b-e 参照。この問題は本書第3章（esp. 72-74）で論じた。

られているのである[19]。決して一般的な害悪が問題になっているのではない。悪は自分のものとなり，果ては自身の幸福／不幸に関わってくるのである[20]。

これらの点は，〈有害〉のみならず，その対の〈有益〉にも当てはまるだろう。先の〈欲求の文法〉の確認は，善／悪をこのように限定した意味で用いるということの宣言になっており[21]，論証全体の理解に大いなる影響を与えると予想される。

ところで，たとえ論証構造全体が異なって理解されていても，解釈上鍵となる箇所がどこかについては，論者たちの意見は一致している。それは 77d7-e3（2.1.1～2.1.5）である。サンタスとペナー／ローもこの箇所をめぐって衝突しているのであり，私も彼らと異なる解釈を提出するつもりである。ギリシア語原文と藤沢訳は次の通り。

    Οὐκοῦν δῆλον ὅτι οὗτοι μὲν οὐ τῶν κακῶν ἐπι- 77d7
θυμοῦσιν, οἱ ἀγνοοῦντες αὐτά, ἀλλὰ ἐκείνων ἃ ᾤοντο ἀγαθὰ e1
εἶναι, ἔστιν δὲ ταῦτά γε κακά· ὥστε οἱ ἀγνοοῦντες αὐτὰ e2
καὶ οἰόμενοι ἀγαθὰ εἶναι δῆλον ὅτι τῶν ἀγαθῶν ἐπιθυμοῦσιν. e3

すると明らかに，その人たちは，悪しきものを欲しているのではないということになりはしないか。悪しきものであることを知らないのだからね。むしろ，彼らが善であると思って求めていたものが，実際には悪であったというだけのことではないか。したがって，それと知らずに善きものだと思っている人たちは，明らかに善きものを欲しているのだということになる。

この4行を解釈する上で，注意すべき点をいくつか挙げよう。①全

---

[19] 77e5-78a4 では悪を欲求するとされている人々が，害される人々一般について考えているかのように書かれてあるが，文脈上，自身のこととして受けとめていると解すべきである。

[20] この点で，Penner（1992: 128, 134-137, 155 nn. 23-24）がソクラテスの「倫理的利己主義（ethical egoism）」を強調するのは評価できる。

[21] Bluck（1961: 257）は論証全体に見られる善／悪を道徳的な（利他的な）ものと考えてはならないと注意しているが，それは最初からの前提ではなく，意味の限定はまさにここでなされるのである。Cf. Guthrie（1975: 247）．

体の構造はどうなっているのか。② 代名詞（下線部）が何を指すか。③ 思考と無知（点線部）の役割はどういったものか。④ 善・悪の意味内容は何か。次にこれらの問に留意しつつ、この箇所の2つの解釈を紹介したい。

2　2つの解釈

まず「通説」とも言えるサンタスの解釈を紹介しよう。彼の当該箇所に対する訳は次の通り[22]。

> Obviously ⟨1⟩ they do not desire bad things, the people who are ignorant of <u>them</u>, but ⟨2⟩ [they desire] <u>the things</u> which they supposed to be good things, even though ⟨3⟩ <u>these things</u> are in fact bad; so that ⟨4⟩ those who are ignorant of <u>them</u> and think them good really desire good things.

サンタスの危惧は、ソクラテスが矛盾した発言をしているのではないか、という点にある。というのは、ソクラテスは、悪しきものについて無知な人々が、一方で（⟨1⟩）、それら悪しきものを欲求していないが、他方で（⟨2⟩＋⟨3⟩）、善きものと考えていたもの、しかし、実際は悪しきものを欲求している、と語っているからである。矛盾から救うために、サンタスは欲求対象を2つに分ける。例えば[23]、塩が欲しくて目の前の砂糖に手を伸ばすとき、その人の欲求の「意図された対象」（the intended object = IO）は塩であるが、欲求が現に向かっている「実際の対象」（the actual object = AO）は砂糖である。欲求対象のこのような二重化に注目して、サンタスは、悪しきもの（AO）を欲求する人もいるが、その人は「善きもの」として欲求するのであるから、その限り欲求対象は「善きもの」（IO）と言える、と解釈するのである[24]。

---

22) Santas (1979: 186). ⟨1⟩〜⟨4⟩の番号付けは Penner & Rowe に従う。
23) Santas (1979: 187) の例を少し変更してある。
24) Vlastos (1991: 148-154) も『ゴルギアス』467a-468e の解釈との絡みで、サンタス

前節末で挙げた4点に注意して先の訳と彼の解釈を見てみよう。まず，② 代名詞（下線部）はどれも同一の対象（＝悪しきもの AO）を指しており，① 全体構造は

〈1〉：悪しきもの（AO）を「悪しきもの」(IO) として欲求することはない。〈2〉＋〈3〉：悪しきもの（AO）を「善きもの」(IO) として欲求する。〈4〉：「善きもの」(IO)〔として悪しきもの（AO）〕を欲求する。

となる[25]。③：思考は「善きもの」(IO) に関わり，それへの欲求を惹き起こすが，無知ゆえに眼前対象を取り違えてしまう（眼前の悪しきもの（AO）を「善きもの」(IO) とみなす）。④：善や悪はそれに関わる当人にとって有益／有害を意味する。サンタスはこう解釈することで，当該箇所が矛盾（「悪しきものを欲求していて，していない」）を含んでいないと主張するのであった。

フレーゲやアンスコムの言語哲学・行為論の知見に基づいたサンタスの解釈はそれなりの一貫性と説得力をもっている。だが，ペナー／ローは，サンタス説はテキスト解釈上いくつもの問題点を孕んでいると考え，独自の解法を提出する。次に，彼らのサンタス批判とその解釈を紹介しよう。

ペナー／ローがサンタス説に満足できないのは，それが（「意図された対象」と区別された「実際の対象」という形であれ）悪しきものの欲求の存在を認めてしまっている点にある[26]。彼らは3つの批判を加える。第1に，論証の出発点で確認される「善きものを欲求する人がいる」(77b7-c2) の「善きもの」は実際に善いもの（AO）であり，メノンが主張する「悪しきものを欲求する人がいる」の「悪しきもの」も実際に悪いもの（AO）であるのは疑いえない――ここにはサンタス的区別は

の対象の区別に賛成している。
　25）この分析は Penner & Rowe (1994: 11-12) を参考にしている。
　26）Penner は，自身の『ゴルギアス』467a-468e の解釈（cf. Penner (1991)）より，もし『メノン』77b-78b がそこと矛盾していないならば，どういう形であれ悪の欲求の存在をソクラテスが認めている筈はないと考える。

第4章　善をめぐる思考と欲求　　　　　　　　91

ない。後者が否定されて「善きものを欲求している」と修正されても，サンタスが言うように，その善きものが「意図された対象」ならば，ソクラテスの「誰もが善きものを欲求している」という説は曖昧だと言わざるをえない[27]。

　第2に，サンタスがただしければ，「知りつつ悪しきものを欲求する人」の存在を否定する議論中で言及される「不幸」も意図された対象として「不幸と思われるもの」となって実際には「幸福」かもしれない。その場合「誰も幸福であることを望まない」は幸福主義の公理に反する理解不可能なものであって，サンタスの考察が間違っていることを示す。そしてもしここで実際に悪いもの（AO）が語られているならば，論証の最後にメノンは「誰も悪しきものを望んでいないのでしょう」(78b1-2) と言うが，これは明らかに直前の帰謬法だけでなく，論証全体を締めくくる発言であるため，論証全体でも実際に悪いもの（AO）の欲求が問題になっていると言うべきだろう[28]。

　第3に，論証の完遂により「欲求に関して人は異ならない」ことが判明し，人の卓越性たる徳の定義が「善きものを獲得する能力」に限定修正される (78b3-8)。ここには反アリストテレス的含意が窺われる。すなわち，ソクラテスの「徳は知なり」という主知主義では欲求の善し悪しは問題にならず，知（＝能力）の程度のみで人の卓越性がはかられるが，他方，アリストテレスは〈善と見えるもの〉を求める欲求の違いでよい人と悪い人を区別する（*NE* 3.5, 1114a31-b25; cf. 1113b14-1114a31)。サンタスの解釈はアリストテレスの路線にあるもので，ソクラテスの独自性を打ち消すことになるのである[29]。

　私はとりわけ最初の2つの批判は説得的だと思うが，いずれにしてもこれらの批判の成否はペナー／ロー自身の解釈の妥当性にかかっている。ではそれは一体どのようなものか。まず問題の箇所に対する彼らの訳[30]を見てみよう。

---

[27] Penner & Rowe (1994: 14).
[28] Penner & Rowe (1994: 14-17).
[29] Penner & Rowe (1994: 17-18).
[30] Penner & Rowe (1994: 18-19).

Obviously ⟨1⟩ these people don't desire <u>bad things</u>, the people who don't know <u>them</u> [i.e. that they are bad things]. Instead, ⟨2⟩ they desire <u>those things</u> which [we agree] they think good. But ⟨3⟩ <u>these very things</u> in fact are bad. So, then, ⟨4⟩ those who don't know <u>them</u>, and think that they are good, clearly desire good things.

　彼らの読解上の工夫は句読法の変更にある。彼らは ⟨2⟩ 末のコンマをピリオドにし，通説では緊密だった ⟨1⟩, ⟨2⟩, ⟨3⟩ の連関を分断するのだ。よって全体の構造は次のようになる（①）。

　　⟨1⟩：実際に悪しきもの（AO）を欲求する者はいない。他方，⟨2⟩：善と考えて当のもの〔i.e. 悪〕を欲求する人がいるかもしれない。しかし，⟨3⟩：それらは実際には悪しきもの（AO）である〔から，⟨1⟩ より，欲求の対象にはならない〕。よって，⟨4⟩：欲求対象は実際に善きもの（AO）である〔という選択肢だけが残る〕。

　ここで ⟨2⟩ は仮想状況であるが，⟨3⟩ の事実と ⟨1⟩ によって否定される。⟨4⟩ は ⟨1⟩ の人々が欲求しているものが実際に善きもの（AO）であることを確認するが，これらは目的としての善きものである。すなわち，有益だと誤認されている（実際には）悪しきものが生みだす筈の目的である（③④）。また，代名詞（下線部）は全て同一の（実際に）悪しきもの（AO）を指す（②）[31]。
　ペナー／ローの解釈のポイントは，欲求の「意図された対象」を導入せず「実際の対象」だけで済ませて，「誰も実際に悪いものを欲求しない」とソクラテスの主張を読むことにある。それが文脈にも，アリストテレスと対比されたソクラテスの独自性にも適うとの考えである。だが，問題の箇所に対する彼らの分析があまりにも複雑すぎる感は否めない。やはりどこかに無理があるのではないだろうか。次節では，ペナー／ロー説とサンタス説の評価と共に，別の解釈の可能性を探ってみた

---

31) Penner & Rowe（1994: 18-19 n. 26）は，この「悪しきもの」を一般的なもので眼前の個物ではないと言ってはいるが，その区別はここではそれほど重要ではないとも考えている。

い。

3 善をめぐる思考のはたらき

　確かにペナー／ローが言うように，文脈上ソクラテスが「人は皆実際に善いものを欲求している」以外のことを考えているとは思えない。しかしだからと言って，サンタスの導入する「意図された対象」が語られていないかと言えば，この点には，後で見るように，細心の注意を要する。また，ペナー／ローの 77d7-e3 の構造解析には疑問が残る。まず，⟨1⟩は何を根拠に主張されているとするのだろうか[32]。直前で（彼らの解するところでは）悪しきものについて知っていると想定されていた人々が，それらが有害だと知らないと判明したということだろうか。だが，これだけでは実際に悪しきもの（AO）を欲求してないと言えないだろう。次に，⟨4⟩の「善きもの」を目的とみなすことは不自然である。対比はあくまで，人々は実際に悪しきもの（AO）を欲求してはおらず，実際に善きもの（AO）を欲求しているという点にあるのであって，一方が手段として悪しきものであるならば，他方も手段として善きものである筈だろう。わずか3行の間に急に目的が問題になるのはありそうもない。

　そこでこの節では，最初に（1）テキスト 77d7-e3 をギリシア語文法に留意して分析し，続いて（2）文法の検討から浮上してきた問題を哲学的に考察しつつ私の解釈を提示する。最後に（3）サンタス説とペナー／ロー説との異同を明らかにしながら，この箇所のさらなる理解に努める。

　（1）では 77d7-e3 をどう解釈できるだろうか。もう一度テキストを見てみよう。

　　　　Οὐκοῦν δῆλον ὅτι οὗτοι μὲν οὐ τῶν κακῶν ἐπι-　　　77d7

---

[32]　Cf. Anagnostopoulos（2001: 75-78）.

θυμοῦσιν, οἱ ἀγνοοῦντες αὐτά, ἀλλὰ ἐκείνων ἃ ᾤοντο ἀγαθὰ   e1
εἶναι, ἔστιν δὲ ταῦτά γε κακά· ὥστε οἱ ἀγνοοῦντες αὐτὰ   e2
καὶ οἰόμενοι ἀγαθὰ εἶναι δῆλον ὅτι τῶν ἀγαθῶν ἐπιθυμοῦσιν.   e3

　全体の構造を考えながらこの4行を眺めると，すぐ目に飛び込んでくるのが，"οὐ … , ἀλλά …" の構文である。その対比は明らかで，悪しきものについて無知な人々は τῶν κακῶν ではなく ἐκείνων を欲求するという対比である。そうすると——サンタスが危惧するように，ソクラテスが矛盾していないとして——τῶν κακῶν と ἐκείνων が同一のものを指すことはありえない。次に，77e2 の ὥστε は帰結を導く接続詞であるから，帰結文中で語られていることは直前と一致する部分を含むはずである。一致するのは当然，τῶν ἀγαθῶν ἐπιθυμοῦσιν と ἐκείνων [ἐπιθυμοῦσιν] であろう。よって，τῶν ἀγαθῶν と ἐκείνων は同じものを指示するのでなければならない。
　ここまでは明白だと思われるが，実は（既にサンタスやペナー／ローの場合で見たように）従来このようには解されてこなかった。理由の1つは 77e2 の ταῦτα が 77e1 の関係代名詞 ἅ を受けるとされてきたことにある。この文法事情に関連してR・S・ブラックは "Ταῦτα refers to the same things as the preceding relative ἅ. It has to be introduced because of the change of case." と註記している[33]。この註の後半は，対格である関係代名詞が指すものが次の文では主格となり，格の変化が生じるため，指示代名詞が導入されたとの説明[34]だが，前半，つまり，ἔστιν … κακά の主語が ἅ の先行詞と同一である理由は説明されていない。また，この註はなぜ ταῦτα という指示代名詞が使用されているのかを説明していない。ἅ の先行詞が ἐκείνων なのだから，ἐκεῖνα でもよかった筈である[35]。ここには文法的事情とは別の哲学的惰性が潜んでいるよ

---

33) Bluck（1961: 258）．Sharples（1985: 139）も同様。
34) このような例については，*Prt.* 310d7 とその箇所に対する Adam（1905: 84）の註参照。
35) もちろん私は ἐκεῖνος が οὗτος で受けられる例を知らないわけではない（e.g. *R.* 515e3-4）。ただそうでなければならない文法的必然性が認められないというだけである。ἐκεῖνος を ἐκεῖνος で受ける例としては，例えば，*Euthphr.* 14e1-2 参照。Cooper III（1998: 521）の挙げる例を見よ。

第4章 善をめぐる思考と欲求

うにも思われる。それが何かは以下で示すしかないが，まずは指示代名詞 ταῦτα が使われている理由から考察しよう。

ペナー／ローがこだわっている δέ（77e2）に着目したい[36]。彼らは通常 "though they are in fact bad"（cf. Santas）と訳されて挿入的付け足しを導くものと考えられてきた δέ[37]を続く γε とセットにして強調を表すと解す。ここから彼らは δέ の節を句読法の変更により文にまでしてしまうが，それはさておき，この節の独立性が認められ，δέ によって直前との対比が強調されるならば，その対比はいかなるものだろうか。δέ の節が今現に関わっている眼前対象 ταῦτα のあり方について語っているのは間違いない。それに対して，直前では ταῦτα に関わる人の欲求や無知のあり方が語られている。すると〈心理 vs. 現実〉とも呼べる対比が認められるのではないだろうか[38]。現実が心理の誤りを暴露するという対比構造である。δέ の節が語られることで，眼前の ταῦτα が実際には悪しきものであるのに，それに気づいていないという無知の有り様が露わになるのである。

ところで心理を語る内部での対比は，τῶν κακῶν と ἐκείνων にあった。そして今 ταῦτα が κακά なのだから，ταῦτα と（τὰ ἀγαθά である）ἐκεῖνα の対比が際立つことになる。悪である「これらのもの」と善である「かのもの」の対比が強調されることで，メノンには，無知な人は「これらの悪」を欲求しているように思われていたが，実際には「かの善」を欲求していることが明らかになるという論証なのである。

すると ταῦτα が使用されている理由も判明するのではないだろうか。ταῦτα は ἐκεῖνα に比べると話者に時間的／空間的／心理的に近いものを指すときに用いられる[39]。今現に向かい合っている（心理的にも身近な）

---

36) Penner & Rowe（1994: 20-21）．彼らは δέ の節の独立性を強調する読みをした人々として Ast（1827: 215）と Henricus Aristippus（1940: 17）を挙げている（1994: 21 n.30）。

37) Penner & Rowe（1994: 20）は，挿入的付加の場合のギリシア語表現は ὄντα κακά という分詞表現となると推測している。

38) これを μέν（77d7）と δέ（77e2）の対比として理解できまいか。だが McKirahan（1986: 16）は μέν を solitarium で解し，77d3-4 の対比を考慮に入れると 77e5 以下で論じられる「知っていて悪を欲求する人たち」と対比されているのは明らかだと言う（cf. Penner & Rowe（1994: 18））。しかし δῆλον ὅτι 節の中にある μέν で限定されるものが，その節の外側にあるものと対比されていると簡単に断言できるか疑問である。

39) Cf. Smyth（1956: 307, 309）；Kühner & Gerth（1898: 641, 648-49a）；Cooper III

これら眼前のものを指すために ταῦτα が選択されたと言えまいか。であれば ἐκεῖνα が選択されたのにも理由があるに違いない。それは話者から時間的／空間的／心理的に遠いものを指している筈である[40]。それは何か。

この問に答えるために，これまで考察しなかった問題に取り掛かる必要がある。それは当該箇所に見られる「思考」「無知」の内容がどのようなものか，というものである。代名詞の考察は，ᾤοντο（77e1）と οἰόμενοι（77e3）が内容を異にしていることを示している。なぜなら，前者は「善きものであると考えていた（かのもの）」であるのに対し，後者は「それら（＝これら悪しきもの）が善きものであると考えている」と解されるからである。従来，解釈者たちは代名詞が全て同じものを指しているとみなすため，2つの思考も同内容をもつと解してきた。また ᾤοντο の未完了過去の時制も「既に 77c3 で議論された話題について使用されている」[41] "philosophical imperfect" であって現在形で訳しうるものとしてきた。しかし ἐκεῖνα と ταῦτα の対比に注目すれば，この未完了過去は時間的にも遠い何かを表すために採択されていると言えまいか。つまり，ἐκεῖνα について善きものであるとの思考が，ταῦτα が善きものであるとの思考に先行してあるとの含意が感じられるのだ。もしそれらの思考の特定が何らか可能だとすれば，この箇所の新しい読みを提出することになる。では，それぞれどのような思考だろうか。

(2) ここで考察はテキストの文法的側面から哲学的側面へと移る。思考や欲求が善／悪とどう関わるかは極めて哲学的な問題だからである。直前の 77c7-d1 に着目しよう。第2節で瞥見したように，ソクラテスはそこで，欲求が単に「あるものに向かう」のでなく，「それが自身に生

───────
(1998: 517-18). ここで話者ソクラテスは問題の人々をいわば「外側」から解説するが，ταῦτα と ἐκεῖνα に関しては彼らと視点・関心を共有して用いていると思われる。

40) プラトン対話篇中で指示代名詞 ἐκεῖνος の指示対象が問題になることが他にもある。例えば，McDowell（1973: 111）は『テアイテトス』（186c1-2）に対する訳註の中で，ἐκείνων（186d3）が何を指すかを論じ，通常とは異なる解釈を提示している。そして "In fact ἐκείνων does, in any case, seem excessively weighty to refer to back only one line: I have tried to capture this by rendering it 'those things we mentioned'." とコメントしている。McDowell への注目は田坂さつや氏から教えられた。

41) McKirahan（1986: 16）；cf. Penner & Rowe（1994: 27 n. 19）.

第 4 章　善をめぐる思考と欲求　　　　　　　　　　　　97

ずることに向かう」へと改めるのだが，その改変には 2 つの意味があった。1 つは，善／悪が幸福／不幸に寄与する限りで捉えられている〈有益／有害〉だということであり，もう 1 つは，有益／有害も一般的なものではなく，あくまで欲求・思考主体自身にとってそうであるということだった。例えば，78c で列挙される「善きもの」（健康，富，金銀，名誉，役職）にしても，それらが徳に基づき所有者自身の幸福に寄与することにより有益になるのであって[42]，一般に領域相対的な善でも，それ自体では有益とはみなされないのである。

　この箇所の ἀγαθά と κακά についてもこれら 2 点は当てはまるだろう。であれば，欲求対象の一種の目的論的構造が認められるのではないか。その構造は何らか幸福／不幸まで至る形で考えられうる筈だが，ここでは例示として，少し手前のところで考察しよう。ある病気で苦しんでいる人がいて，その人は薬の服用を欲求するかもしれない。しかし実のところ，その人は，薬をのむことが自身の身体を健康にする限りで，それを欲求しているのであって，それ自体で欲求しているのではない。そしてこのとき〈身体の健康〉は，無論，欲求の対象である。大切なのは，〈身体の健康〉の欲求が薬の服用への欲求に先行するのであり，その逆ではないということである。ここに善の欲求をめぐる階層構造──〈目的─手段〉のヒエラルキー──が浮かび上がってくる[43]。この例の場合，〈病気の癒し＝健康〉は（身体的）善であり，端的に欲求されている。薬が〈病気を癒すもの〉である限り，それは有益なものであり欲求されるが，もし薬が病状を悪化させる場合には，それは有害であり欲求されることはない。あくまで欲求されているのは〈病気を癒すもの〉（＝有益なもの）なのである。

---

　42)　上記註 16, 18 参照。
　43)　欲求の目的論的構造については，『ピレボス』を論じた Kurihara（1997: 40-42）を参照。また同様の議論については，Symp. 205d-207a とそれに対する Santas（1988: 30-32）を見よ。また，後で触れるように，この議論は『ゴルギアス』467c-468e の内容と一致する。Grg. 467c-468e については，本章第 1 章 1.1, 第 3 章第 2 節参照。

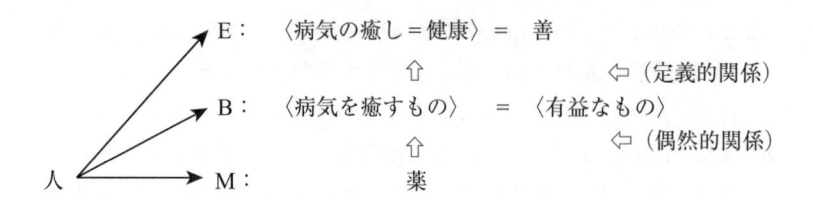

```
        ↗ E :　〈病気の癒し＝健康〉　＝　善
       /          ⇧                    ⇐（定義的関係）
      / → B :　〈病気を癒すもの〉　＝　〈有益なもの〉
 人 ←              ⇧                    ⇐（偶然的関係）
      ↘ M :　　　　薬
```

　したがって，この構造を3項関係で整理することができる。3項とは，目的である本来の善（E; e.g. 病気の癒し＝健康）とそのための手段（M; e.g. 薬），目的と手段を結びつける媒介者（B）である。善なる目的（E）の達成に寄与する何か（B）は，定義的・必然的に，有益なものである。まず思考はこれら両者に関わる仕方で生じる。次に，具体的に〈いま・ここ〉で有益なもの（M）を探し出す思考が続く。もし仮に，実際に有益なものを見出し獲得すれば，その時点で目的は達成される。しかし逆に，勘違いにより実際に有害なものを選んだとすれば，目的は無論，達成されない。何が有益で，有害かは，その都度の具体的状況（何のために・誰にとって）において決まるため，MとBの関係は偶然的関係にある（ある病気のためには，また，ある人にとっては，薬よりも手術の方が手段として適している場合も想像可能である）。

　以上の議論を活用して，ἐκεῖνα と ταῦτα をめぐる2つの思考について考察しよう。思考はまず，テキスト上では隠れている目的への欲求に促されつつ，目的の何たるかに従って，それと定義的・必然的に関係している〈有益なもの〉を把握する。これが "ἐκείνων ἃ ᾤοντο ἀγαθὰ εἶναι"（77e1-2）という表現が意味することである。そのとき目的への欲求は，その思考により把握された〈有益なもの〉へと波及し，それを欲求する（οὗτοι ... ἐπιθυμοῦσιν ...ἐκείνων（77d7-e1））。次に，思考は具体的な場面で何が〈有益なもの〉なのかを考え探し出し，「これらのもの」がそうだと誤って判断する。思考主体は「これらのもの」が実際は有害である（ἔστιν δὲ ταῦτά γε κακά（77e2））のを知らないのである（οἱ ἀγνοοῦντες αὐτά（77e1））。知らずに（77e2），それらが有益だと考えて（οἰόμενοι ἀγαθὰ εἶναι（77e3））いるのだが，欲求しているのは，むろん，これら有害なものではなく（οὐ τῶν κακῶν ἐπιθυμοῦσιν（77d7-e1）），かの有益なものである（τῶν ἀγαθῶν ἐπιθυμοῦσιν (77e3))。このように二段階的に遂行される思考の内，眼前対象に対する思考に先立つ思考を指示するため，ᾤοντο という未完了過去が使用されていると解釈できる。

1つ解説を加えよう。"ἐκείνων ἃ ᾤοντο ἀγαθὰ εἶναι"(77e1-2) と "οἰόμενοι ἀγαθὰ εἶναι"(77e3) とでは思考の内容が異なるのに応じて，εἶναι の用法も異なることになる。前者の εἶναι は同一性 (identity) もしくは同定 (identification) の εἶναι で，後者におけるコプラ (copula)・述定 (predication) の εἶναι とは区別されなければならない[44]。というのは，眼前対象が有益か有害かは様々な事情の中で決定される偶然的なことであって，言語表現としてはコプラの εἶναι が用いられるのに対して，前者に関しては，「まさに有益であるかのもの」を端的に把握することであり，それは同定作用に他ならない。目的である善にとって有益なものが何である (εἶναι) かがわかる経験 (ᾤοντο) なのである。

以上が，ταῦτα と ἐκεῖνα という指示代名詞，ᾤοντο の未完了過去時制の使用に着目した，当該箇所に対する私の解釈である[45]。そして，こう読むことによって，サンタスの矛盾に対する危惧やペナー／ローの欲求対象へのこだわりに応えることも可能になると思う。それぞれとの異同を見てみよう。

（3）はじめにサンタスの解釈との関係で言えば，ταῦτα と ἐκεῖνα が指示対象を異にするのだから，ソクラテスの矛盾を心配する必要はなくなる。また，ἐκεῖνα をサンタスの「意図された対象」と呼ぶことも可能かもしれない。塩が欲しくて目の前の砂糖に手を伸ばすとき，その人が欲求していたのは「意図された対象」としての塩であって，それこそ

[44) 「同定 (identification)」については，Allen (1971: 170-171) 参照。
[45) 以上の読みに基づいた試訳を提示しておこう。
では明らかに，〈1〉一方でこれらの人々は悪しきものを欲求してはいない——それらを誤認しているのだがね——のであって，〈2〉善きものだと把握していたかのものの方を欲求しているのである。だが〈3〉他方，[まさに善きものであるかのものに対し，彼らが〈今・ここ〉で関わっている]これらのものは実に悪しきものなのだ。したがって，〈4〉それらを誤認して善きものだと考えている人々は，明らかに，[かの] 善きものを欲求しているのである。

が「まさに有益であるもの」ἐκεῖνα なのだから，と。

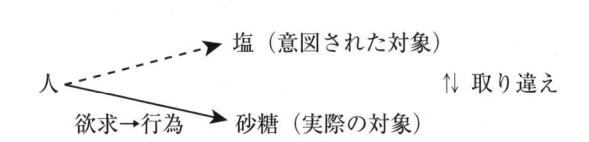

```
                    ┌──────→ 塩（意図された対象）
              人 ←---┤                        ↕ 取り違え
                    │
              欲求→行為 ─→ 砂糖（実際の対象）
```

　しかしこの点は3つの理由から慎重でありたい。第1に，サンタスのテキスト読解では，ἐκεῖνα は「有益だと思われているもの」(眼前対象・これらのもの）を指すのだから，私の解釈と読みの点で全く異なっている。第2に，サンタスの解釈における「塩」は，具体的な状況でたまたま「有益なもの」なのだから，先の構造ではMに当たり，「まさに有益であるもの」(B) ではない。例えば，ここで「おいしい料理を食べたい」という目的（E）への欲求のもとで必然的に欲求されている「料理をおいしくするもの」(B) がたまたま塩（M）であるにすぎないのである。「意図された対象」は「料理をおいしくするもの」であるべきだろう[46]。

　第3に，「意図された対象」の存在身分についても，サンタスは言葉を濁している[47]が，私は「存在」に形而上学的負荷をあえて加えた上で，「思考対象（νοητά）」として真に存在するものだと考える[48]。この点に関しては，先の ἐκεῖνα と ταῦτα の対比が存在論的である可能性を示唆することで補強したい。ある文法家が記しているように[49]，プラトン

---

　46) ここでは便宜上「有益なもの」に関する議論に変更したが，不思議なことに目的論的構造はサンタスの説明の中に組み込まれていない (cf. Santas (1979: 184-185))。

　47) Santas (1979: 316-17 n.22) は欲求の「意図された対象」は存在しなくてもいいと考えているが，その「存在」はこの世界に今感覚的に把握可能な仕方で存在するもののみに限定されていて，あまりにも狭くとりすぎている。

　48) 黒田亘 (1992: 185-194) は「志向的対象 (intentional object)」について，それがあくまで「文法的な説明のための概念」であるにもかかわらず，「ある種の理念的，普遍的な存在の想定」に人を導き，「独特な形相直観によって把握される本質的イデア的な統一体」まで昇華させてしまう危険性があることを指摘した上で，志向的対象と実質的対象 (material object) の間には「いかなる存在論的断絶もない」ことを強調している (cf. Anscombe (1963: 69-70, 邦訳 130-133 頁) §36)。この黒田の主張に応えるためには，もちろんプラトンの存在論・イデア論の精緻な研究が必要である。

　49) Kühner & Gerth (1898: 645); cf. Ast (1956: 658); Tarrant (1928: 60); Bury (1932: 130).

第 4 章 善をめぐる思考と欲求　　　101

は ταῦτα を専らこの世のものを意味するのに使用することがある (e.g. *Phd.* 74b6, c7, d10; cf. *Phdr.* 250a1) が，その場合イデア界との対比を意図しつつ，イデアについて ἐκεῖνα を使用する傾向がある (cf. *Phd.* 74b6, c8, d7, e1; *Phdr.* 250a1)。この箇所の ἐκεῖνα がイデア界に属すると言うには『メノン』のイデア論の詳細な考察を要するが，その機能はほぼ同様なものだと私は考えている[50]。

---

50) 『パイドン』篇の想起説を念頭に置いている。そこでは，感覚判断それ自体が想起構造をもっていることが論じられている。例えば，眼前の対象が「等しい」と判断するとき，〈等〉のイデアが先行して想起されているのである。これは〈理解としての想起〉であり，〈知識の（再）獲得としての想起〉とは区別されている。この議論については，本書第 5 章とその補論で論じた。同様に（『メノン』の想起説との関係については今は度外視しても）眼前対象について「有益である」（コプラ）と判断されているならば，〈まさに有益であるもの〉（同一性・同定）が先行的に想起されていなければならない，と言えよう。それは，言い換えれば，眼前対象に〈有益さ〉の相（アスペクト）を見出す経験と言えるかもしれない。この相をある限定された意味で "appearance" と呼ぶことは許されるだろう。（それは「有益だと思われているもの」ではない。）そうであれば，サンタスの説明はこうした想起説を前提している――展開はしていないが――とも言える。眼前の砂糖を塩と誤認する人は，「塩である」と判断する際に，〈塩〉（塩の何であるか）を思い浮かべながらその相を眼前に認めている筈だから。欲求対象をその相とするならば，私の解釈に極めて近くなるだろう。

また，別の角度から次のように説明できるかもしれない。そもそも，人が何かを欲求する際には，それを「善いもの」という記述のもとで把握していることが必要だ，と考えるサンタスの解釈はアンスコムの〈意図〉に関する知見に基づくものであった。だがサンタスが参照する（1979: 316 n.20）アンスコムの『インテンション』§35 ではかなり繊細な省察がなされている。A が B を訪ねるという行為が「返礼」という記述のもとで欲求の対象 (the object of wish) となるという場合について，アンスコムは次のように語る（1963: 66, 邦訳 124-125 頁）。

「返礼」という概念の形成の背景には原初的な，自発的な形態 (form) が横たわっている。そしてこの概念が一旦形成されたならば，それは欲求の対象になりうるのである。しかし，原初的な，自発的な場合におけるその形態は「彼は私に対して親切であった――私は彼を訪ねよう」である。（強調は原著）

この註釈で注意すべきは，（イ）親切だった B を訪問することがそのためになされる「返礼」はその訪問という行為といわゆる「因果関係」にないということ。換言すれば，訪問と返礼は独立に同定可能な行為として継時的になされる手段と目的ではないのである。（ロ）ある仕方で概念が欲求の対象となること。それゆえ，訪問という行為が返礼という概念で捉え直される限りで，それは欲求されるのであり，訪問それ自体が欲求されるのではないのである。以上 2 点から，欲求の対象として意図された対象（IO）を考える際，それを実際の対象（AO）から存在論的に区別することが無意味になるように思われる。（ハ）だがこの註釈で何よりも興味深いのは，そうした概念の背後に原初的で自発的な形式が存在するということである。この形式は，概念的思考以前にはたらき，概念の形成に寄与するものである。つまり，〈返礼〉という概念が〈B の親切〉と〈A の訪問〉を媒介し結び付けるのに先立って（= primitive・原初的），〈B の親切〉と〈A の訪問〉が直接結合する経験があったことを意味する。この経験は自らの意志により生まれたとは言い難いものであって（= spontaneous・自発

次に，ペナー／ローの解釈との異同を検討しよう．まず，欲求対象が真に善いものだと考える点で彼らの解釈との親近性が認められる．悪しきものが――それが見かけ上「善いもの」と思われるとしても――欲求の対象になるとは書かれていないと読むわけである．したがってまた，悪しきものが行為の対象である場合も，欲求がその行為を惹き起こすのではなく，「よいとの思い」だけで十分だとするのである．

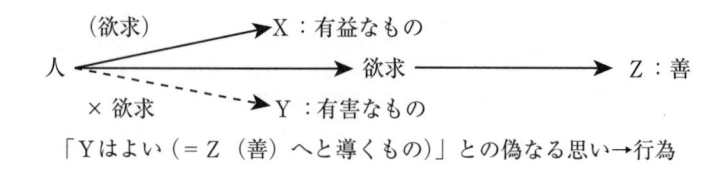

```
            （欲求）
                    ──→ X：有益なもの
        人 ─────────→ 欲求 ─────────→ Z：善
            × 欲求
                 ---→ Y：有害なもの
```
「Yはよい（＝Z（善）へと導くもの）」との偽なる思い→行為

だが，問題の4行で欲求対象が目的だとは読めないし，彼らが整合性・一貫性を問題にする『ゴルギアス』（468c2-8）との関係からも，むしろ手段の方に重心を置くべきである．「我々は殺したり，ポリスから追放したり，財産を没収したりすることを，ただそれ自体では（ἁπλῶς οὕτως）望まないのであって，もしこれらが有益であれば，それらを行なうことを望むが，有害であれば，望まないのである」(Grg. 468c2-5)において，手段としてのよさ／悪さ（cf. 468d3, d4, d7）に焦点が当てられていることは文脈上明らかである[51]．ここで私が強調したいのは，上述の諸行為は「中間のもの（τὰ μεταξύ）」（467e2-3, 468a5）――それらが有益／有害であるのは偶然的――であって，『メノン』では ταῦτα に当たるものであり，ἐκεῖνα に相当するものではないということである．目的と手段を結びつける思考の対象は『ゴルギアス』（の少なくとも当該箇所）には見当たらない．

的），むしろこの経験の基盤の上で先の意図的行為がはじめて生成すると言える．
　このアンスコムの洞察を『メノン』に応用するならば，個々の場面での「有益である」との判断――真であれ，偽であれ――には，それに先立つ経験において出会われていた〈有益さ〉の形式（form）が遍在しているということになる．上述のことと関係させるならば，個々の判断がかの経験の想起として特徴づけられることを意味するだろう．
　51)　これは Penner (1991: 173-184) 自身が主張することである．私は『ゴルギアス』のこの問題的な箇所に対する彼の解釈路線に基本的に賛成している．但し，下記註59を見よ．

しかしながらペナー／ローの解釈の最大の問題点は，彼らが欲求対象とみなす目的としての善（Z）の身分にある。この善を彼らは「欲求する人が，悪しきもの（Y）がそれへと導くだろうと誤って考えているそれ」と説明している[52]。この場合，（ⅰ）善（Z）がなぜ思考対象，あるいは，意図された対象であってはならないのか。Zが何かとして思考されているからこそ，手段に関する思いが成立するのであり，未だ生成していないZは思考（志向）対象でしかないのではないか。また，（ⅱ）この偽なる思いが目的をも誤って設定しているという可能性はないのか。手段に関する思いが何であれ，それがただしい目的を把握しているという保証はあるのか。第1の問は，ペナー／ローがサンタスの道具立てに依っている可能性を示唆するものであり，第2の問は，「目的としての善」を実際に善いものとする彼らの論を揺り動かすものとなるだろう。

以上，サンタス説もペナー／ロー説もそれぞれテキストのある重要な側面を射当てているのだが，問題箇所の読みとしては不十分だと判定される。だが私には，それら異なる読みの背後に実はソクラテス理解をめぐるある共通の前提があり，それが誤りへと導いたように思われる。次節ではこの前提の正体にできうる限り迫っていきたい。

4　幸福の願望と自己への配慮

第3節で，当該箇所に対する私の解釈の大筋は示された。この節では，それがソクラテス理解全体にどう関係づけられるのかを，より広い文脈の中で捉え直すことで考察し，本章の「むすび」に代えたい。具体的には，本章冒頭で触れた「幸福主義の公理」と「ソクラテス的主知主義」の理解にどう影響を及ぼすのかを問題にする。

当該箇所を解釈するに当たって私が前節で用いた事例はある制限を帯

---

[52] Penner & Rowe (1994: 22), "the benefits the people in question (wrongly) think they will get from possessing the bad things in question," "the benefit and the happiness can be construed as *real* goods which the desirer wrongly thinks the bad things they are going for will lead to" (their emphasis).

びていた。それは，欲求の端的な対象が「病気の癒し＝健康」という身体的な善であった，ということである。ところで，繰り返し確認されたように，論証は有益／有害の主題化と共に，2つの観点を導入していた。1つは（1）幸福／不幸との関係であり，もう1つは（2）自己との関係である。これらの観点に注目しながら，考察の一般化を図ろう。

　（1）まず，論証後半部（2.2.1-6）が不幸（また幸福も）を主題化していたように，有益／有害なものは究極的には〈幸福／不幸〉との連結のもとで考えられなければならない。そして，有益／有害なものは（追求されたり，獲得されたりして）行為において幸福／不幸と結びつけられるであろう。そうであれば，当該箇所は「幸福主義の公理」に直結すると言える。私たちは究極目的として幸福を願望しているのだが，人生を構成する諸行為は幸福に寄与する有益なものである限り，欲求対象となるのである。上述の解釈は，個々の行為の場面で，欲求されているものが，決して「有益だと思われているもの」ではなく「実際に有益であるもの」という点を強調している。この点はペナー／ローと軌を一にしており——つまり『ゴルギアス』（467a-468e）とも一貫性を保っている——，それゆえ通常の解釈には反対している。行為のレヴェルでは，普通に解されるのと違って，諸行為について「よい・有益である」との思考・信念が欲求を生むとも，行為が欲求によって惹き起こされているとも，考えられていないのである[53]。

　だが他方，思考が欲求と全く関わりをもたないわけではない。先に見たように，思考は目的と行為（手段）の間で2段階的にはたらく。最初に，目的との関係で〈まさに有益であるもの〉を同定し，その上で，具体的な場面において，その記述に合う個々の行為を模索するのである。その意味で，第1段階の思考は確かに，目的への欲求が〈有益であるもの〉へと波及していく橋渡しの役目をしているのである。しかし究極目

---

53)　通説の代表として Gulley（1968: 91-92）; Santas（1977: 187），Irwin（1977: 300 n.51）は "A wants x if and only if he believes x contributes to his own happiness." という前提をソクラテスに帰せている。Scott（1999: 29-32）は『ポリテイア』の魂論が初期のそれと異なることをこの箇所の考察を通じて論じているが，その際，彼は極めて伝統的に，善との思考（真であれ偽であれ）が欲求を生み，その欲求が行為を惹き起こす事情が語られていると解釈している。彼によれば，悪であると信じているものを欲求するような「非理性的な欲求」はソクラテスにおいて不可能なのである。

第 4 章　善をめぐる思考と欲求　　　　　　　　　　105

的たる幸福を考慮に入れる際には，十分な注意が必要である．先の事例に目を向けると，善である〈病気の癒し〉と有益なものである〈病気を癒すもの〉との間に記述の重なりがある点に気づかれる．すなわち，思考の第 1 段階は実は目的の何であるかを指定することでもあったのだ．順序としてはむしろ，思考は最初に目的（E）を「望ましい何か」として特定し，「それに寄与するもの」という定式で〈まさに有益なもの〉（B）を同定するのである．だとすると，幸福の場合も，思考は幸福の何であるかの特定に関わり，それと定義的・必然的関係にある〈有益なもの〉を同定することになる．ところが，知識が現に成立している身体的善・健康の場合と異なり，私たちは幸福については未だ知らないというのが，ソクラテスの立場ではなかったのか[54]．であれば，幸福の願望は，思考によって適切に媒介されることなく，有益なものへと有効に波及しないまま，宙に浮いた形になっているのが，私たちの現実ではないのか．にもかかわらず，幸福が何かを無造作に断定・想定し──快楽主義者，金銭愛好者，名誉愛好者等──，その「究極目的」のために「よいと思われるもの」を遂行して生きているのが，私たちの多くの姿だとソクラテスは指摘したのではなかったか[55]．私たちの現実には，幸福の願望と幸福の特定・想定の間に避けがたい乖離が認められるのである．

　そうであれば，まさにこの点で「ソクラテス的主知主義」のある重要な側面が顕わになると思われる．通常の解釈は主知主義を「幸福への願望は万人に共通だから，それを実現させる行為（手段）の確定こそが人間の卓越性を示すのだ；成功を常に導く能力こそが知識であり，徳である」と解する[56]．こうした主知主義理解は必要以上に手段の発見方法に

---

[54] 「いかに生きるべきか」（幸福）に関する無知については，本書第 1 章第 2 節参照；*Ap.* 21d3-7, *Chrm.* 173d4-5 etc.

[55] 幸福に関して，我々は「幸福だと思われるもの」を願望しているのではない．真に幸福でありたいのである（cf. *R.* 505d5-10）．幸福を主観的にのみ捉えることへの対抗がプラトンの哲学的主題の一つであったことは間違いない．

[56] Cf. Gulley（1968: 92）．この点は「望まれている諸々の善いものを獲得する能力」（cf. 77b3-5, 78b8）を知の規定としてそのまま認める Penner & Rowe（1991: 17-18; 17 n.22）も大差はない．また Penner（1992:135）は知を "the knowledge of how to use, for one's own happiness, the so-called good things," "the science of goods and bads" と，極めて道具的に（つまり，テクネーのように）語る．

重点を置いており，ここに通説とペナー／ロー説に共通する前提が認められる。サンタス説の場合は，「よいとの思い」が欲求を生み行為を惹き起こすと考えるため，手段たる行為が導く筈の幸福自体に関しては，同じ仕方でそれへの願望が生まれる仕組みを説明できない。なぜなら，「よいとの思い」は専ら手段に関わるからである。したがって，サンタスは幸福への願望の役割とそれの「よいとの思い」への連関を語らないままにしている[57]。ペナー／ローの場合も，前節末で提起した問が示唆するように，目的の特定があくまで手段の思考の中に組み込まれている限り，その誤りの可能性は消去できないのである。彼らは幸福の願望と幸福の特定・想定の乖離に無自覚だと言える[58]。こういった傾向は，2つの説が共に「幸福」を語ってはいても，手段・行為のよさを決める思考に束縛されていることに由来すると思われる。だが私たち人間の現実を省みたとき，むしろ重要なのは，乖離の自覚に基づく，幸福とは何かの探究なのである。その場合，行為レヴェルではもはや捉えられてはいない。幸福が生のよきあり方である限り，「いかなる生がよい生なのか」が問われているのである。幸福・生のよさに関わる探究的思考こそがソクラテスが〈知〉と結びつけて考えていたことだと思われる[59]。

(2) このことは〈自己との関わり〉という第2の観点とも密接に関係してくる。自己にとって有益なのか，有害なのかが幸福／不幸との関係で問われるとき，その自己とは，先の例のような，自己の身体ではな

---

[57] Santas (2001: 149) は，プラトンが『ポリテイア』で語る理性（reason）を人間にとっての究極的な善を知る力と解し，近現代の道具的理性の考え方と対比させて論じている。

[58] Penner (1992: 128) の "Rational desires adjust to the agent's beliefs." との解説 (cf. 159 n.42) は，まさに彼がこの乖離に無自覚であることを図らずも露呈している。欲求を目的から手段へと波及させるのは，信念・思いではなく，あくまで知識なのである。

[59] 以上の解釈は，我々が誤って眼前対象をよい・有益だと判断する際にも，〈よい・有益なもの〉の先行的把握がなければならないと主張することになる。さらに言えば，幸福に対する先行的把握も。それらは一体何か。幸福への願望，善の欲求それ自体に認識作用——先の2段階の思考とは異なる——が内含されているという前提があると思われる。『ポリテイア』の言葉を使うと「全ての魂がそれを追い求め，それのためにあらゆることを行ない——それが何かであるとの予握はもちながらも（ἀπομαντευομένη），しかし，そもそもそれが何であるかについては，魂は困惑して十分に把握できず，さらに他の事柄の場合のように，確固たる信念をもつこともできないでいるもの」(505d11-e3) として，我々は幸福に対しているということである。にもかかわらず，我々は臆見（ドクサ）により幸福・善を断定・想定し，それと関係させて「よいとの思い」を生み，行為の選択に向かっているのではないか。

く，自己自身とも言うべき〈魂〉に他ならない。件の思考はこの究極の地平では魂のあり方をめぐって動き，その何であるかを限定するようはたらく。「何にとって」の「何」の把握なしに，有益／有害を一般的に語ることはソクラテスが求めていることではない。ソクラテス的主知主義が何か有意味な仕方で語られるならば，それは魂への気遣いに関わるものであるに違いない。

　この魂への配慮の重要性は，『メノン』のテキスト上ではその欠如として強調されている。「これら眼前対象について，知らずに，有益だと判断を下す」，あるいは「いま・ここにおいてこの行為を，自身にとって有害だと知らずに，行なう」ということは，自己の端的な把握の欠如や幸福に関する無理解によって生じた——これは言ってみれば，万人に共通する——というよりは，むしろ，魂への無配慮の故に速断され，生じたと説明されるだろう。悪であるのを知らないというのは，気づいていないということである。気づきがないのは，自身が善／悪の基準を知らないでいることに無自覚だということである。無知である自己のあり方について無自覚な状態として語られるのが悪徳だとすれば，自己のあり方について透明な仕方で自覚している状態が徳であるだろう。ソクラテスの主知主義の根幹をそこに見出しうると私は考える。

　従来のソクラテス解釈は〈知〉を，行為を成功に導くという功利主義的色彩[60]と共に考えていたことが多かったように思われる。しかし，成功／失敗の判定は幸福／不幸の理解を必要とすること，幸福／不幸について人は無知をいわば運命づけられていること——これらをソクラテスが前提しているならば，しかしにもかかわらず，彼が知を徳として語ることがあるとすれば，幸福と自己の無知を問い質すという探究の実践においてではなかったかと思われる。この点が省みられていないことにより，『メノン』77d7-e3 は「思考が欲求を生み，行為は欲求によって惹き起こされる」といった単純な図式に基づき，一見洗練された仕方で解釈が施されてきたため，そこに隠れていた「幸福主義」や「主知主

60）　Penner & Rowe（1994）の用いる "turns out badly"（1），"results in one's real good"（8），"if they [sc. means] do lead to things good in themselves"（13）etc. は彼らのソクラテス理解の帰結主義的傾向を如実に示している。Penner（1991）の方はさらにこの傾向が顕著である。

義」の真意が見出されないままだったのではなかろうか[61]

---

[61] 本章の構想段階と執筆過程で，荒井洋一，河谷淳，佐野好則，高橋雅人，中畑正志，中村健の諸氏を含む，幾人もの方々から解釈の祖型について貴重な意見と厳しい批判（特にギリシア語の読みに関する不自然さの指摘）をいただいた。心より感謝したい。

第Ⅱ部

哲学者の探究的生
―― 中期対話篇とその展開 ――

第5章
「学び＝想起」の二義性と感覚の問題
―― 『パイドン』篇アナムネーシス論（72e-77a）の一考察――

はじめに

　『パイドン』篇において，「感覚」が私たちの探究活動を妨げるものとして否定的に取り扱われていることは，周知の通りである。感覚は真なることも確かなことも把握することがなく（cf. 65b），目や耳やその他の感覚を通じての考察は欺きに満ちている（83a）。こういった感覚への否定的な評価は「肉体」へのそれと連動している。そこで『パイドン』篇のソクラテスは探究する者はできる限り肉体から離れて魂それだけであるよう勧めるのである。しかし不思議なことに，「魂の先在」を論証するアナムネーシス論の中では，感覚が肯定的に捉えられていると思われる。感覚は「認知 γνῶναι」という仕方で一種知ることだとされるし，私たちは〈善〉〈美〉etc.（以下イデアを〈　〉で括る）を「感覚を用いながら ταῖς αἰσθήσεσι χρώμενοι」学んでいくと語られるのである。このアナムネーシス論における感覚の特異な性格づけには一体いかなる意味があるのだろうか。
　私はこの問題を，従来それほど重視されなかったアナムネーシス論における「学び＝想起」の二義性の問題と関連づけて論じたい。というのは，感覚が想起に寄与するといっても，その想起が二義的に用いられているのなら，感覚の方でもそれぞれで違った役割を果たしているかもしれないからである。では「学び＝想起」の二義性とはいかなるものか。
　『エウテュデモス』篇のソクラテスは「学ぶ μανθάνειν」という名

辞 ὄνομα の2通りの使用法を指摘する。1つは「ある人が最初はある事柄について何ら知識を有していなかったのだが，後になってそれの知識を獲得すること」(*Euthd.* 277e6-278a1) であり，もう1つは「知識を既に有している人が，その知識によって当の事柄に注意を向ける ἐπισκοπῇ こと」[1] (278a2-4) である。後者は普通は「わかる・理解する συνιέναι」(278a4) と呼ばれている。そうすると「学び＝知識の獲得」と「学び＝理解」という2つの用法が認められるわけだ。そして，このことは『パイドン』篇の想起説理解にそのまま当て嵌まると思われる[2]。まずこの点をテキストで確認したい。それから，感覚がそれぞれの「学び＝想起」に対してどう働くのか考察し，アナムネーシス論が

---

1) ἐπισκοπῇ の訳をいくつか紹介しよう。Waterfield (1987: 326)，"this same matter … is *surveyed* in the light of this knowledge," Hawtrey (1981: 74)，"… uses it (sc. this knowledge) to *inspect* this same thing," 山本 (1975: 20)「その知識によって同じ事柄を(…) 一層よく見てみる場合(…)」(強調：引用者)。私自身は，277a1-b2 の実例(「文字を聞いてわかる」)から，時間を十分十分懸けて「考察する」(その結果理解が生じる) といった強い意味より，何が語られているか「注意を払う／注意する」(そうするとすぐさま理解が生じる) といった意味で解したい。

2) これまでの『パイドン』篇のアナムネーシス論解釈は大略以下のように分類される。
(a)《想起＝概念形成》：日常の感覚判断を構成する概念の習得過程として想起を考える。誰もが automatically に想起を行なっている。
(b)《想起＝イデア知の獲得》：判断から知識への移行として想起を理解する。哲学者のみに想起は可能。
(c)《想起＝概念使用》：日常の感覚判断を構成する概念の使用をイデアへの想起として理解する。誰もが automatically に想起を行なっている。
以上の3解釈は，我々が概念を所有していることとイデアの哲学的知識を有していることとは異なり，前者は後者の前段階だという了解を共有している。この区別は 74b2 と 76b4-c3 の矛盾を救うための1つの可能な手立てであるが，私はもう1つの解決法である対象の区別 (〈等〉／〈善〉〈美〉) の方を採りたい。註23参照。この知識の区別は少なくとも『パイドン』篇のアナムネーシス論に関する限り，ないと思う。「概念」を「ロゴス」と置き換えた上で，イデアについてただしいロゴスをもつこととイデアの知を有することは，1つの事柄の2つの側面であると私は考える (後述)。仮にそうだとすると，先の (a) と (b) は，それらの特徴づけの後半部を無視すれば，同じことに帰し，その結果2つの解釈が残ることになる。即ち，(α)《想起＝イデア知の獲得》と (β)《想起＝ロゴス使用 or イデア知使用》である。以上の分類は Scott (1987: 346-66) に負うところが多い。彼によると，殆どの論者 (e.g. Gulley (1954) ; Bostock (1986)) は (a) 説であり，彼自身は (b) 説である。しかし今述べた理由で両説は (α) 説として1つにまとめられる。私はこの解釈が「学び」を「知識の獲得」とみなすことに基づいていると思う。ところで，(c) 説については Scott 自身気づいていながら無視している (353-4 n. 16)。だが，小池 (1979: 113-9) (1985: 182-4) や Morgan (1984: 237-51) は (c) 説，私流には (β) 説と解され，その場合には，彼らに言及はないが，「学び＝理解」と考えていることになると思う。

『パイドン』篇の他の箇所と矛盾したことを語っているのかどうか考えてみたい。以上が本章の目指すことである。

1 想起の形式的定義と5つの実例――「理解」としての「学び＝想起」

　この節では，アナムネーシス論がひとまずは「学び＝想起」を「理解」として取り扱っていることを，想起の形式的定義と5つの実例の考察から明らかにしたい。
　まず，ソクラテスは想起の必要条件（H1）と十分条件（H2）の同意を得る。

> H1：もし人が何かを想起することがあろうなら，その人はそのものをそれ以前のある時に知っていた ἐπίστασθαι のでなければならない（73c1-2）
> H2：次の仕方で知識が生じる ἐπιστήμη παραγίγνηται 場合（…）即ち，もし人が何かあるもの（x）を見たり聞いたりするか，或いは何か他の感覚をしたときに，このもの（x）を認知する γνῷ のみならず，xとは同じ知識でなく異なる知識の別のもの（y）を思い浮かべた ἐννοήσῃ としたら，この思い浮かべたもの οὗ τὴν ἔννοιαν ἔλαβεν を想起したと我々はただしく語ることになるのではないか――想起の形式的定義（c4-d1）

　次いでソクラテスは，H2を説明する（οἷον τὰ τοιάδε 73d3）ために，「xを感覚して，yを想起する」というH2に即した形で，5つの実例を提供する。

[5つの実例] 想起を惹き起こすもの（x）　　想起されるもの（y）
E1:　　　リュラ（竪琴）　　　　　　→　恋人
E2:　　　シミアス　　　　　　　　　→　ケベス
E3:　　　画かれたリュラ　　　　　　→　恋人
E4:　　　画かれたシミアス　　　　　→　ケベス
E5:　　　画かれたシミアス　　　　　→　シミアス

　さて以上は一体いかなる意図の下で提出されたのであろうか。予想できることは，H2によって『パイドン』篇のアナムネーシス論独自の視点が明瞭になり，他方5つの実例は日常的で私たちに身近なものとしてH2を説明すると同時に，アナムネーシス論の中核をなす〈等〉の想起の問題への橋渡しの役目を担っているだろうということである[3]。
　では実際にはどうか詳しく見ていこう。まずH2について3点指摘する。
　(a) H2では，感覚による認識と感覚によらない認識とが区別されており，前者が後者を惹き起こす役割を果たしていることに気づかれる。冒頭にも触れたように『パイドン』篇で感覚は「知ること」に関わらない点で一貫してネガティブな評価を与えられている（65a ff., 83a ff.）が，H2では「認知 γνῶναι」という仕方で「知ること」だとされている。また感覚の重視は，その言及が見られない『メノン』篇の想起説との差異を浮き立たせるだろう。
　(b)「想起」という事態が様々に表現されていることに注意したい。想起は ἐπιστήμη παραγίγνεσθαι → ἐννοῆσαι → τὴν ἔννοιαν λαβεῖν と言い換えられ，E1では「思考における形の把握 ἐν τῇ διανοίᾳ ἔλαβον τὸ εἶδος」（73d7-8）と表現される。想起の構造の内に思考は構成的に働いてその結果，形を把握するのである。思考が想起の場ということは確認しておこう。
　(c)「感覚の対象と想起の対象とが知識において異なっていなければ

───────
　[3] つまり5つの実例（特にE5）は〈等〉の議論の雛型 παράδειγμα になっているということである。「雛型」については加藤（1988: 1-32, esp. 15-21, 31 註9）を参照。またアナムネーシス論で重要なのは，その〈等〉の考察それ自体が〈善〉〈美〉の考察の雛型として機能していることである。

ならない」という条件に留意すべきである。J・アクリルは次のような解釈を提出した[4]。彼は，感覚による認知と想起の関係を考慮に入れて，この条件は，前者の対象の知識の中に後者の対象の知識が論理的に含意されることを防ぐ意味があるのだ，と考える。例えば，"bachelor"（独身男性）を感覚して，論理的にそこに含まれている「男」を想起するというような場合が排除されているというのだ。だがこの指摘は，彼自身認めるように[5]，実例 E1, E5, それから「等しい事物」と〈等〉の問題に対して重大なアポリアを産み出す。例えば E5 に関して言えば，「シミアスの絵」を感覚的に認知して，それから「シミアス自身」を想起すると考えた場合，前者を認知するときに論理的に言えば既に「シミアス」が想起されていなければならず，そうするとアクリルの解釈による「異なる知識」の条件を E5 は満足しないため，排除さるべきなのである。しかし，私は実例の配列の意味を考えることによって，このアポリアは解決できると思う。では次に実例の考察に移りたい。

　5つの実例はいかなる意図の下で配列され導入されたのであろうか。E2 と E3 の間に挿入された「一種の想起 ἀνάμνησίς τις」(73e1) の説明を手掛かりにして考えていく[6]。

　E1 とほぼ同じ構造を有する E2 が語られた後「一種の想起」という新たな想起のタイプが導入される。それは「人が時間を経たり，注意を向けないこと μὴ ἐπισκοπεῖν によって，既に忘れてしまった（気づかれなくなった）ἐπελέληστο もの」(73e1-3) を対象とする。ここでは「忘却」が「時間」と「注意」という2つの要素で特徴づけられている。普通私たちが「想起」ということで考えるのは前者の類であり，それはあるものを見て，それを切っ掛けとして，かつて憶えていたがある期間忘れていた何か別のものを思い出すというものであろう。しかしここで「注意」という要素が付加されていることに意味があるのではないか。私は冒頭で「学び」が「知識の獲得」と「理解」という二義性をもつことを指摘した。後者は「知識によって対象に注意を向ける ἐπισκοπῇ こと」だったのである。私たちの注意が向けられていなかっ

---

4) Ackrill (1973: 183-6).
5) Ackrill (1973: 183-6).
6) この点は神崎（未刊：4-7）に詳しく論じられている。

た（ἐπελέληστο）ある事柄に突然気づく（「わかった！」）という経験が一種の忘却からの回復だと考えられるのである[7]。

　そしてこの点は E5 において明らかになると思われる。先に私たちはアクリルの論理的解釈に従えば E5 は「異なる知識」という条件を満たさずアポリアに陥ることを見た。しかし E5 を「理解」としての想起と考えれば困難は解消されるのではないか。

　E4 と E5 を比較してみよう。E4 は「画かれたシミアスを見て，ケベスを想起する」という例であり，E5 は「画かれたシミアスを見て，シミアス自身を想起する」という例である。E4 の前半部の感覚による認知の対象は何か。私たちは容易に「画かれたシミアス・シミアスの絵」と答えることができる。しかしアクリルの論理的解釈に従うとき，この感覚的認知は E5 の「シミアスの想起」と同一の経験であることに気づくだろう。つまり，E5 について論理的に言えば，画かれたシミアスをそれとして認知するときには，既に（或いは，同時に）シミアスを想起していなければならないからである。言い換えれば，画かれたシミアスの認知はシミアスそのものの想起によって完了するのである。だとすれば，E4 は E5 を構造的に内に含んでいる経験だと言える。

　さて次に E2（シミアス→ケベス）も考慮に入れてみよう。そうすると，E4 は E2 をも含意していると言えるのだ。なぜなら，E4 のケベスの想起に当たって「画かれた」シミアスの認知は本質的ではないのであって，あくまでそれの認知において E5 的に惹き起こされた「シミアス」の認知が必要なのであるから。つまり，シミアス自身とケベス自身の関係——形相間の関係：想起する者の記憶内の両者の強い結び付き——が問題なのであって，シミアスの「絵」とケベスの関係は文字通り派生的なのである。こうした意味で，E4 は E5 と E2 から合成された複合的な想起経験（E5+E2=E4）と言えるだろう。

　以上考察してきたことを，アナムネーシス論の論述の順序からまとめ直すと，H2 を説明するために，まず想起の例として最も常識的でわかり易い E2（E1）を提出し，次いでそこに「絵」の話を導入して E2 を

---

7) Olympiodorus は，μὴ ἐπισκοπεῖν（lack of attention; Westerink（1976: 160-1）の訳）を ῥαθυμία（indifference, 無関心）と同一視している。彼も「関心をもつこと」「注意を向けること」を一種の「忘却」からの回復と考えていると思う。

第 5 章　「学び＝想起」の二義性と感覚の問題　　　　　　　117

E4 へと変形し，絵の感覚的認知を問題にする。最後に "E4 − E2 = E5" といういわば「引き算」によって E5 という想起経験を析出し〈等〉の議論への転換を容易にした，というようになる。以上の考察がただしいとすれば，E5 は E4 の前半部の感覚的認知経験と同一であり，眼前のキャンバスに，現場には不在のシミアスの相 εἶδος を見出す・気づくという経験であって，目の前の絵を見て「シミアスが画かれている！」と理解するという意味での学びである。ではこの場合の感覚の役割は何か。それは全体としての「シミアスの絵」の理解から想起経験を論理的に捨象したときに残るべきものであろう。例えば，色や線の集まりの把握である。E5 では，感覚がそれらを把握するや否や，それらとは異なるシミアスの相が認識されるのである。こうして「異なる知識」の条件も満たされることになる。

　ところで E5 を範例とする「似たものからの想起」（74a3）の場合には，単に「わかる」という経験のみならず，さらに次のような経験が付加される（προσπάσχειν a6）と語られる。

　　P: 眼前のものが想起されるものに対して，類似しているのだが[8]，
　　　しかし欠けたところがあるかないか必然的に思考する〔という経
　　　験〕（a5-9）

　この思考経験はいかなるものであり，どのように付加されているのだろうか。まず，シミアスの絵の横にシミアス本人を連れてきて，似ている，似ていない等と見較べるが如き仕方で，眼前の像と想起された形相とを比較する思考だとする P の解釈は否定される。像を見てシミアスを思い浮かべつつ後から「上手い／下手だ」と感想を洩らすことがあるとしても，それが「必然的 ἀναγκαῖον」（74a6, a8）につまり，いつも必ず行なわれる思考だとは言い難いからである。また，眼前の像を見て，シミアスの相を見出すまでに，懸命に時間をかけて思い出すときに行なう思考という解釈も戴けない。E5 を経験する人をシミアスを熟知している人と考えることは自然であり，そうであれば，像を見るや否

---
　8)　松永（1975: 209-10）の訳を参考にした。

や、いわば瞬間的にシミアスの絵だとわかるだろうから。ではＰをどう解釈すべきか。

　E5的想起経験を振り返ってみよう。E5は、感覚による色や線の把握を介してシミアスの想起が生じる経験である。先に見たように想起の場所は感覚ならぬ「思考」であった。絵の理解はこの思考における形の把握で完了するのである。すると、Ｐをこの「思考」と考えられまいか。だがＰの内容の点からはどうであろうか。この点からもＰをそう解釈できるように思われる。今問題となっているのは「似像」の認識である。一般に「似像」の認識は２種類の認識から成り立つであろう。即ち、それが似像である限り、「何か」の似像である。したがって、その「何か」を把握し、しかし同時に似像が「実物」でなく「像」であるとの把握が必要なのである。Ｐはこの２つの認識を兼ね備えているように思える。つまり「両者の類似性の把握」ということで、像の「何」の把握を表し、「欠けているか否か思考する」は、その結果として「欠けている」と答が出、像の欠如性が把握される過程を表していると思えるのである。そこで私は、Ｐを絵の認識においてそこに構成的に働く思考であり、それが感覚に捉えられた眼前のものとの関係を思考しながら相を想起する働き——色や線の配列に相の現われを見出す働き——だと解釈したい。

　しかしそれでは、以上の実例、とりわけ E5 の分析はいかなる仕方で〈等〉の議論への橋渡しの役割を果たしていると言えるのか。２点指摘できる。１つは、眼前の対象を「理解する」という場面で想起がひとまずは考えられていること、もう１つは、その理解には感覚と思考という２つの認識形態が関与していること、である。「似像」は感覚だけでは捉えられないのであり、そこには思考が働くのである。〈等〉の場合も、それがそこにおいて現われる木材や石材等「もの」であれば感覚だけで十分であるが、「等しさ」の把握の場合はそうではない。前者は「見える通りありもする」のに対して、後者は同じものが《等／不等》として現われるため、思考が要請されるからである（『ポリテイア』篇 523a-524d 参照）。では以上の点に留意しつつ次なる〈等〉の議論へと進むことにしたい。

2 〈等〉の想起──感覚と思考の関わり

　前節での考察の結果，アナムネーシス論は E5 型の「理解」としての「学び＝想起」へと収斂してきたかに見える。それは，現に知識を所有している人が，何かを感覚して知識に注意を向け（想起し）眼前のものを理解する，といったものである。これから見ていく〈等〉の場合も，〈等〉の知識を私たちが現に所有していることが確認され（74b2-3），H2 の形式に則った仕方で「x を見て，その見えから，それに似ていようが似ていまいが[9]（別の）y を思い浮かべる ἐννοήσης 場合，それは想起として生じたのである」(c13-d2) と語られる。そしてすぐさま，こうした感覚的認知の内的構造として，P と同様な思考の存在が認められる（d4〜）。こういったことから「これら S と T は等しい」といった私たちの感覚判断が想起構造を有しているということが論じられていると言えるかもしれない。しかし話はそれほど単純ではない。知識を現に所有していることが同意された後で，その起源・出所を問題にしており，そこでは「知識の獲得」として「学び＝想起」が考えられていると思われるからである。まずこのことをテキストで確認しよう。

　「我々はまさに〔等しく〕あるそれを〔現に〕知ってもいる ἐπιστάμεθα」(74b2) ということを確認して，ソクラテスは「どこからそれの知識を獲得したのか」(b3) と問い，自ら「今述べたものから──木材や石材やその他が等しいと見て，それらからそれらとは異なるかのものを思い浮かべた ἐνενοήσαμεν──そういったものから〔我々は〈等〉の知識を獲得して現に知っているの〕ではないか」(b4-6) と答を示唆する。次いで「等しい事物」と〈等〉とが異なっていることが論証され[10]（b6-c6），その結果「これら等しいものから──かの〈等〉と異なっているのだが，にもかかわらず──かのものの知識を思

---

　9)《ὅμοιον／ἀνόμοιον》という要件は以後問題とされない (cf. 76a3-4)。この点についてはまずは，小池 (1985: 29-31) を参照すべきである。
　10)「異なりの論証」とりわけ αὐτὰ τὰ ἴσα (74c1) の考察は，中期イデア論理解にとって非常に重要であるため，本章の「補論」で詳しく展開する。

い浮かべἐννενόηκας 獲得した εἴληφας のだ」(c7-9) と先の問に最終的に答えられることになる。

さて以上の議論について3つのことを指摘したい。

(ⅰ) 現在の〈等〉の知識の所有に先立って，それを生まれた後に獲得していたこと：このことは語法の調査からわかる。まず起源の問 (74b3) は ἐπιστάμεθα が省略されているがそれを補うと，アオリスト分詞形が用いられている「獲得する λαβόντες」が主動詞 ἐπιστάμεθα の「時＝現在」に先行すると言える。さらに 74c7-9 では，知識の獲得について現在完了形 ἐννενόηκας が使用され，過去のある時点で獲得しそれを現に所有していることが暗に語られていると考えられる。J・ライオンズの分析に拠ると ἐπίστασθαι (= ἐπιστήμην ἔχειν) は ἐπιστήμην λαμβάνειν を前提するのである[11]。また「獲得」が生まれて以降のことだとは，それが肉体を介する感覚を切っ掛けとして生ずるとされていることからわかる。

(ⅱ) 知識の獲得がそれ自体想起であること：これについては，これまで想起を意味してきた ἐννοεῖν が λαμβάνειν と並置されている (c8-9) ことでそう解釈できよう。

(ⅲ) 〈等〉の知識の獲得に先立って「等しさ」の諸感覚が存在し，それが〈等〉の知識把握の切っ掛けとなったということ：ソクラテスが答を示唆する場面 (74b4-6) を見ると，そこでは木材や石材等具体例が挙がっている。それらを1回「等しい！」と感覚しただけで〈等〉の知識を獲得できるとは思えない。私たちは複数の実例の理解[12]を通じて「等しい」という語の使用法，また「等しい」事態の把握の仕方を学んでいくのであろう。〈等〉の知識の獲得の切っ掛けとなるこういった諸感覚経験は，全体としての学び（知識の獲得）の過程において構成的に働くものであり，それゆえその都度何らかの仕方でそれぞれ〈等〉を「思い

---

11) Lyons (1963: 117-9, 212 n. 1. et al.).
12) 私は，これを『メノン』篇のかの従者が，「ただしい思い」を獲得したときの経験：「丁度夢のように呼び覚まされたばかりの状態」(*Men.* 85c9) に類したものと考えている。そして「複数回」というのは，同じ箇所で「もし人がこれら同じ事柄を彼に，何度も様々な仕方で πολλάκις ... καὶ πολλαχῇ 尋ねるならば，最終的には誰にも劣らぬくらい精確にこれらについて彼は知るだろう」(c10-d1) と語られていることを念頭に置いている。『メノン』篇のこの箇所については，加藤 (1988: 207-9) を参照。

第5章 「学び＝想起」の二義性と感覚の問題　　　121

浮かべる ἐνενοήσαμεν（アオリスト）」（b6）と表現されて然るべき経験だと思われる。

　しかし，ここで注意すべきことがある。知識を獲得する以前にも「等しい」と判断できるのであれば，知識を獲得した後とどう異なっているのか，言い換えれば，知識を獲得したことによって何が得られたのか，ということである。多くの論者はこの箇所での知識を「思いなし・判断」を可能にする「概念の習得 concept formation」「意味の理解」と考え，哲学者が獲得を目指す「哲学的知識」とは区別し，その前段階とする。それは人であれば誰も自動的に習得でき，そのために哲学的訓練は要しないものだと考えるのである[13]。しかし，私には，彼らの言う「概念・意味」というのがよくわからない。アナムネーシス論のどの語のことを指しているのであろうか。仮にそれは置くとしても，知識を2段階に分けているという点には同意できない。テキストには何ら証拠は見当たらないし，アナムネーシス論では，冒頭箇所（ἐπιστήμη ... καὶ ὀρθὸς λόγος 73a9-10）でも後の箇所（76b5-10）でも「知っていること」はあくまで「ロゴス」との関わりで語られるからである。つまり，プラトンは知識の獲得を，「概念・意味」というよりむしろロゴスの把握と関係づけて考えているのである。

　ではそうするとロゴスとは何か。アナムネーシス論の文脈では「説明」と考えられる[14]。だが説明は「思考」の裏返しとも言える。例えば，説明が求められる場面として，「等しい」との判断をめぐって意見の対立が生じた場面を想像してみると，そのとき「等しい」と判断した人は，自分がどう考えてそう判断したのかを述べるであろう。「何について語っているのか」（＝「もの」の把握），「どういう観点（長さ・大きさ・重さ etc.）を問題にしているのか」（＝観点の把握），さらには「等しさをどういうものと考えているのか（例えば「大とも小とも異なる」とか「ピッタリ一致している」etc.）」（＝定義的把握），また「どういった状況でのことなのか（例えば，大工が木材・石材を使用する場面とか，生物学者が顕微鏡を覗く場面 etc.）」（＝状況の把握）等といったことを問題とし的確に相手に答えていく。こうした自らのなした「思考」を言葉にすることが説

---

13)　註2参照。「意味の理解」は Bostock（1986: 66-72）の説である。
14)　Gallop（1975: 115, 132-3）．

明となるのである。すると以上のような思考をなし得ることがロゴスを有していることだと考えられよう。だが知識獲得以前にもやはり「等しい」との判断の際に「思考」は存在するであろう。だとすれば以前以後はどう異なるのか。そこには3つの相違点があると思われる。

　①　知識獲得以前にもある仕方で「等しさとはどのようなものか」理解しているだろうが，言葉に表すことはできないだろう。それに対して獲得後には，図等を使用をしながらであれ言い表すことができる。さらに「等しさ」の知識を有している人は，それと内的な関係をもつ「大」「小」についてもそれらがどのようなものか答えることができよう。

　②　「観点」についても未獲得者の理解には限界があるだろう。獲得以前には「どのような観点」に「等しさ」を認めうるのか完全には理解できないのである。だから「長さ」に関して「等しい」と言えても，「重さ」についてそう言えるかどうかわからないといったケースが出てくる。知識の所有者にはそういうことがないのみならず，それぞれの観点に応じて測量の方法を弁えている筈である[15]。

　③　知識を獲得した後には，先に述べた4つの要件（「もの」の把握，観点の把握，定義的把握，状況の把握）が組織化・体系化されていると言うことができる。「等しさ」に関わるあらゆる思考はそれら4つの問に対し答えつつ進行するのである。目の前に2本の木材がある。長さの関係に関心を抱くや否や，目測であればすぐに，より精密でありたければ定規を用いることで「等しい」なり「長い」なり答は出る。「重さ」であれば，状況に応じて持って較べたり秤に掛けたりするだろう。それらについて滞りなく思考は進み判断が下される。それぞれの関心・問に対して考えていく方策が既に与えられているのである。こうしたどの判断にも共通して存するような思考のパターンを「思考の型」[16]と呼べば，知識を獲得しロゴスを習得するとは，この「思考の型」を身につけることをその特徴とすると言える。それに対し獲得以前には試行錯誤を繰り返すに違いない。

　以上で，知識が獲得されたことでどう変わったのかが一応答えられた

---

15)　これは強すぎる要求かもしれないが，度量衡に関してはある程度言えるだろう。但し「人間が大きい」とか「態度がでかい」といった評価を含んだ判断は除くことにする。

16)　私は「思念 ἔννοια」（73c9, cf R. 524e5）をそう理解したい。

ものとしたい。知識が獲得された後で，人が「等しい」との判断をなすことが，この知識に注意を向けるという意味での想起（＝理解）であるとは，「等しさ」の体系的知識の中でその都度の関心に応じて思考の型が働き「等しい」との答が得られるということなのである。

　テキストに戻ろう。私たちが〈等〉の知識を有していることが同意され（74b2-3），そして，その知識獲得の起源を問題とする中で「等しい事物」と〈等〉が異なっていること（それゆえそれらの知識は異なること）が証明された（b7-c6）ので，「等しさ」の場合にもH2が適用される（c13-d3）。その適用のされ方はE5に類したものであり，眼前の事物を「等しい」と判断する，そこにおいて既に〈等〉の想起が働いているとするものである。ここで確認しておきたいのは，この感覚判断において〈等〉の把握・想起と区別された「感覚」の役割である。等しさの想起はH2に従って，「あるものを見て，その見え ταύτης τῆς ὄψεως から，別のものを思い浮かべる」（c13-d1）と語られるが，その中で ὄψις とは，未だ思考が介在しない限りで，つまり，「等しい」と判断されていない限りで把握されている眼前のものの「見え」である。それゆえ，感覚はこの「見え」を捉え，思考にもたらす役割を果たしていると言えよう[17]。（以下，この感覚に言及するときには「狭義の感覚」と呼ぶことにする。）

　さて，アナムネーシス論は次に「思考」の方へ移行し，「等しい事物」の場合にもE5の場合と同様な経験をすることが同意される（d4-8）。その経験は一般的な言い方では次のように語られる。

　　P'：ある人があるものを見て，今見ているこれは在るものの内の何

　17）　感覚は，例えば「木材」「石材」を把握する，と言ってもよいかもしれない。だが，思考が加わって感覚判断が成立した時点から考えるとき，把握されたものは「等しいもの」であって，木材の木材としての存在は括弧に入れられるのである（松永（1962: 74-5）の指摘による）。それゆえ，感覚のもつ現場性を重視すれば，感覚は「このもの」を把握すると言うべきかもしれない（cf. τοῦτο ὅ νῦν ἐγὼ ὁρῶ 74d10）。いずれにせよ，感覚が ὄψις を思考に提供する働きを担う点を確認しておくことは重要である。そして，この特徴をもつ感覚は Michael Frede が『テアイテトス』篇（184-187）の"aisthanesthai"に対して行なった規定：「心の純粋に受動的な状態 a purely passive affection of the mind」（4）に近いものだと私は考える。もっとも，彼自身は，プラトン中期対話篇における"aisthanesthai"を，"doxa" "dokein"と交換可能なものと断定しているため，私の解釈が認められれば，彼に対する反証例となろうが。Frede（1987: 3-8）。

か他のもののようであることを望んでいる βούλεται が，欠けていて ἐνδεῖ，かのもののようなそのようなものであることはできず，より劣ったあり方をしている，と思考する ἐννοήσῃ（74d9-e2）

　この思考は，繰り返すようだが，例えば何かを見て「等しい」と判断した後で行なわれる思考ではない。今やいわばそれに先行する思考が問題になっているのである。ではその思考の特徴は何か。先の考察を利用しよう。人は眼前のもの（S, T）の長さの関係に関心を抱くや否や，それらが自らと異なる「何」（長・等・短）のようであろうとしているのかを思考する。このとき関心の抱き方には，既に思考する人の「状況の把握」が働いている[18]。その上で注意は既に獲得されている長・等・短の知識に向き，それらがいかなるものかという理解に従ってSとTは測定され，例えば「等しい」との判断が下される。このような思考をP'は表現しているのではないだろうか[19]。そして知識の所有者の場合，P'は思考の型であろう。

　さてP'という思考をする者は「これが似ている προσεοικέναι が欠けたあり方をしていると語る φησιν かのものをより先に知っていることは必然である」（74e2-4）だろう。ここから〈等〉の生前知論証が開始される[20]。①まず，P' の〈等〉と等しい事物への適用可能性が確認さ

　18）当然状況の把握が異なる者が思考すれば，異なる判断が生じる。だがどちらかがそれ自体で誤っているとは言えない。いわば「等しさ」はそれ自体でこの世にはないのである。即ち，我々の認識から独立して「等しい事物」はなく，同一のものが《等／不等》として現われるのである（74b7-9）。そして誤謬・偽なる判断は，状況の把握が不透明になったときに生じうる。『ポリテイア』篇（524b1-2），『ソピステス』篇（234b ff.）参照。

　19）「望んでいる」とか「欠けている」と思考するとはどういうことか。これらの問題に答えることは容易ではない。だが，物真似師が物真似をする場面をアナロジーとして用いることが，その理解に少しは役立つかもしれない。誰か（R）を真似る人（M）は，Rのようでありたいと欲し，様々な動作をそのために行なう。その場合我々の直接的な感覚の対象はその都度の動作である。「Mは物真似をしているのだ」という状況の理解によって，それらの動作の感覚に止まらずそれらを介して，我々は「誰の真似をしているのか」と思考し，彼が似せようとしているRを想起し，物真似師においてその人の影を見出す。そのとき我々は彼の意図をまさに理解している。それで「似ている！」と叫ぶかもしれないし「Rだ！」と笑うかもしれない。MがRたり得ていないとの了解があるからこそ笑うのである。

　20）しかし，この論証は頗る評判が悪い。例えば，Ackrill（1973: 193 n. 13）参照。私自身，無条件にその妥当性が認められるとは思わない。ただ，これまでの考察──生まれた後に，ある種の感覚から知識を獲得するに至り，その後はP'に基づいて感覚を行なう──と

第5章　「学び＝想起」の二義性と感覚の問題　　　125

れる（e6-8）。②次いで私たちが最初にP'を思考した時よりも以前に〈等〉を知っていることが必然だとされる（74e9-75a4）。P'を最初に思考した時とは，〈等〉の知識を獲得したその時であろう。③また〈等〉の知識の獲得 ἐννενοηκέναι（完了形）も，そのために寄与した想起経験 ἐννοῆσαι（アオリスト）も諸感覚以外から生じたことはありえない（75a5-10）。④後者，即ち〈等〉の知識を獲得に至るまでの「等しさ」の感覚経験も，そこで「等しい」との判断がなされている限りやはり再び[21]「感覚においてある〔等しい〕ものはどれも〈等〉に憧れているが，欠けたあり方をしていると思考している ἐννοῆσαι のでなければならない」（a11-b3）。⑤してみると，諸感覚を行ない始める前に〈等〉の知識を獲得していたのでなければならない──もし仮に感覚においてあるものをかのものへ遡行させてP'を思考していたとすれば（b4-9）。⑥私たちは生まれてすぐ見たり聞いたり他の感覚を有した（b10-12）。⑦そういったこと以前に〈等〉の知識を獲得していたのでなければならない（c1-3）。⑧以上から従って，生まれる前に〈等〉の知識を獲得していたことは必然であると見える（c4-6）。

　さてこの論証は認められるだろうか。そのためには2つのことを条件とするだろう。

（ⅰ）私たちが生まれてすぐに行なう諸感覚が「等しさ」に関するものであること。

（ⅱ）この世での〈等〉の知識の獲得に寄与した「等しさ」の感覚経験P'（或いは思考の型にまで至ってないという意味で「P'に類したもの＝P"」）が働いていること。さらに（ⅰ）の場合，その誕生直後の感覚においてもP'（或いはP"）が働いていること。

　これらがプラトンにとって自明だったのかはわからない。但し⑤で過去の条件文を用いていることは，彼が（ⅱ）の条件（そしておそらくは

───────
の関わりに注意を払いつつ，論証が成立するための条件を見つけ出したいと思う。また，私と解釈の方針は異なるが，「人称の問題」に着目してこの論証を整合的に読み解こうとした論文に中畑（1984: 11-27）がある。

　21）　④の ἀλλὰ μὲν δή は Denniston（1954: 394）に従って，"Progressive" に読み，彼が訳を与えている『ポリテイア』篇442dと同様 "again"（また再び）と訳す。強調したいのは，④の思考は未だ「型」まで至っていないということである。

（i）も）十分意識しつつ論証を進めていたと推測される。だが私の見るところでは，彼にとってこの論証は完全である必要はなかった。条件付きであれ，とりあえず証明しておけばよかったのである。なぜなら彼には〈等〉を雛型として〈善〉〈美〉を論ずるという別の意図があったからである。そして，その方により価値を置いていたのではないかと思う[22]。それについては次節で考えたい。

　本節のまとめはこうなる。私たちは生まれた後にそれ自体「想起」であるような感覚を通じて〈等〉の知識を獲得するに至る。その後は獲得されたそれに注意を向けることが「学び＝想起」であって，そこには狭義の感覚と思考の型が働いている。また，生前にその知識を獲得していたことが条件付きで論証されたが，それは〈善〉〈美〉の想起を論ずるためと推測される。

3　探究としての想起——〈善〉〈美〉etc.の「学び＝想起」とは？

　前節では，〈等〉に関して「学び＝想起」の2つの側面——〈等〉の知識を現に有した上での「理解」と〈等〉の「知識の（再）獲得」——が混在している事情を見た。アナムネーシス論は〈等〉の議論で達成された成果——私たちが生前に〈等〉の知識を有していたこと——が〈大〉や〈小〉，それから〈美〉〈善〉〈正義〉〈敬虔〉にも妥当するものと仮定する（75c7-d6）。そしてこの拡張がアナムネーシス論を新たな段階へと進めることになるのである。

　ソクラテスは，生前に獲得した知識をどうしたのか二者択一の仕方で問題にする。

　（A）私たちは生まれてからもずっと所有し続ける。
　（B）私たちは生前に獲得した知識を生まれると共に失い——忘却である——，後になって感覚を用いつつ，以前所有していた本

---

[22] Gallop（1975: 129-30, 134）は〈等〉の生前知論証の後すぐ「魂の先在」が論証されず75c7から76c10の議論が挿入されていることに困惑を表明している。むしろそのことは，上記箇所で語られている〈善〉〈美〉の想起の方にプラトンの関心はあったことを意味していると思う。〈等〉の議論は〈善〉〈美〉の想起解明のためのモデルなのである。

来的知識 οἰκεία ἐπιστήμη を再獲得する。これがいわゆる「学び」であり,それを「想起」とただしく語ることになる。

シミアスは択ぶことができない。そこでソクラテスは「知っている人 ἐπιστάμενος は知っている事柄について説明を与えること δοῦναι λόγον ができる」(76b5-6) と語り,シミアスの同意を得 (b7),「説明を与える」能力を知識を現に所有していることの規準とする。この規準によって,〈善〉〈美〉etc. について必ずしも全ての人が知識を有してはいないことが判明し,(A) は却下され (B) が採択される。この (B) の採択はいわゆる「学び」が「想起による知識の再獲得」と解されていることを意味する (75e5-7, 76a6-7)。〈等〉と異なり〈善〉〈美〉について私たちは知識を再獲得していない[23]。それゆえ私たちのそれらに対する感覚経験を「思考の型」に基づいた「理解」と考えてはならないのである。〈善〉〈美〉に関して感覚経験は1つ1つ「学び」を構成している。そういった感覚経験を用いつつ ταῖς αἰσθήσεσι χρώμενοι (75e3) 私たちは〈善〉〈美〉の知識を再獲得するに至る——即ち,学んでいくのである。

テキストはここで「魂の先在論証」に戻る。私たちの魂が〈善〉〈美〉etc. の知識を生まれる前に獲得していたことが以上から同意され (76c6-10),したがって「我々の魂は人間の形においてあるよりも以前に,肉体から離れて χωρὶς σωμάτων 存在し,〈知〉φρόνησις を有していた」(c11-13) と結論される。こうして最終的に「魂の先在」は論証されるに至るのである。

さて,本章の課題である「感覚」の役割についてはいかほどのことが明らかになっただろうか。ここでまとめてみよう。まず「理解」として「学び=想起」が考えられている場合,感覚経験は想起を内に含んだ認知経験である。つまりそれは,狭義の感覚と思考からなる感覚判断である。そのとき,この感覚判断が一種「知ること」なのは,その経験が既に再獲得された知識,或いは思考の型に基づいているからである。だが,そう考えられているのは,アナムネーシス論では〈等〉(そ

---

[23] 我々が〈等〉の知識は有し〈善〉〈美〉はそうでないという解釈については Hackforth (1955: 76) 参照。Cf. Scott (1987: 357-8 n. 27); Irwin (1977: 144-60). また『エウチュプロン』篇 (7b-d) 参照。

れから〈大〉〈小〉）の場合のみである。〈善〉〈美〉については未だ私たちは知識を獲得していないのである。しかし〈等〉の場合を雛型として考えてみる，つまり，〈等〉における知識獲得以前の経験（cf. 74b6）の分析を手本にすると，〈善〉〈美〉についての感覚経験はそのそれぞれが本来的知識への想起経験と考えられる。全体としての学びである知識の再獲得に至るプロセスを形作るのである。そして私たちはそういった感覚経験を自覚的に〈善〉〈美〉へと遡行させつつ探究しなければならない（76d7-e8）[24]。では，それはいかにしてなされるのか。雛型たる〈等〉の感覚の分析より，それら〈善〉〈美〉の諸感覚経験も「思考」に支えられていると考えられるが，その思考を「何であるか」の問と共に言葉にしていき，普遍的なもの・思考の型を求めていく作業，それが探究の営みであろう[25]。であれば，アナムネーシス論の記述が『パイドン』篇の他の箇所と矛盾するものでないこともわかる。探究において感覚を用いることは，詰まる所「言葉を使って勘考することにおいて ἐν τῷ λογίζεσθαι」（65c2）〈知〉を明らかにしていくことだから。私たちが知らないとの自覚をもつ限り，〈善〉〈美〉については，このような「探究」として「学び＝想起」は捉えられるのである。

むすび

以上見てきたように，確かにアナムネーシス論において「感覚」は

24） この箇所では，魂が生前にあることとウーシアーがあることとが，「同等の必然性 ἴση ἀνάνκη」でもって言えるための４つの条件が語られている。
① 日頃の問答の対象である〈善〉〈美〉etc. 一切のウーシアー οὐσία がある
② ウーシアーへと我々が感覚事物全てを遡源させる ἀναφέρομεν
③ ウーシアーがより以前に我々自身のものとしてあったということを発見する ἀνευρίσκοντες
④ ウーシアーに感覚的事物をあてがい比較する ἀπεικάζομεν
我々が未だ知識を有していない〈善〉〈美〉について，これらは決して自明なことではなく，我々に課題として残されていることだと私は考える。《今・ここ》に限定された感覚の個的経験から思考を通じて〈善〉〈美〉まで遡行していく探究の営みが，我々の魂の先在を（そして，おそらくは，現在をも）保証する構造になっているのである。
25） ディアレクティケーのことを考えている。松永（1975: 217 註 1）参照。Cf. τῷ τῆς διανοίας λογισμῷ 79a3, τῶν ἀνθρωπίνων λόγων 85c9, また 99e4-6, etc.

『パイドン』篇の他の箇所とのそれと較べて，特異な役割を付与されていると言えよう。しかし，感覚に積極的で肯定的な役割が認めらうるにはそれなりの理由があったのである。先ず第1に，私たちの〈等〉に関する感覚判断は，「理解」としての「学び＝想起」とみなされ，その構造は狭義の感覚と思考とに解析される。この「思考」が既に獲得された知識に基づいて働いているため，感覚判断は「知ること」に繋ぎ留められているのである。またさらに，〈善〉〈美〉の探究において，感覚経験はその出発点として重要な役割を担う。しかしそれも，その感覚経験それ自体一種の「想起」であり，そこに働いているはずの「思考」を言葉にしていくという営みとして探究が捉えられる限り，そうなのである。『パイドン』篇の他の箇所で「感覚」が否定的に取り扱われているのは，それが探究と切り離されて，人々がそこに安住してしまうからであった(cf. 66b-d, 81b-e)。思考と感覚の関わりを解明し，肉体をもった「人」の探究可能性に保証を与えること，ここにアナムネーシス論の目的の1つがあったことは疑い得ないと思われる[26]。

---

26) だが何故〈善〉〈美〉が探究されねばならないのか。そして，〈善〉〈美〉が我々の魂 ψυχή があることとどう関わっているのか。私には，本章では殆ど展開できなかったP'という「思考 διάνοια」の構造と〈知〉φρόνησις の関係が考察さるべきだと思われる。Cf. 79d1-9.

[補論]

『パイドン』篇における "αὐτὰ τὰ ἴσα"(74c1) の一解釈
―― プラトン中期イデア論理解のための予備的考察 ――

はじめに

　『パイドン』篇のアナムネーシス論 (72e-77a) の中に "αὐτὰ τὰ ἴσα" (74c1) という不思議な表現がある。「不思議」というのは，この句が「等しさのイデア」を指すと解しやすい文脈の中に置かれているにもかかわらず，そのことから当然予想される単数形 αὐτὸ τὸ ἴσον でなく複数形だからである[1]。では，イデアを表示するものとして極めて不自然なこの複数形をどう解釈すべきであろうか。

　この句は，「等しさそのもの＝〈等〉」(以下，いわゆる「イデア」を 〈 〉で括る) と等しい事物の異なりを論証――以下，「異なりの論証」――する中で登場する。

D1：ἆρ' οὐ λίθοι μὲν ἴσοι καὶ ξύλα ἐνίοτε ταὐτὰ ὄντα τῷ μὲν ἴσα φαίνεται, τῷ δ' οὔ;
果たして，石材や木材は，ときには，同じものでありながら，ある

---

1) 例えば他に，αὐτὸ τὸ καλόν, αὐτὸ τὸ δίκαιον 等。プラトンの著作においてイデアが《強意代名詞＋冠詞＋形容詞中性形》で表されるときには，通常単数形であって複数形とはならないのである。(「〈美〉によって全て美しいものは美しい τῷ καλῷ πάντα τὰ καλὰ καλά」(100d7-8) において，原因根拠である〈美〉が複数個あると考えることはナンセンスだし，背理を産み出す源となる。『パルメニデス』篇 (132a-133a)，『ポリテイア』篇 (597c-d) 参照。) 例外としては『パルメニデス』篇 129b1-2 に αὐτὰ τὰ ὅμοια／ἀνόμοια という表現が見出されるが，本補論ではふれない。

ものには等しく，別のものには[2]そうでなく見えているのではないか。（——全くその通りです。）（74b7-10）

D2：αὐτὰ τὰ ἴσα ἔστιν ὅτε ἄνισά σοι ἐφάνη, ἢ ἡ ἰσότης ἀνισότης;

（では，どうだ。）（a）それ自体で等しくあるものどもが，ときに，君に等しくあらぬものとして現われたことがあったか。また，（b）「等」が「不等」性として。（——いいえ，決して，ソクラテス。）（74c1-3）

D3：Οὐ ταὐτὸν ἄρα ἐστίν, ἦ δ' ὅς, ταῦτά τε τὰ ἴσα καὶ αὐτὸ τὸ ἴσον.

してみると，（ソクラテスは言った）これら等しい事物と等しさそのものとは同一ではないのだ。（——同一では決してないと私には思えます。）（74c4-6）

K・W・ミルズの分析に典型的にみられるように[3]，この論証は，等しい事物のもつ性格（D1）を〈等〉がもたない（D2）ため両者は異なる（D3），というように解されている。つまり，等しい事物はときに等しかったり，そうでなかったりするが，それに対して〈等〉は常に〈等〉のままであり，「変化」という性格から免れている。それ故，両者は異なっている，と。であれば，D2 はその後半部（b）——ἰσότης がイデアを指示することは一般に認められているし，私もそう考える——のみで十分であり，αὐτὰ τὰ ἴσα の必要性は認められない。それ故，D2 の αὐτὰ τὰ ἴσα が何を指すのかが問題とされるのである。

従来のこの表現に対する解釈は，凡そ次の3通りに分類される。

（ⅰ）非感覚的数学的対象（e.g. 二等辺三角形の底辺の二角）[4]
（ⅱ）"Form-Copies"（i.e.「我々の内にある大」といった内在形相

---

2) "τῷ μέν…, τῷ δέ …" の文法的性は D2 の "σοι" との対比から男性が適当だと考える。松永（1975: 221 註 2）; Irwin（1977: 318-9 n. 29）参照。しかし，中性としても（やや面倒な議論になるだけで）私の論旨に影響はない。Cf. Crombie（1963: 301）。
3) Mills（1957: 128-47, esp. 128），（1958: 40-58）。
4) Burnet（1911: 56）; Ross（1951: 22）; Hackforth（1955: 69 n. 2）; Bluck（1955: 67 n. 3）。

(102a~))[5]

　（iii）イデア（i.e. ἰσότης（74c1）, αὐτὸ τὸ ἴσον（c4-5））[6]

　しかし，これらの解釈にはそれぞれ大なり小なりの難点が含まれており，決定的な解答が提出されるには至っていない[7]。その最大の理由は，解釈者の殆どが，論証のD1とD2の対比のポイントを捉え損なっているところにあると思われる。先の論証を仔細に眺めると，対比のポイントは，単に等しい事物と〈等〉に関して，それらがそのものとしてどう性格が異なるかにあるのではなく，それらの認識のされ方——私たちに対して「どう見えるか／現われるか φαίνεσθαι」の違いにあるということがわかるだろう。この論証の構造自体の誤解こそがこれまで αὐτὰ τὰ ἴσα 解釈に失敗してきた原因であると思われる。そしてこの誤解は，αὐτὰ τὰ ἴσα が語られる文脈を先の「異なりの論証」のみに限定し，それがアナムネーシス論全体の中でどういう意味をもっているのかを考慮に入れていないことに基づく。逆に言えば，文脈を素直に辿れば，両者が「見え方／現われ方」の点で対比されていることは容易に見て取れると思えるのである。したがって，この補論での私の方針は以下のようになる。まず第1節で「異なりの論証」に至るまでのアナムネーシス論の文脈を辿り，第2節で「異なりの論証」が，私たちの〈等〉に関する知識の起源を問題にする中でなされていることの意味を探る。そして第3節で，論証における対比のポイントの把握と絡めて αὐτὰ τὰ ἴσα の理解に努め，最後に「異なりの論証」が中期イデア論理解にとってもつ意味を考察したい（むすび）。

---

5) Bluck（1959: 5-11）; Wedin（1977: 191-205）.
6) Geach（1965: 265-77）; Owen（1986: 229-31）; Dale（1987: 384-99）, etc.
7) Apolloni（1989: 127-34）は（i）と（ii）について，何の説明もなくソクラテスが数学的対象や内在形相——102-3ではじめて明瞭に導入される——をこの段階で突然導入しているのは余りにも不自然と批判し，（iii）についても，Geach, Vlastos, Owen のいずれの解釈を採るにしても，イデアを複数で表示することは対話相手にとって理解を困難にしたであろうと反対する。

1 アナムネーシス論の文脈の確認[8]

アナムネーシス論は，想起の必要条件（H1）と十分条件＝形式的定義（H2）の同意を得ることから始まる。

H1：人が y を想起する場合，それ以前に y を熟知している ἐπίστασθαι のでなければならない──必要条件　（73c1-2）
H2：人が x を感覚して，x とはその知識が同じでなく異なっている y を思い浮かべる ἐννοήσῃ としたら，y を想起したとただしく語ることになる──十分条件・「異なる知識」の条件　（c4-d1）

この定義（H2）を理解できないシミアスに対して，ソクラテスは5つの実例を列挙する。

	想起を惹き起こすもの（x）		想起されるもの（y）
E1:	リュラ（竪琴）	→	恋人
E2:	シミアス	→	ケベス
E3:	画かれたリュラ	→	恋人
E4:	画かれたシミアス	→	ケベス
E5:	画かれたシミアス	→	シミアス

E1～E4 はわかりやすい例であろう。以前見知っていたもの（y）を異なるもの（x）の感覚を切っ掛けとして思い浮かべるわけである。だが E5 に関しては，このような常識的な想起理解は崩れる。なぜなら，画かれたシミアスをそれとして認知するときには，論理的に言えば既に，或いは，同時にシミアス自身を思い浮かべていなればならないからである[9]。このときは，シミアスの絵の認知経験それ自体が想起構造を内含していることを意味する。即ち，「x の感覚的認知，そして，y の想起」（E1～E4）ではなくて，y の想起は x の感覚的認知内に構成

---

8) 第1節に関しては，第5章の論述と多くの部分重複する。
9) Ackrill（1973: 183-6）.

的に働いているということである。ここでは H2 に含まれている「知識の異なり」という条件を満足するために，感覚の対象として例えば《線や色の集まり》を考えざるを得なくなり，これらを把握するいわば「狭義の感覚」と想起が含まれて成立する感覚的認知・感覚判断とが区別されることになる[10]。ところで，この E5 がアナムネーシス論の中核である「等しい事物」と〈等〉の場合の雛型（モデル）になっていることは明らかであろう。だとすれば，「等しい事物」の感覚的認知がそれ自体〈等〉の想起を含んでいるという構造が問題になっていると予想される。

「等しさ」の議論は 74a9 から始まるが，その中で想起の形式的定義 H2 が〈等〉と等しい事物の場合にも適用されているのを——〈等〉に限らない一般的な言い方ではあるが——74c13-d4 に見出すことができる。だが無条件に H2 は適用されてはならない。そのためには，H1 が確認され，かつ H2 の「異なる知識」の条件が満たされねばならないからである。この 2 つの要件は一見〈等〉の導入と共に確認されているように見える。

　（α）我々は何か「等しい」ということがあると主張するかね，つまりそのことで私が意味するのは，木材が木材に「等しい」というのでもないし，石材が石材にそうだというのでもないし，また，そのようなもののうちのいずれでもないのであって，それら全てを越えた異なる何か＝「それ自体である等しさ αὐτὸ τὸ ἴσον」のことなのだが。我々はそのような何かがあると主張しようか，それともないと主張しようか。（——ゼウスに誓って，とりわけてあると主張しましょう。）（74a9-b1）
　（β）そしてまた，それ自体でまさに〔等しく〕あるそれを我々は熟知している ἐπιστάμεθα のだね。（——全くですとも。）（b2-3）

　（β）が H1 の確認であることは明らかだろう。だが，（α）はいわば「存在」の異なりであって，「知識」の異なりでもあると言えるのだろうか。例えば，シミアスの絵とシミアス本人は異なる存在者である。しか

---

10) 本書第 5 章第 1 節参照。

し、直前で見たように、シミアスの絵の把握においてシミアスそのものの把握は含まれているのであって、その場合「異なる知識」の条件を満たさないのである。それ故、（狭義の）感覚の対象を《線・形の集まり》と解してその条件を救ったのであった。しかし、明らかに（α）で〈等〉と比較されているのは「等しいもの」であって「木材・石材」ではない——そうであれば、知識において異なると言えよう。比較の対象はあくまで「等しいと把握されている限りでの木材・石材」なのである。そうすると、この箇所の強調は〈等〉の存在とその特異性にのみ置かれていて、「異なる知識」の条件は問題になっていないと言うべきではないか。ではアナムネーシス論のどこでその条件は確認されるのか。私たちは、テキストが次に何を論じているか注目したい。シミアスの絵の場合と違い、〈等〉の場合には、「知識の起源」が問われ、その脈略の中で〈等〉と等しい事物との「異なりの論証」がなされているのである。この論証が、H2 を「等しさ」の場合に適用する箇所（74b13-d3）の直前に置かれていることを考えれば、そこにおいて両者の知識の異なりが論証されているのではないかと推測できよう。そこで、以上の文脈を踏まえた上で、次節では「異なりの論証」に先立つ〈等〉の知識の起源をめぐる問とそれに対する答について調べてみたい。

2　知識の獲得と想起

〈等〉があるということと私たちがその知識を現に有していることについて同意を得て、ソクラテスは次のように問い、そして自ら答を示唆する。

> Πόθεν λαβόντες αὐτοῦ τὴν ἐπιστήμην; ἆρ᾽ οὐκ ἐξ ὧν νυνδὴ ἐλέγομεν, ἢ ξύλα ἢ λίθους ἢ ἄλλα ἄττα ἰδόντες ἴσα, ἐκ τούτων ἐκεῖνο ἐνενοήσαμεν, ἕτερον ὂν τούτων;
> どこからそれ（〈等〉）の知識を獲得して〔現に知っているの〕か。いまさっき語っていたものから——木材や石材やその他が等しいと見て、それらからそれらとは異なるかのものを思い浮かべた

――そういったものから〔我々は〈等〉の知識を獲得して現に知っているの〕ではないか。(74b4-6)

　それからソクラテスは，等しい事物と〈等〉の異なりにこだわって「異なりの論証」を行ない (b6-c6)，起源の問について「これら等しいものから――かの〈等〉とは異なっているのだが，にもかかわらず――かのものの知識を思い浮かべ ἐννενόηκας 獲得した εἴληφας のだ」(c7-9) と答を与える。

　この議論について基本的な点を確認しておきたい。それは，私たちは現に〈等〉の知識を所有している (74b2-3) のだが，それに先立ってその知識を獲得する経験が存在していたということである。74b4 のアオリスト分詞形 (λαβόντες)，74c9 の現在完了時制 (εἴληφας) がそのことの証拠となろう[11]。その〈等〉の知識獲得に寄与した経験は，74b5-6 で触れられているものだと思われる。

　それでは 74b5-6 の「木材や石材やその他が等しいと見て，それらからそれらとは異なるかのものを思い浮かべる」という経験（以下，Π）はいかなるものか。第1節でみたように，想起を意味する「思い浮かべ ἐννοεῖν」は (A) 常識的想起（＝感覚判断＋想起）か，または，(B)〈等〉の想起を構造的に内に含んだ感覚判断のどちらかと考えられる。しかしこの箇所の「思い浮かべ」はそのいずれでもないのである。というのは，まず (A)，眼前の木材を見て「SとTは等しい」と判断し，それから〈等〉を思い浮かべる《感覚判断＋想起》といった経験ではない。なぜならその場合，第一段階の感覚判断において既に〈等〉は想起されていなければならず，それからさらに想起することは redundant だからである。では (B)，Π は〈等〉の想起を構造的に含んだ「SとTは等しい」という感覚判断であって，その構造を前述の言い方で解析しているのであろうか。つまり，まず「これらのもの」を「等しいもの」でない限りで把握し，次いでそこに「等しさ」を見出す，といったふうに。しかしそうであれば，〈等〉の知識の獲得は感覚判断からだという

---

[11] アオリスト分詞形は一般に主動詞の時（この場合は「現在」）に先行する時を示し，現在完了形は過去の或る時点で獲得し，今もなお所有していることを表す。本書第5章第2節参照。但し下記註14を見よ。

ことになる。しかるに，感覚判断は「理解」としての想起構造[12]をなしており，〈等〉の知識を所有していることがそのための必要条件であった。であれば，知識の所有に先立ち，その獲得を産み出す感覚経験を，知識の所有を前提とする「理解」としての想起，即ち，感覚判断とすることは許されないだろう。こうして，Πを《感覚判断＋想起》とする解釈（A），また《感覚判断の構造解析》とする解釈（B）は共に認めがたく思われる。では〈等〉の知識獲得に寄与した経験Πをめぐるこのアポリアはどう解消されるのであろうか。

　起源の問 πόθεν に対する答 ἐξ ὧν の理解を反省してみる必要がある。ἐξ ὧν は最終的に ἐκ τούτων τῶν ἴσων (74c7) と言い換えられるのであるが，その「これら等しいもの」の身分はいかなるものであるのか。それらは，私たちの眼前の単なる木材・石材ではない。「等しさ」の知識を有していない人が木材・石材を見るとしても，必ずその知識を得るようになるとは限らないからである。であれば，それらは等しさがそこから学び取られる限りの木材・石材であろう。人が「等しさ」をめぐって何らかの関わりを有している限りでの木材・石材なのである。しかしその関わり方は感覚判断としてではなく，また，「等しい」という感覚があって，しかるのち〈等〉を想起するという仕方でもなかった。だがここにもう１つの解釈が可能だと思われる。それは，これら木材・石材を「等しい」と見ることでありながら，それが同時に「かのもの」の想起である——以下《感覚＝想起》と呼ぶ——とする解釈である[13]。(A) や (B) のように感覚と想起に順序を認めるのでなく，眼前のものを捉える際に，感覚と想起とが同時に成立し融合しているような認識形態をここに読み取ることができるのではなかろうか[14]。「知識の獲得」を

---

12) 「理解としての想起」については第5章第1節参照。「学び＝想起」がアナムネーシス論中で二義的に用いられているという私と同じ論点を主張した Bedu-Addo (1991) では R_2 の方に当たる。

13) このような「想起」理解は Burnyeat (unpublished 17-20) が『パイドロス』篇における〈美〉の想起について下した解釈に近いものかもしれない。〈美〉については未だ我々は知を再獲得できないでいるのであって，その意味でこの箇所の〈等〉と同じ立場にいるのである。

14) Smyth (1956: 420) によれば，アオリスト分詞形の動詞が主動詞と同一の事柄を表す場合は，通常のように主動詞に先行する出来事を指すとみなす必要はなく，ときに同時的であるとされる。Goodwin (1884: 276) はアオリスト分詞形の動詞が主動詞と同時発生的出

「全体としての学び」と呼べば，そうした個々の《感覚＝想起》はそれに構成的に働く「学び」となる。つまり，単なる「等しいもの」から私たちは〈等〉の知識を獲得したのではなく，木材を等しいと見ることが，即〈等〉の想起（＝学び）であるような経験――そしてそれを惹き起こす限りでの眼前の「等しいもの」――から〈等〉の知識を獲得したと推察できるのである。Πをめぐるアポリア解決の方途として，こうした特異な感覚経験をこの箇所に見出せると思われる。

しかし，感覚であり想起であるという経験は，一体どういう経験なのか。それは感覚判断とどう異なるのか。その実質はいかなるものか。私の見るところでは，テキスト上すぐ後に続く「異なりの論証」がこの問題を解明していると思える。さらに言えば，その論証は τούτων と ἐκεῖνο との異なりを，私たちの目下の関心事である「異なりの知識」の視点から証明しているように思われる。

3 2種の現われ：感覚判断と〈等〉の現前

前節では，〈等〉の知識獲得の起源をめぐる問とそれへの答を考察することで，〈等〉の知識獲得に寄与する経験は，いわば《感覚＝想起》といった「学び」の経験であることが示唆された。この節では，この文脈の中で「異なりの論証」を考察してみたい。

ソクラテスが「起源の問」に対して自ら示唆する答（74b4-6）についてては既に引用した。彼はその最後の部分，等しいものと〈等〉が異なっているというところに拘泥し，最終的な答を先送りにする。彼はなぜ「異なり」にこだわったのか。例えば，〈等〉を導入した箇所で既に等しい事物と〈等〉の異なりについては，対話相手の同意を得ているのである（74a11）。このことは「異なりの論証」が決して Digression（脱線）

来事を示すのは，特に主動詞がアオリスト時制のときが一般的だと註記している。これら両文法書も，私の解釈：《これら木材を「等しい」と見ること（ἰδόντες；アオリスト分詞）が，同時に〈等〉の想起である（ἐνενοήσαμεν；主動詞＝アオリスト時制）をサポートしてくれると信じる。

ではなく，〈等〉の知識獲得の起源をめぐる問題との関わりで考えられるべきことを示唆していると思われる。その問題に対して，この論証はどう関わっているのだろうか。

　D1 と D2 の前半部（a）に注目したい。この対比が論証の核心部だからである。

　　D1：〔これら〕木材は，ときに，同じものでありながら ταὐτὰ ὄντα，ある者には等しく，ある者にはそうでなく，見えている φαίνεται（74b7-10）
　　D2（a）：αὐτὰ τὰ ἴσα はいついかなるときも，君に等しくあらぬものとして現われた ἐφάνη ことはない[15]（c1-3）

　最初に，双方に共通する動詞 "φαίνεσθαι" が用いられている点に注意したい。従来の解釈は，「はじめに」で述べたように，この動詞を無視している。或いは，無視しないまでも，この動詞に双方で異なる役割を与えている。つまり，D1 では，感覚の現場での「見え／感覚判断」であり，ある人に木材が「等しい」と「見えている」，そう「思われている」という意味に解されており，他方 D2（a）では，「αὐτὰ τὰ ἴσα が ἄνισα であるとは思われない／考えられない」というように，感覚の現場からは離れて単に同一性を否定する「考え／判断」の意味に解されている[16]。だが，D1 と D2（a）の対比は最終的には動詞の一致に支えられているのであるから，意味を変えて理解することは許されないのではなかろうか。つまり，「等しいもの」は《F と感覚される》という性格をもつのに対し，αὐτὰ τὰ ἴσα は《〜F と思考される》という性格をもつ，したがって，両者は異なる，といった論証は論証とは呼べない——例えば，後者は《F と感覚される》との性格をもつかもしれない——のであって，《感覚される》か《思考される》かのどちらかに統一することが求められるのである。D1 で感覚の場面が考えられているのは明らかなので，D2 も感覚の現場でのことだとみなされるべきであろ

　15）シミアスの応答を含めて，意味を汲んで訳した。
　16）E.g. Irwin（1977: 318-9 n. 29）．例外として，松永（1975: 211）；Bedu-Addo（1991: 38）．

う。だとすれば，D2（a）は αὐτὰ τὰ ἴσα の過去におけるシミアスに対しての感覚的「現われ」経験を問題にしていると考えられよう。D1 と D2（a）では，感覚の現場における「現われ方」が対比されているのだ。

そうだとすると，D1 と D2（a）の「現われ」の対比はいかなるものか。D1 の「現われ」経験を考えてみる。φαίνεται（74b8）の「現在形」は既に知識を有している私たちの「等しいもの」に対する今現在の日常的な把握を告げるものである。それは「理解」という意味での想起経験であり，感覚判断であろう。眼前の同一のSとT[17]が，ときに，ある人には「等しい」と判断され，別の人には「等しくない」と判断されることがあるという事実に言及しているのである。このようなことは「状況の把握」が食い違っているときによく起こる。「SとTの大きさはどういう関係か？」という問に対して，ある人は「長さ」に注目して「等しい」と答えるかもしれないし，別の人は「重さ」に注目して「SがTより重い（大きい）」と答えるかもしれない。どちらがそれ自体でただしかったり，誤っていたりするわけではない。双方が〈等〉の知識に基づいて判断を下したのであれば，「長さ」「重さ」それぞれについてただしい判断となろう。但しこの場合，最初の問がどの観点を念頭に置いて問われたのかによって，それぞれ真とも偽ともなるのである。

次に D2（a）に移りたい。最初に「現われ方」の形式上の D1 との違いを見てみよう。「現われる」という言葉は通常「A（主語）がB（補語）としてC（与格＝人）に現われる」という形式の中で用いられる。D1では，A と B は異なるものであった（A＝木材，B＝等しいもの／等しくないもの）。ところが D2（a）では，A＝B となる事情が看て取れよう。なぜなら，αὐτὰ τὰ ἴσα は αὐτὰ τὰ ἴσα としてであって，決して ἄνισα として現われないと語られているのだから。この文法上の違いは何を意味するのであろうか。2つのことが考えられる。1つは，主語に位置する αὐτὰ τὰ ἴσα を文字通り「一対の完全な等しい事物」が存在すると考える[18]必要はないということである。というのは，αὐτὰ τὰ

---

17) ταὐτὰ ὄντα（74b8）に注意すべきである。「もの」の把握の点では一致が存しながら，その同一のものについて，相反する述定がなされているという事態である。

18) 冒頭に触れた αὐτὰ τὰ ἴσα の解釈の内，（i）はこの想定に基づく。また Geach (1965) もそうである。Cf. Haynes (1964).

ἴσα として私たちに現われた経験（B）が基になって，それが「B=A」という同一性を介して，D2 (a) の主語（A）にも αὐτὰ τὰ ἴσα が用いられる，とみなしうるのだ。換言すれば，主語には本来 αὐτὸ τὸ ἴσον が来，それが αὐτὰ τὰ ἴσα として現われる，というように D2 (a) を解釈する余地が生まれるのである[19]。

　第2の点がより重要である。「現われる」という事態は私たちの感覚経験を表すが，D1 が通常のそれである——眼前の木材を等しいものとして見る——のに対して，D2 (a) は，直接に「〈等〉を見る」経験だということである。前者には常に「真・偽」が伴う。即ち，木材が実際「等しいもの」であれば，その等しいとの感覚判断は「真」であるし，実際は「等しくないもの」であれば，偽となろう。しかるに後者の場合は，〈等〉を〈等〉として見る経験であるから，見誤る可能性がはじめから排除されている。同一性把握の意味はそこにある。〈等〉を見ることがそのまま〈等〉を把握することであるのだ。であれば，この経験は前節で見た〈等〉の《感覚＝想起・学び》と一致するのではないだろうか。ἐφάνη のアオリスト形は時制（tense）においては[20]「過去」を指示する。そしてこの箇所が対話相手シミアス個人（σοι 74c1）の過去の経験に言及していることは疑い得ない（ὅτε c1; οὐδεπώποτε c2）。また，D2 (a) が真偽に与らないのは，それによって D1 の感覚判断それ自体を可能にする能力（或いは，真偽判定の規準）が学び取られるからとも言える。そうすると αὐτὰ τὰ ἴσα の現われを，私たち（シミアス）が〈等〉の知識を獲得していく過程における《感覚＝想起・学び》経験の1つ1つと考えるべきではないだろうか。これが "αὐτὰ τὰ ἴσα ... σοι ἐφάνη" に対する私の解釈である[21]。

　19）D2 (b) の "ἰσότης" は感覚の現場から離れた抽象化を意味すると思われる。

　20）「時制においては」と限定を付けるのは，"φαίνεται" と "ἐφάνη" は「アスペクト」の上でも対比されていると思えるからである。即ち，現在形は或る時間的な幅をもった「状態」を表すのに対し，アオリスト形は「瞬間」の「出来事」を表す。Cf. Goodwin (1870: 4, 24-5). D1 の「現われ」の経験は「観点」の把握が変わらない限り，「等しい」という現われであれ，「等しくない」という現われであれ，変化することのない或る持続した経験であろう。他方，D2 の経験は「瞬間的」現われの経験：「わかった ἔμαθον！」である。

　21）Crombie (1963: 303) は「人が "the P" という形の句で，ある性質を指示することに慣れる（be habituated to）ならば」という条件を付けて，複数からなるスタンダードな P という対象を "the P's" と表現することはおかしくないと述べている。だが，彼が「指示に習

以上からD1とD2 (a) の対比のポイントは，2種の「現われ」の違いにあると言えよう。即ち，D1が私たちの通常の感覚判断という「現われ」であるのに対し，D2は感覚判断に先行し，それを可能にする知識の習得経験という特異な「現われ」なのである。では，そうした αὐτὰ τὰ ἴσα の「現われ」経験が〈等〉の「学び」であるとはどういうことか。以下，この問に答えることを通じて αὐτὰ τὰ ἴσα という表現の意味を探っていこう。そして，この表現の使用が何らかの理由を有していることが明らかになるとき，私の解釈の正当性が保証されよう。

はじめに，知識を獲得して所有しているとはどういうことか確認したい。アナムネーシス論冒頭では，知識の内在がただしい説明のそれと並置されている（ἐπιστήμη ἐνοῦσα καὶ ὀρθὸς λόγος 73a9-10）。「説明」とは知識に基づいて問われている事柄の「いかにあるか ἦ ἔχει」（73a8-9）を真実あるがままに語る（λέγουσιν 73a8）ことである。また，アナムネーシス論の後半部でも「知っている人は説明を与え得ねばならない」と語られている（76b5-7）。こういったことから，知識を所有している人は「等しい」事態をただしく認識できるのみならず――「ただしいドクサ」の生成はこのことを言う――，その認識に対して「なぜそうなったのか」と説明を求められても，ただしく答え得る人とされよう[22]。それ故，その人が知識を獲得するに至る過程においては，様々な「等しい」事態に対応できる判断能力と説明能力を身に付けていく経験がある筈である。「等しい」事態は，先に感覚判断D1において見たように，観点・状況によって生成したりしなかったりする。そこで「学び」の過程では，このような観点・状況の判断能力・説明能力が獲得されねばならないのである。〈等〉については私たちが既に知識を有していることは同意済みの事柄だった（74b2-3）。私たちは，前述のプロセスを経てしまっているのだ。そこで〈等〉に関する「学び」の過程の一齣を取り出し，それがいかなる経験か自ら想起し想像してみよう。そのことによって，〈等〉を端的に把握する経験の内実が理解できると思えるからである[23]。

熟していく経験」1つ1つを αὐτὰ τὰ ἴσα の現われと同一視しているかは判然としない。
22) この点については本書第5章第2節で論じた。
23) 以下の「生成論」的考察は，守屋（1984: 178-82）から学んだ。

例えば，習得の初期の段階で「重さ」のみに「等しさ」を認めていた子供が，何かの切っ掛けで，眼前の2本の木材に「長さ」に関して「等しさ」を見出すことがあろう。彼は（心の中で）つぶやく，「何だ，同じじゃないか！」。これを知識の拡張の一例として考えてみよう。そのとき彼に生じたことは，過去において把握していた「重さ」に関することと同じことが異なる観点の「長さ」についても言えるのだ。そして，それも「等しい」と呼ぶのだ，といった発見であろう。異なる状況の中での「等しさ」の同一のあり方[24]――《ピッタリ一致していること》或いは，他との変わらぬ関係，例えば《大でも小でもない》というあり方――を端的に見出すのである。眼前のものの把握と同時に，過去の何かを振り返る（それへと遡行する ἀναφέρειν cf. 75b7, 76d9-e1）という意味で，それはまさしく「想起」経験である[25]。ところで，未だその段階における彼の「同じこと（＝定義）」の把握はおぼろげなもので，〈等〉のあり方を言葉にできないかもしれない。しかしさらにいくつかの観点――「広さ」「強さ」等――について類似の《感覚＝想起》経験――本来的知識 οἰκεία ἐπιστήμη（75e5）への遡行――を重ねていけば，彼の理解は深まり，既に熟知しているものと「等しさ」との連関が明確になり，それが言葉に定着していき，最終的には個々の観点・文脈から自由になった〈等〉の端的な把握へと到達するだろう（74c8-9）。そのように進行していく過程内での理解の拡張経験1つ1つが αὐτὰ τὰ ἴσα の「現われ」ではないだろうか。〈等〉の「何であるか」が学ばれていくそれら諸経験において，眼前の「もの」の個別性は背後に退いており，常に同一の相 μονοειδές（78d5, cf. 80b2, 83e2）がそれ自体で直接人に現前する。そのとき学習者の関心は，「これらのものが如何にあるか」ではなく「等しさとはそもそも何であるか」にあるからである。ここに αὐτὰ τὰ ἴσα という表現が用いられる理由がある。即ち，この現われ経験において私たちが〈等〉と出会う場所は「これらのもの」においてでしかありえない。なぜなら，それはある種の感覚であって《いま・こ

---

24) Cf. ἀεὶ ὡσαύτως κατὰ ταὐτὰ ἔχοντι ἑαυτῷ（80b2-3, et al.）.

25)「理解の深まり」があるとの確信から，それに先立つ原初的な知識獲得経験の存在は要請されよう。守屋（1984: 179）参照。74e2-75c6 の〈等〉に関する「生前知論証」については本書第5章第2節参照。

こ》での経験だからである。それ故，私たちに現われる何かは場所となるものに影響されて（言語表現としては）「複数形 ἴσα」で表現される[26]。だが他方，〈等〉は「もの」から離れてそれ自体（αὐτό）としてあり，そういうものとして私たちに端的に把握されている[27]。こうした〈等〉と「もの」そして私たちの二重の関わりこそが一見奇妙な αὐτὰ τὰ ἴσα という表現を産んだのではないかと思われる。αὐτὰ τὰ ἴσα の現われという特異な感覚経験の内実をこう理解することは，この箇所で〈等〉の知識の起源が問題となっていること，また，〈等〉と「等しい事物」の異なりが現われ方の違いとして考えられていることを説明できると思われる。またさらに，先に保留していた「異なる知識」の条件については，「これら等しいもの」についての私たちの知り方と〈等〉の私たちの知り方とが異なることを「異なりの論証」は問題としていると解釈することで，解決できよう。〈等〉の端的な把握と「等しいもの」の感覚判断とでは知の内実が異なるのである。

---

26) τὰ [ἴσα] ἐν τοῖς ξύλοις τε καί οἷς νυνδὴ ἐλέγομεν τοῖς ἴσοις（74d4-5）が複数表現の可能性を保証するだろう。但し，この箇所の τὰ ἴσα は確かに「木材における〈等〉の現われ」であるが，αὐτὰ τὰ ἴσα とは異なると思われる。それは D1 の感覚判断のレヴェルで考えられるべきもので，(ii) を主張する論者の「内在形相」がそれに相当すると思う。Cf. Matthen (1984)．『パイドン』篇 102a-103c で扱われている〈大〉〈小〉は〈等〉と身分が同じであって (cf. 75c9)，そこでは既に知っている人（ケベス）の感覚判断が問題になっているからである。しかし，「内在形相」をめぐる詳細は別の機会に譲りたい。また，文脈に留意しつつ解釈を施している数少ない論者の内のひとり Owen (1986: 230-1) は，言語表現としては 74b8 の ἴσα への attraction であるが，それが指示しているものは，眼前のものを「等しい」と呼ぶ際に言及している〈等〉だ，と解釈する。彼の解釈で注目すべき点は，「等しいもの」の内の「もの」を無視する (discount) することによって〈等〉は導かれているとする点である。これについては次註を参照。

27)「それ自体 αὐτό」とは何か。この問に答えることは難しい。但し，ネガティブな仕方でなら何か言えるかもしれない。「等しさそれ自体」はそれが導入された箇所で「ある木材が別の木材と等しい……」という事態と対比されていて (74a9-12)，「それら全てを越えて」いて「異なる」何かであるとされていた。我々が日常経験的に出会っている「等しい」という事態を反省してみると，常に「何か」と「何か」が等しくあり，それら「もの」を我々が把握していて「等しい」と認識している〔D1 の感覚判断〕。しかしそれに対して〈等〉は「何かと何かが等しくある」という事態から「離れて・越えて…παρά c. acc: past, beyond」あり，「もの」との関係性から免れているのである。より一般的に「状況・文脈から離れてあること」として（ネガティブであるが）「自体性」を捉えることが可能かもしれない。

むすび

　〈等〉の知識を獲得するに至る《感覚＝想起・学び》1つ1つが〈等〉の端的な私たちに対する現われ経験であること，それから，それは一種の感覚であるために「これらのもの」において現われるのであるが，私たちは「もの」の関わりから離れてそれ自体で〈等〉を把握するため，αὐτὰ τὰ ἴσα という表現をとること，以上をアナムネーシス論の文脈に沿いつつ考察してきた。等しい事物と〈等〉の異なりは，単に存在の上で論じられているのではなく，私たちの認識の仕方の違いから論証されているのであって，その際の「現われ」の文法こそが αὐτὰ τὰ ἴσα という特異な表現を産み出したのである。また，2種の「現われ」の関係については，等しい事物の感覚判断は〈等〉の《感覚＝想起》を前提とする，と言える。なぜなら，後者によって前者の判断能力・説明能力が獲得されていくのだから。

　プラトンに従って私が本補論で考察の対象としてきたイデアは，既にその知識を私たちが有している〈等〉であった。しかし，プラトンがとりわけ関心を寄せている対象は〈等〉ではなく，〈善〉〈美〉〈正義〉といった倫理的徳目であることは間違いない。だが，〈等〉とは違いこうしたイデアについて私たちは未だ知識を再獲得していない[28]。つまり，《感覚＝想起・学び》を積み重ねていく途上にいるのである。プラトンはここにおいて「想起」を「探究 ζήτησις」（cf. 65a10, 66d5）として捉えた。彼は「思い＝ドクサ」によって人が探究を妨げられることなく，〈知〉を目指す「探究の生」を勧めたのである。それは，魂が肉体・感覚を通じて考察すること σκοπεῖν によって物事に対するのでなく，魂がそれ自体で考察することによって把握していくことを意味する（79c2-e7）[29]。探究とは，次第次第に肉体から魂が離れていく運動であり，感覚・肉体を用いずに何かあるものを《いま・ここ》で考察しつつ「もの」の影響から離れて「見えざるもの＝イデア」を析出していく「知る

---

28) 本書第5章第3節参照。
29) 前者は「感覚判断」であり，後者は「αὐτὰ τὰ ἴσα 経験」である。

こと γνῶναι へと向かう運動」である（cf. 65e4）。この運動は「死の訓練」と呼ばれ，プラトンにとって「哲学」はそういうものとしてあった（cf. 67e, 80e-81a）。アナムネーシス論における〈等〉の考察は，これに続くであろう〈善〉〈美〉〈正義〉の考察の雛型として私たちの前に提示されたのである[30]。

---

30) 子供が大人・社会から訓練を通じて（想起的な仕方で）学ぶ〈等〉とは違い，〈善〉〈美〉〈正義〉については大人が自ら「問において問い，答において答えながら，まさにあるそれという刻印を押す」(75d2-3) よう努めねばならない。その探究の実際はいかなるものか，また，探究の過程で〈善〉〈美〉〈正義〉について何が顕わになってくるのか，さらに問われねばならない問題である。『パイドロス』篇（246e-257a, 274b-279b）を参照。

第 6 章

プラトンにおける生と死の思想
―― 『パイドン』篇の魂論との関係で ――

「僕とは，今ここで対話をしながら，議論のひとつひとつを秩序づけて配置している，このソクラテスである，ということをね。」（*Phd.* 115c6-8）[1]

はじめに

　宗教学者の岸本英夫は癌で闘病中の著作において，死に関しては次の2つのことが問われるべきだと考えている。

　(1) 死を忘れている人が死を思う必要はあるのか？
　(2) 死を切実に思っている人を前にして，死を倫理的考察の対象となし得るのか？[2]

　岸本は(1)について，現代人の多くが死を「忘却」していても，心のどこかでは死に脅えており，本当の意味で死を克服するには，死へのしっかりした心構えを作りあげていくのが大切だと言う。この心構えは(2)死を切実に思っている人にもそのまま当てはまる。余命幾ばくもないことが判明した人にとって，生命の継続を願う生存欲が最高度に増し，それを満足させる手段を欠く今，いかにして具体的に死に直面できるかが問われるのである。こうした岸本の考えには――その唯物論的

---

　1) 『パイドン』等のギリシア語テキストとしては Duke（1995）を用い，箇所指定はステファノス版頁・行数に従う。プラトンの著作の略記は慣例（LSJ）により，自明な場合は省略することがある。本章における『パイドン』の日本語訳は岩田靖夫訳（1998）によるが，断りなく字句を変更したところもある。
　2) 岸本（1973: 11-23, 137-149）.

こころ理解と共に[3]——相互に関連し合った2つの前提があるように思われる。1つは，死が当人にとって悪いものであり，そういうものとして恐れの対象である，ということ。もう1つは，悪とは欲求の充足（＝善）にとって障害となるもののことであり，人にとって忌避の対象である，ということ。これらの前提により，人間のもつあらゆる欲求の内，最大のものである生存欲・生命欲を充足不可能にする死は最大の悪とされ，そのため倫理的考察が求められることになるのである。

　40年以上前に展開された岸本の考察の意義は今なお死んではいない[4]。いやむしろ，死の問題化がますます進み[5]，個々の問題に対する具体的解答と，死そのものに関する抽象的思考への社会的要請は一層高まっていると言えよう[6]。こうした動きが既存の社会的通念によって生まれたにせよ，新たな通念が構築されつつあるにせよ，死をめぐる価値の揺らぎを確認し，もう1度根底からその概念を反省すること，このことは極めて重要な哲学的作業に属する。私はこれから，古代ギリシアの哲学者プラトンの思索を手掛かりとして，この作業に従事する足場を固めていきたい。周知のように，プラトンの死に対する態度表明は，自身の師であるソクラテスの臨終場面を描いた中期著作『パイドン』においてはっきり打ち出されている。プラトンの描くソクラテスは別れを嘆き悲しむ周囲の弟子たちに向けて，死への恐怖を抱くことは哲学者にあるまじきことを，魂の不死論証を通じて説得に努めながら，死を迎える

---

[3] 岸本（1973: 18）．

[4] 相良（1990: 172-183）は岸本の死の捉え方を日本人のそれの1つの典型とみなしている。

[5] 生命倫理の問題として，①「臓器移植と脳死による死の定義」については「ドナーカードの導入」といった対処法が採用される一方，〈生命の神聖性〉からの反論がなされ，②「安楽死や中絶は是か非か」という問が日本の「水子供養という儀礼」から答えられたり，「医療技術の発達」で状況が刻一刻と変化したりしている。さらに，③戦争と死が新聞で取りあげられない日はなく，④「なぜ人を殺してはいけないのか？」という問が真剣に議論されてもいる。⑤死刑制度廃止論は世界中で優勢を占めつつある中，日本では未だ力をもつことはない。⑥テレビや漫画の殺人を中心とした「暴力シーン」が子供に及ぼす影響力はいつも問題になっていたが，最近ではコンピュータ・ゲームの「暴力」も取り沙汰されている。⑦3万人にも自殺者が増加したり，毎年1万人近くの交通事故死があっても，社会の仕組みは変わろうとしない現実が日本にはある。

[6] 生と死をめぐる出版状況に関しては，東京大学公開講座（1992），山崎（1995），デーケン（1996），シンガー（1998），関根（1999），村上（2001）等，新刊書は「社会的ニーズ」に比例して増えるばかりである。

のである。本章で私は，主に『パイドン』をテキストとし，一般の人々が抱く死への恐怖が何に基づくとソクラテスは考えたのか，そして，死を恐れない哲学者の生をどのようなものと捉えていたのかに焦点を当てる。そのことを通じて，死はそれ自体悪いものではないと相対化することが生を豊かにするのに役立つというソクラテス・プラトンの生死観を明らかにし，死をめぐる現代的諸問題を省みる1つの視点を提供したい。

1　生と死の相対化――『ソクラテスの弁明』『クリトン』における〈死〉

　プラトンの中期著作『パイドン』は先にも触れたように，ソクラテスの臨終場面を描きながら，生と死について考察している。このことはプラトンの生と死の思想が，紀元前5世紀ギリシア・アテナイに実在した〈ソクラテス〉なる人物――「歴史的ソクラテス」――への反省と共に培われたことを示している。そこでこの節では，『パイドン』の検討に入る準備作業として，プラトンの〈ソクラテス〉理解が最もよく表れているとされる2つの作品『ソクラテスの弁明』『クリトン』[7]を取り上げ，そこでの生死観を探っておきたい。『パイドン』の場面設定がソクラテスの「裁判」と「牢獄」での言行を受けた形でなされていること[8]は，プラトンが読者に両対話篇の想起を促している明瞭なサインでもあろう。
　まず『弁明』から次の引用を見てみよう。

　　T1 *Ap.* 28b3-c1: しかし，そうするとつぎのように言う人がいるかも知れません。「ソクラテス，それできみは恥ずかしくはないのか

---
　7) 松永（1993: 16 n. 4）は「この2つの対話篇にみられるソクラテスの言葉がまさに原ソクラテスといっていい立場を示す」と考えている（cf. 160-164）。
　8)『パイドン』篇は，ソクラテスの臨終場面に立ち会ったパイドンがその模様を，長い時を経てプレイウスという町で，エケクラテス等友人たちに報告するという形式をとっている。冒頭での，裁判の様子はエケクラテス等に知られており省略できるという確認（58a）や，死刑の時期がずれ込むことになった船のエピソード（58a-c）は，それぞれ『弁明』と『クリトン』（esp. 43d-44a）を読者に想起させる役割を担っていると考えられる。

ね。それが原因で今や死の危険にさらされているような活動〔哲学〕に従事していて」と。それに対して私は，その人につぎのような言葉──1つの正当な主張──を返すことでしょう。すなわち，「あなたがおっしゃっていることは立派とは言えませんね。もし少しなりとも物の役に立つ者が，事を行なうにあたって，正しいことを行おうとしているのか，それとも不正なことを行おうとしているのか，また善良な人間のなすことなのか，それとも悪人のなすことなのか，そのどちらなのかということだけを検討するのではなくて，生き延びられるか死んでしまうかの確率を勘定に入れるべきであると，あなたが考えていらっしゃるとすればですが。(…)」[9]

　哲学活動により若者を堕落させ，ポリスを害しているという罪を着せられているのだから，その活動を止めれば死刑判決はないという（架空の）助言を，ソクラテスは，行為の基準はあくまで正義／不正という倫理的要素にあるのであって，生／死にはないと拒絶する。哲学活動はよりすぐれた存在である神に由来する使命であって，それを放棄することは彼にとって不正行為に他ならないのである（cf.28e-29a）。またその放棄が仮に死への恐怖に基づくのであれば，ソクラテスは最も恥ずべき無知を蒙っていることにもなろう。

　T2 *Ap.* 29a5-b2: 死を恐れることは，実は知者ではないのに知者であると思いこむこと以外の何ものでもないからです。すなわち，知らないことを知っていると思いこむことなのです。実際，だれ一人として死というものを知りもしなければ，ひょっとするとそれは人間にとってありとあらゆる善いものの中でも最大の善であるかも知れないということも知らないくせに，それが災いの中でも最大のものであるということをまるでよく知っているかのように恐れているのです。そしてまさにこのことが，どうして無知，それも最も恥ずべき無知でないことがありましょうか。つまり，知らないことを知っていると思いこんでいるという無知でないことが。

---

[9]　本章の『弁明』『クリトン』からの引用については，三嶋・田中（訳）(1998) を使用。

第 6 章　プラトンにおける生と死の思想

死への恐怖は，直接には死が当人にとって悪であるという思い・ドクサを原因とする[10]が，しかし，その思い・ドクサをはたらかせるものとして，その思いが真だと自分は知っているとするさらなる思い・ドクサが根底に存在するのである。だが，ソクラテスの考えでは，死を経験していない人は死が悪かどうかを知り得ないため，少なくとも自己に関する思い・ドクサは偽であって，自己のあり方について無知の無知の状態にあると言わざるを得ない。仮にこの無知から解放されれば——無知を自覚すれば，死が善かもしれないという期待すら抱きうるのである（cf. 40c-41d）。

ところでソクラテスにとって正義／不正が行為の基準であることは独自の魂観と結びついている。次に『クリトン』を見てみよう。

> T3 *Cr.* 47d8-48a3: さてそれでは，さっきの，健康的な練習や食事によって良くなり，病的なそれらによって悪くなるあのもの〔身体〕を，もしも我々が，知識のある人の言うことを聞かずに，すっかり駄目にしてしまったとしたらどうだろう。それが駄目になってしまった時，我々は生きがいのある生き方ができるだろうか。（…）その身体がすっかり駄目になり，悲惨な状態になってしまった時，我々は生きがいのある仕方で生きられるだろうか。（…）それなら，もう一方の，不正な行為がそれを損ない，正しい行為がそれを益する，あのもの〔魂〕が駄目になった時，我々は生きがいのある仕方で生きることができるだろうか。それとも，そのものは身体に比べればつまらないものだと，ぼくたちは考えるだろうか。このものがぼくたちの持っているもののうちの何であるかはともかく，正義の徳とか不正の悪徳とかはまさしくこのものについて言われるのにだよ。（…）むしろ，身体よりも貴重なものだね。

T3 は身体とのアナロジーにより，魂の状態を生のあり方と関係させて論じている。癒しがたい病によって身体機能が駄目になると生きるに値しなくなるように，魂の場合も，不正の悪徳が癒しがたいほどに

---

[10]　初期対話篇では他に『ラケス』(198b5-c1), 『プロタゴラス』(358d5-e2) で「恐怖＝将来生じる悪への予期・ドクサ」という定義が見られる。

それを蝕んでしまうと生きがいを失ってしまうとされる (cf. *La.* 195c-d, *Grg.* 511c-512b; cp. *R.* 445a-b)[11]。ここで正義や不正が何であるかは定義されていないが，魂をよい状態にする何か，悪しき状態にする何かが「正義」「不正」と呼ばれていると押さえておけばよい[12]。むしろ重要なのは，私たちが（心のどこかで）魂が身体より自身にとって貴重だと考えており，このアナロジーを実感と共に承認できるということである。そしてさらにソクラテスが次のように言うとき，彼の倫理観に同意せざるを得ないということである。

　　T4 *Cr.* 48b4-8: いちばん大事にしなければならないのは生きることではなくて，よく生きることだ，という言論はどうだろう。これは依然として動かないだろうか，それともどうだろうか。(…) では，「よく」というのと「立派に」というのと「正しく」というのは同じである，というのはどうかね。これは動くか，それとも動かないかね。

　ギリシア語で「よく生きること」は「幸福であること」を意味する[13]。それゆえ T4 は，正義に基づき正しく生きることが幸福な生だと述べている。もし「人は皆，幸福であることを望んでいる」という（ソクラテスがしばしば口にする[14]）幸福主義の公理を私たちが共有するならば，そのとき単に魂のよい／悪い状態の根拠たる正義／不正に留まらず，正義／不正を生み出したり，それらから発出したりする正しい行為／不正な行為が人生全体との関係で選択／忌避されることになろう。例えば，仮に不正が魂を悪い状態にするとしても，幸福に寄与すると信じられていれば，不正行為に赴く者もいるだろう。だが，T3 や T4 の内容を確信できる人たちは，幸福を願う限り，不正なことをすすんで行ないはしないのである。もし行なうとすれば，それは不正が幸福に寄与す

---

　　11)　この論証については，本書第 3 章第 3 節で論じた。
　　12)　その後『ゴルギアス』を経て『ポリテイア』で主題化されるプラトンの正義論／不正論については，本書第 2 章と栗原 (2001) である限定された仕方で論じた。
　　13)　Cf. Brickhouse and Smith（1994: 113, 113 n. 17; 207, 207 n. 57）.
　　14)　Cf. *Euthd.* 278e3-279a1, *Symp.* 205a2-3, *Men.* 78a4-5.

ると知っていると思っているからであり，こうした誤った思い（誤っているとすれば）とその無知に対する無自覚（＝無知の無知）が自身を幸福への願望から逸らせてしまう，と言えるだろう。

　こうして，正義／不正が幸福との関係で目的論的に価値づけされており，それらに無知の無知が関わる次第が明らかになった。生と死の問題に戻れば，ソクラテスが不正をして生き延びるよりも，死を迎える方がずっとましだと考える理由は，不正行為の方は彼を不正へと，さらには不幸へと導く——その限りで「悪い」——のに対し，死それ自体はよいものとも悪いものともわからないと信じているからである。また生に関しても，それ自体ではよいとも悪いとも言えない。正義が伴えば，よい生，すなわち，幸福を構成する必要不可欠なものとなるが，不正が支配するとき，生きるに値しないものとなるからである。『弁明』『クリトン』においてプラトンは——「はじめに」で見た，死を悪とする岸本英夫とは違い——，目的論的観点から生と死をそれ自体では「よい／悪い」と語り得ないという仕方で，倫理的・価値的に相対化しているのである[15]。

2　『パイドン』の問題：大衆のドクサとの対決

　中期の対話篇『パイドン』でプラトンは，毒人参を仰いで死ぬまでの時間，牢獄で友人たちと最後の語らいを楽しむ（！）ソクラテスを描く。その主題はまさにソクラテスが面しているもの，死である。彼は会話の冒頭，次のような主張をして対話相手たちを驚かせる。

> T5 *Phd.* 62a2-5：だが，おそらく，君には驚くべきことに思われるだろう。人間にとって生きることよりは死ぬことの方がよりよいということだけが，他のすべてのこととは違って，例外なしに無条件的であり，他のものごとの場合のように，ある時ある人には，という条件がけっして付かない，ということは。

---

15)　（両対話篇を含む）初期対話篇に見られる目的論的観点からの善／悪の階層構造一般については，本書第3章で検討を加えた。

この主張は、いわゆる常識人ばかりでなく、『弁明』『クリトン』における死の思想を瞥見した私たちにとっても「驚くべき」ものである。なぜなら、それ自体ではよいとも悪いともわからないとされた死が無条件的に生よりよいと語っているのだから。なぜ彼にはこのような主張が可能だったのだろうか。彼の死の理解が特異であるのだろうか。だが、少なくとも死の定義は以下のようなものとして、対話相手たちと共有されているのである。

> T6 *Phd.* 64c4-8：死とは、魂の肉体からの分離に他ならないのではないか。すなわち、一方では、肉体が魂から分離されてそれ自身だけとなり、他方では、魂が肉体から分離されてそれ自身単独に存在していること、これが死んでいる、ということではないか。（Cf. 67d4-6）

こうした理解のもとで、なぜ死が無条件的に生よりよいとされるのか。『パイドン』篇の問題はこれである。

ソクラテスは先の主張の解説を大衆の意見・ドクサの批判を通じて遂行する。なんとなれば、彼の対話相手（ケベス）に従えば、大衆たちは死を恐怖の対象とみなしているからである。

> T7 *Phd.* 70a1-b4：かれらはこう恐れているのです。魂は肉体から分離されると、もはやどこにも存在しないのではないか。それは、人が死んだその日に、肉体から離されるとすぐに、滅びてなくなってしまうのではないか。そして、息か煙のように外に出て行き、散り散りになって飛び去ってゆき、もはやどこにも存在しないのではないか、と。（…）人間が死んでも、魂は存続しなんらかの力と知を持ちつづける、ということを認めるには、恐らく、少なからぬ説得（παραμυθίας）と証明（πίστεως）が必要となるのです。

「子供の恐れ」とも語られる（cf.77b-c）死の恐怖が大衆のどのようなドクサに支えられているのかをT7を素材にして考察しよう。まず「恐怖」は『弁明』等でも見られたように、その対象が悪いものだとのドク

サにより生まれると言えようが,『パイドン』でも「哲学者以外のすべ
・・・・
ての人々が死を大きな災悪の1つと考えている」(68d5-7) ことが確認
されている。死がよいものだと信じられているならば,ソクラテスと同
様,死を恐れはしまい。では,死はいかなる意味で悪いと信じられてい
るのか。この問に関しては,大衆たちが哲学者を死んだも同然だと軽蔑
する姿勢に答のためのヒントがある。

> T8 *Phd.* 64d2-65a7：いったい，哲学者は，いわゆる快楽を，たと
> えば，飲食の快楽を，熱心に追求する，と君には思えるかね。(…)
> では，性の快楽はどうだろう。(…) では，その他の体の世話につ
> いてはどうだ。そういう人はこういうことを価値あるものと考え
> る，と君には思えるかね。たとえば，豪華な衣服や靴の所有とか，
> その他の体に関する装飾とか……。(…) 多くの人々〔大衆〕には
> こう思われることだろう。こういう事柄のなにも快いとは思わず，
> こういう事柄に関わろうともしない者は，生きるに値しない (οὐκ
> ・・・・・・・・
> ἄξιον εἶναι ζῆν) のだ。肉体を通してやってくる快楽に見向きも
> しないような人は，ほとんど死んだも同然の状態にあるのだ，と。

T8 は大衆の幸福観を表している。すなわち，大衆は，肉体的欲望の
充足や肉体的快楽の追求に，生きるに値する〈よい生〉，つまり，幸福
の生を認めているのである。確かにこうした幸福観が肉体的要素を強調
しているとしても，肉体と連動してはたらき，快楽を感じる主体として
の魂の存在が必要不可欠なのは明らかだろう。であれば，死は「魂の存
在の終わり」(cf. αὐτῇ [sc. ψυχῇ] τοῦ εἶναι τοῦτο τέλος ᾖ 77b5) とし
て，幸福な生をも永遠に終わらせるため，悪だと考えられているのであ
る。こういう悪の捉え方には，前節で見た目的論的な価値体系——幸
福を頂点とする善/悪の階層構造——が前提となっている。死は，幸
福のために障害となるという意味で，害悪なのである[16]。

だがなぜ大衆は死を「魂の存在の終わり」と捉えているのだろうか。
そこには大衆の魂観が反映している。すなわち，大衆は魂をあたかも息

---

16) 次に指摘する大衆の魂観と共に，ここに岸本英夫の考え——さらには今日の多く
の人々の考え——との親近性を認めることは容易だろう。

や煙のような物質であるかのように考えていて，ちょうど物理的対象が結合されたものとして散り散りになりやすいように，魂も解体され，消えてなくなってしまう。肉体という「もの」から外へと飛び出していく魂は同様に「もの」的に把握されているのだ[17]。こうした魂観が何に基づくのか，この点の吟味がさらに必要となろう。

『パイドン』においてプラトンは大衆の魂観を批判し，独自の魂観を提出しながら，魂の不死を証明しようとし，死を恐れるべきでないことを論じていく。次に，プラトンの魂観がどのようなものなのかを見ていくことにしよう。

3 〈親近性〉による魂不死の証明 ——イデアとイデアを分有するもの

様々な仕方で提出される「魂不死の証明」の中で[18]，本章はとりわけ魂とイデアの親近性に基づく議論（78b4-84b7）に光を当てたい。その理由は，単に「子供の恐れ」に対する直接的な応答としてこの議論が導入されているからというだけでなく，研究者たちに比較的省みられることの少ないこの箇所[19]にプラトンの魂観や幸福観が色濃く投影されていて，死の問題が全篇中でももっとも深く掘り下げられていると思えるからである[20]。まずこの節ではその前半部（78b4-80c1）を考察しよう。

大衆が魂を「もの」的に考えているのを見て取ったソクラテスは，(1) 散り散りになるという状態を蒙るのに相応しいのがどのようなものかを明らかにし，その上で (2) 魂がそうしたものなのかを考察しようと提案する（cf.78b4-10）。(1) ソクラテスが最初に確認するのは，合

[17) Rowe (1993a: 152-153) は 70a4-5 に対する註で，ケベスが紹介する大衆の見解がホメロス的であることをいくつかの引用（e.g. *Il.* 22. 362, 467, 23. 100-1, 103-4, etc.）と共に強調している。

18) 他に「生成の循環的構造による証明」(70c-72e)，「想起説による証明」(72e-77a)，「イデア論による最終証明」(102a-107b) がある。

19) 例えば，Bostock (1986: 116-120; cf. 25-30) による冷淡な取り扱いを見よ。Rowe (1993a: 199-200) の 84b4-8 に対する註も参照。

20) 最近では論じられることが増えてきた。主題化：Rowe (1991)；Apolloni (1996)；Elton (1997)；Woolf (2004)；重要視：Bolotin (1987)；Rowe (1993b)；Broadie (2001)；Pakaluk (2003)；納富 (2004), etc.

成されてできたものは，合成されたのと同じ仕方で分解されるのが相応しいのに対し，非合成的なものは常に自己同一性を保ち同じようにあって，分解・解体が相応しくない，という点[21]である（cf.78c10）。彼はこの対比をさらにイデア論に訴えて敷衍する。〈等しさそのもの〉〈美そのもの〉といったイデアは，それぞれ単一の形相であり，それ自身だけであって自己同一を保ち，いかなる時にも，いかなる仕方でも，決していかなる変化も受け入れない。だが他方，イデアを分有するもの，例えば，美しい人間や美しい馬といった多くの美しいものは，イデアとは逆に，見る人，見る観点，比較対象，時間等，諸々の条件のもとで，美しいのであって，これらの条件が変われば，美しくなく現われることになる。つまり，これらイデアを分有するものは自己同一性を保つことは決してないのである（cf.78c10-e6）。加えて，イデアを分有するものは感覚により把握されるが，イデアは専ら感覚に依らない「純粋思考の推論」（τῷ τῆς διανοίας λογισμῷ 79a3）により把握されるという点で，それぞれ「見えるもの」と「見えざるもの」と呼ばれることになる（cf. 79a1-11）。

（2）ソクラテスは以上を前提として，魂と肉体の本性（φύσις; cf.80a1）を明らかにしながら，3つの論点を提出する[22]。第1に，肉体が目に見えるという点でイデアを分有する「見えるもの」に似ているのに対し，魂は人間には見えないから「見えざるもの」たるイデアに似ている（cf. 79a1-c1）。第2に，魂は肉体を使用した考察様式と肉体に依らないそれ自体での考察様式をもつ。魂は考察対象から影響されるため，前者の場合は，感覚事物と肉体により彷徨・混乱する羽目に陥るが，後者の場合，イデアと関わっている限り，恒常的な同一のあり方を保つ。このことは，魂がイデアに，肉体が感覚事物に似ていることを示している（cf.79c2-e8）。第3に，自然が命令するところでは，魂が肉体を支配することになっているが，支配は神的なもの（同一性を保

---

21) 〈分解−結合〉の概念的・自然的・必然的関係（φύσει 78c1）に依拠した議論である。Archer-Hind（1894: 47）はこの議論を次のように解説している：(1) どんな対象の変化も，その部分の置換，圧縮，分離の結果，もしくは，数的な増大・減少の結果である。それゆえ，(2) 部分をもたないものは変化を蒙らない。それゆえ，(3) 物的対象はどれも部分をもつが，非物体的である理性的対象は部分をもたないため変化を蒙らない。

22) Burnet（1911: 68）の79a6に対する註を参照。

つもの)に相応しく,被支配は死すべきもの(同一性を保たないもの)に相応しい。それゆえ,支配／被支配という観点からも,魂が変化を蒙ることは相応しくない(cf.79e9-80a9)。かくしてこれら3つの論拠より,肉体には速やかに解体することが相応しく,他方,魂には全く解体されないか,何かそれに近いことが相応しい[23]と結論されるのである(cf. 80a10-c1)。

しかしながら,このイデアと魂の親近性・類似性に訴えた議論は,まさに「似ている」という特徴の曖昧さ故に,重大な欠陥を孕んでいる。つまり,似ているだけで同じでないならば,魂が同一性を保つとは必ずしも言えないのではないか,ある仕方で同一性を失うこともありうるのではないか,という当然の疑問が浮かぶのである[24]。この疑問は,第2の論点がそれ自体では殆ど説得力をもたない事実と結びつくとき,さらに増幅する。なぜなら,その論点自身が魂の同一性喪失を語っているからである。テキストで確認しよう。

> T9 *Phd.* 79c2-d7:魂は,なにかを考察する際に,視覚なり,聴覚なり,なにか他の感覚なりを通して,肉体の助けを借りる場合(…)魂は肉体によって一時も同じ有り方を保たないものの方へと引きずり込まれ,それ自身が彷徨い,混乱し,酔ったようになって眩暈を覚えるのだ。(…)だが,魂が自分自身だけで考察する時には,魂は,かなたの世界へと,すなわち,純粋で,永遠で,不死で,同じように有るものの方へと,赴くのである。そして,魂はそのようなものと同族なのだから,魂が純粋に自分自身だけになり,また,なりうる場合には,常にそのようなものと関わり,さまようことを止め,かの永遠的なものと関わりながら,いつも恒常的な同一の有り方を保つのである。なぜなら,魂はそういうものに触れるからである。そして,魂のこの状態($\pi\acute{\alpha}\theta\eta\mu\alpha$)こそが知($\phi\varrho\acute{o}\nu\eta\sigma\iota\varsigma$)と呼

---

23) この留保については,Gallop (1975: 142),Rowe (1991) 参照。
24) Elton (1997: 313-316) は,「親近性による議論」の論証としての欠陥はプラトンが意図したものだと解し,この議論の役割を「反面教師」と特徴づけるが,(次節で見る)後半部の議論の特異性については別段関心を払っていない。同様に Rowe (1993b: 163-166) も,この議論の弱さが筋の展開上仕組まれたものだとし「哲学」上の積極的価値を認めない。両者に対する Woolf (2004: 118 n. 28) の批評を参照。

第 6 章　プラトンにおける生と死の思想　　　　　　　　161

ばれるのではないか。

　魂がイデアと同族的だという論点先取的な前提（下線部：ὡς συγγενὴς οὖσα αὐτοῦ 79d3)[25]は度外視しても，T9 が論証全体にどう貢献するかは一見したところ量りがたい。確かに，肉体の方は，「ソーマ」(σῶμα) というギリシア語が「肉体」と共に「もの」一般を意味するように，本性上「もの」的である一方，魂は肉体を通じて感覚的事物と触れ合うと，影響をまともに受けてそれ自身同一性を失い変化を蒙るが，イデアと関われば，その期間同一性を保つとみなされているため，どちらかと言えば，イデアに似ているのは魂の方になる。だがそうした魂の性格づけはかえって，魂が条件付きであれ分解し滅亡することを強調することになり，むしろ論証全体の欠陥を浮かび上がらせるのではないか。
　この問題に答えるのは，次節で見るように，論証後半部である。まさしくそこで，こうした魂理解に基づいて私たちの生のあり方が問い直され，死へのあるべき態度が語られるのである[26]。だがここではもう少し T9 にこだわってみたい。関係する対象に応じて魂のあり方が形作られる（＝魂の可塑性）という主張[27]の理解につとめてみたいのである。魂の本性への洞察を深めるためには，イデアとそれを分有するものの対比に関する最低限の了解が必要になろう。イデアについては，この箇所でも「先の議論で問題にした」(78c10-d1) と語られているように，『パイドン』ではここに至るまでに少なくとも 2 箇所（65d-69e, 74a-77a）でそれへの言及がなされている。ではイデアはどのようなものとして導入されたのであろうか。

---

　25)　松永（1975: 230）は「さながらその存在との同族性を証するがごとく」とここに論点先取の過誤を認めない訳を付けている。Bluck（1955: 77）の訳は "as though akin to it" であり同様の工夫が見られるが，Hackforth（1955: 83）"by reason of its kinship," Gallop（1975: 28）"in virtue of its kinship with it" が普通である。Cf. Rowe（1993a: 186）。
　26)　Woolf（2004: 102-103）は，人のとるべき「態度」(attitude) のあり方を強調する「評価的」(evaluative) な読みを提唱する。
　27)　Woolf（2004: 116-118）は「魂の可塑性」をこの箇所に支配的な「似たものが似たものを引き起こす (like causes like)」という因果性の原理から説明し，『パイドン』後半部の議論と結びつける。

T10 *Phd.* 65d4-8：「我々は，なにか正義そのものが存在する，と言うのかね，それとも，言わないのかね」「ゼウスにかけて，確かに言います」「さらに，また，美や善は」「もちろんです」

一見唐突に思えるソクラテスの問に対して，対話相手シミアスは強い調子で肯定している。ソクラテスの死の場面に立ち会った人々が，彼との日常の議論の中で，イデア論に慣れ親しんでいた友人たちだったと想定すれば (cf. 77a2-5, 100b1-c2)，こうした強い承認もうなずけるが，テキスト読解としてはそうした想定に依存せずに済めばこしたことはない。T10 の前後を見てみよう。直前でソクラテスは，魂が真理に触れるのは，肉体と協同して考察して欺かれる場合でなく，思考においてであると語る (65b-c)。そのとき，存在するものの何かが魂に明らかになるとされるのだ。これを文字通りとると，正義・美・善についても肉体の影響をできるだけ排して，そのものとして，そのものの何であるかを考察するならば，私たちはそれらのイデアに出会うことになると言えよう。T10 に続けて，ソクラテスがイデアを「ものごとの本質（οὐσία），それぞれのものごとが正にそれであるところのもの」と言い換えるとき，それは魂が肉体と交わることなく，純粋な思惟それ自身で考察する対象とされているのである (65d-e)。

イデアがこのように導入されている事実は，私たちが肉体的要素に頼らず考える経験をもつということ (cf. τῷ τῆς διανοίας λογισμῷ 79a3)——例えば（目を閉じて）ある事柄を熟考するとき，周囲の雑音も聞こえなくなり，ただ思考に集中する経験[28]——を認めさえすれば，その思考の対象としてイデアの存在をも同時に認めることになるということを示している。そして『パイドン』篇では，こうした思考のはたらきは対話的活動と表裏一体のものとして解されている[29]。イデアが「対話の議論において問うたり答えたりしながら，我々が〈まさにあるも

---

28) この経験は，テキストでは，魂が自分自身を自分自身へと「集結する」(συλλέγεσθαι, cf. 83a7)，「凝集する」(ἀθροίζεσθαι, cf. 67c8, 83a7; συναθροίζεσθαι, cf. 70a7, 80e5)，「とり集める」(συναγείρεσθαι, cf. 67c8) ことと語られている。

29) 逆にプラトンにおける，思考の対話的性格については，*Tht.* 189e-190a, *Sph.* 264a-b, *Phil.* 38b-e 参照。

第6章 プラトンにおける生と死の思想　　163

の〉という刻印を押す」(75d2-4) ところのものと表現されているように，イデアの存在は対話による共同探究の実践と密接に結びついているのである。対話的探究においては，それに参加する者たちが同じものについて語り合っているのかが常に確認されなければならない。それぞれの考え・ドクサを確かめ合っている限り，ドクサの対象について存在を認めてもいる筈である。そのとき各人は自らのドクサを抱くに至った経験を語るかもしれない。だが相手に理解してもらうためには，経験を構成する様々な感覚的個別的要素——自分だけに通じる要素——を捨象する作業が必要になる。イデアを分有するものが備えている一切の条件——場所的時間的に限定された肉体を介して把握されるために生じる条件——を無視し，その否定の営みから本質を浮き彫りにする試みである。またそのとき対話相手も自身が理解できるよう互いに通じ合う同意事項を探り出そうと努力するだろう。こうした「問うたり答えたりしながら，それの本質 (εἶναι) を説明しようとする」(78d1-2) 共同作業の内にイデアの存在は承認されているのである[30]。

　ではこのようなイデア理解と魂の可塑性はどう関係しているのだろうか。魂の実質を反省することで何らか手掛かりが摑めよう。T9 を見ると，魂が肉体を通して考察する場合，魂は混乱し浮遊すると言われている。別の箇所の言葉を使えば，魂は肉体により欺かれる (cf.65b11, 83a3-4)，つまりは，偽なるドクサをもつのである (cf. 81b1-c3, 83c5-10)。他方，魂がそれ自体でイデアと触れ合うときには，その状態 (πάθημα 79d7) は知と呼ばれている。であれば，同一性の有無が問題になるときの魂の実質はドクサや知だと言えるだろう。もちろん，ドクサや知の内容は魂の考察対象に応じて決まる。知の場合は同一性を保つイデアが対象であるため，知の内容，ひいては，魂の実質は同一性を保つことになる[31]。それに対して，ドクサの場合，対象は刻一刻とその相

---

30) 納富 (2004: 17-22) の正義をめぐる考察を参照。注意すべきは，イデアの存在承認が探究を成立させるためにのみ (仮設的に) 要請されたというわけでは決してない，ということである。中期イデア論の根本に関わるこの問題については，本書第5章補論を参照。

31) この点は，『クリトン』で「純粋思考する自分に最善と現われる」(46b5-6) 限り従うと語られ，考察の途上で決して「動かない」(μένειν, 48b2-9) と語られているロゴスと関連させることができよう。また『ゴルギアス』の「哲学はいつも同じことを話す」(482a7-b1, cf. 490e10-11, 491b6-7) も参照。

貌を異にし留まることがない。それゆえ，ドクサの内容も魂の状態も同一性を保つことはないことになる。魂の考察対象とその可塑性の関係はひとまずはこう理解できよう[32]。

　以上見てきたように，「親近性による議論」の前半部は，魂の本性（φύσις）に注目しつつ，イデアとの類似性という観点から魂の不可滅性を論じるものであった。しかし類似性概念が孕む曖昧さや魂の可塑性が論証の欠陥を際立たせていた。議論がこれだけで終われば，魅力に乏しいものとして，死への恐怖も解消されないだろう。だが後半部で議論は論証から別の次元へと跳躍し，死に対する態度の変更を対話相手や読者に鋭く迫ることになるのである。

4　哲学のすすめ

　イデアとの親近性によって魂の不死を証明する後半部の議論（80c2-84b7）は前半部を受けてはいるが，論調がかなり異なっている。内容を簡単に辿ると，丁度，肉体について，美しい状態のままで死ぬと，死後も長い間その状態を留めることがあるように（80c2-d4），類比的に魂の場合にも，生前のあり方が死後の状態にそのまま影響を及ばすことが指摘される。すなわち，肉体から離れて生きた哲学者たちの魂は清らかなまま神々と共に暮らすことになるが，肉体に習熟して生きた卑しい人々の魂は浄められることなく肉体的なあり方をし彷徨するのである（80d5-81e2）。さらに，今の生のあり方は生まれ変わりにも直接反映する。例えば，放埒な生き方をした者たちはロバ等に，不正を行なった者たちは狼や猛禽類に，市民として普通に暮らした者たちは蜂や蟻の種族か人間に，それぞれ生まれ変わるが，哲学者たちは神々の種族の仲間入りをするのが〈ありそうなこと〉とされるのである（81e2-82c9）。哲学者とそ

　32）「ひとまずは」と留保をつけたのは，魂の可塑性はある限界を超えると失われてしまうと想像できるからである。例えば，対話篇の最後で語られる「ミュートス・物語」に，最大の悪事をなした故に癒しがたいと判定された人々はタルタロスに投げ入れられ，決して脱出できないと語られている（cf.113e1-6）。魂の可塑性の喪失はプラトンにとって重要な主題であった。『ゴルギアス』の「癒し可能性／不可能性」については本書第2章で論じた。

第6章　プラトンにおける生と死の思想　　　165

れ以外の人々の対比という二分法的考察は，最後に，そうした生き方の根底にある魂のあり方に光を当てる。すなわち，一般の人々の魂は強烈な快苦を経験すると，それをもたらしたものこそが真実だと考え，このような状態において肉体に縛り付けられるために，肉体の言うことが真実だと思い込むようになる。他方，哲学者の魂は哲学が行なう肉体からの解放をすすんで受け入れ，イデアを観照しながら純粋思考に従って生きるべきだと考えるのである（82d1-83b3）。以上から，実際このような生き方をしてきた者たちは，肉体からの分離に際して，魂がバラバラになってどこにも存在しなくなるなどと，決して恐れることはないと結論され，「子供の恐れ」が解消に向かうことになる（83b3-7）。

　後半部の議論は，容易に気づかれるように，もはや論証の形をとってはいない。「いくぶん未成熟なミュートスの形」[33]で，死後の生や生まれ変わりを「ありそうなこと」（εἰκός）[34]と語りながら，現在の生（βίος, 80e4, 81e3）のあるべき姿を浮き彫りにするという手法[35]を採用しているのである。換言すれば，想像力を大胆に刺激することで聴き手や読者を〈今・ここ〉の瞬間的な生から一旦離脱させ，未来をも含む生全体を俯瞰できる地平で「いかに生きるべきか」を反省させる契機を提供しているのだ。そのとき鋭敏な聴き手や読者は自身の「生」について現にどう思っているかにおのずと気づき，どうあるべきかを考えるようになるだろう。こうした手法はこの箇所（さらには『パイドン』篇全体）に顕著な性格——「自己回折性」（self-reflexivity）と呼ぼう[36]——を際立たせることになる。例えば，議論の結論部を見てみよう。

T11 *Phd.* 84b3-7：だから，魂がこのように育まれていれば（ἐκ ... τῆς τοιαύτης τροφῆς），シミアスとケベス，なにも恐れることは

---

33) 松永（1975: 235 n.2）の言葉。
34) εἰκός: 81d5, d6, e3, 82a1, a3, b5, b9; cf. 78c7.
35) 伝統や通念にも訴える：ὥσπερ δὲ λέγεται κατὰ τῶν μεμυημένων 81a8-9; ὥσπερ λέγεται 81e11.
36) 「回折性」という用語は，異なる文脈で用いている加藤（1988: 108 et al.）から借用した。Cf. 松永（1975: 439）「この『パイドン』は，もっとも深いところで，死にゆくソクラテスというそのひとに支えられているのである」。また納富（2004: 8）は「プラトンの対話篇とは，二度三度と読み返すことによって初めてその意味がわかるような，生きた哲学体験なのである」（強調：引用者）と述べ，『パイドン』を典型例として考察している。

ないのだ。肉体からの分離に際して，魂は，ばらばらに引き裂かれ，風によって吹き飛ばされて，飛び去ってしまい，もうなにもどこにも存在しないのではないか，と恐れることはないのだ。

聴き手シミアスとケベス——〈死の恐怖〉が内在すると告白していた（77e6-7）——への呼びかけでもあるT11は，単にソクラテス・プラトンの思索の帰結を語るものではなく，聴き手や読者が自らの魂をどう考え，自身の恐怖にどう対面するかを直截に問いかけるものである。強調されている条件は，後半部の議論の内容を聴き手・読者が自ら実践することで議論の説得力が裏付けられること——議論内容を自分で現実化することにより自身の死への恐怖を解消する回折性——を示しており，これは，前半部が〈魂の本性〉（φύσις）を解明する理論的考察であったのに対し，後半部は〈魂の養育〉（τροφή, 81d9, 84b4; cf. 84b1, 83d8-9）に光が当てられていることと呼応し，理論が実践へのすすめによって補完されていると言えよう。諸家が指摘するように，この"τροφή"は"δίαιτα"とほぼ同義で「生き方」を意味する[37]。ソクラテス・プラトンは後半部で聴き手・読者に対して1つの生き方のすすめを行なっているのである[38]。

ところでT11は議論の結論であるが故に，内容を理解する上でも見過ごせない重要概念を含んでいる。それは「魂の存在・あること」である。第2節最後で見たように，大衆は死に際して魂が「あること」を止めるという魂観をもっていたが，ソクラテス・プラトンはまさにこの点の批判を介して独自の魂観を語り，不死証明に臨むのである。ではど

---

[37] Burnet（1911: 73）："way of life"; cf. Archer-Hind（1894: 54）："mode of life."

[38] このような仕組みは，実は，プラトン対話篇全般に見出される特徴とも言える。すなわち，議論内容が理論（ロゴス）の展開として理知的に把握されるだけでなく，対話相手（聴き手）をロゴスの体現へと巻き込み，それをモデルとして読者にロゴスの生における実践へと促す力——ロゴスに関わる者自身にロゴスの内容が跳ね返ってくる「自己回折性」——を個々の対話篇はそれぞれの仕方で備えているのである。『パイドン』篇に関して言えば，語り手パイドンの聴き手たるエケクラテス等の存在は見落とせない作劇上の工夫である。ソクラテスの直接の対話相手であるシミアス／ケベスや対話にじっと耳を傾けるパイドンその他とは別に，時空的に離れた場所にいるエケクラテス等を作品に導入したことにより，類似の距離感覚を有する読者を同様にロゴスに対面させ，実践の反省を促そうとする作者プラトンの意図が感じられる。

第 6 章　プラトンにおける生と死の思想　　　　　　　　　　167

のような経緯で「魂のあること」が確信できるようになったのか。そもそも「魂のあること」とは何か。この点から始めて，後半部の内容理解につとめよう。

　「親近性による議論」の後半部でソクラテスが最初に確認するのは，前半部で明らかになった魂の本性を前提として（οὕτω πεφυκυῖα 80d9），そうした魂の幸福な状態はどのようなものかという点である。彼は，哲学者とそれ以外の人々の生き方を二分法的に対比しつつ，魂の本性のはたらきを前節で見た〈見えないこと〉〈肉体を支配すること〉〈純粋なあり方でイデアを観照すること〉の3つの特徴で説明する。まずソクラテスは，生前の生き方が死後の魂のあり方に直接反映することから，魂が出来る限り肉体と交わらずそれ自体でイデアを考察しながら生きる哲学的生——魂の肉体からの分離である死の練習（μελέτη θανάτου 81a2; cf. 67e5-6）——こそが死後の魂を幸福なものにする（cf. τὸ θεῖόν τε καὶ ἀθάνατον καὶ φρόνιμον, οἷ ἀφικομένῃ ὑπάρχει αὐτῇ εὐδαίμονι εἶναι 81a5-6）と述べる。なぜここで「魂の幸福」を語りうるのだろうか。それは魂の本性——神的で不死的で知的なイデアとの同族性——が見事にはたらくからだろう[39]。魂が死後においてその純粋なあり方を実現するのは，生前に哲学的な生き方がなされた場合なのである。他方，哲学者以外の人々の場合，この世でイデアと関わることなく不純なまま魂がハデス・冥界へと赴くと，本来見えないものである筈が，肉体の影響が残存しているため，見えるものとして墓場を彷徨する（cf. 81c4-d5）。〈不可視性〉という魂の本性が発揮されないという意味で，不幸なあり方をしていると言える。このような劣悪な人々（φαῦλοι, 81d7）の魂は，各人の生前の生き方により習慣づけられ（cf. ἔθος, 82b2; cp. εἰθισμένη 81b8），それはそのまま生まれ変わりにも影響を及ぼし，その性格（cf. ἤθη 81e3）を保ちつつ，相応しい別の種族に入り込んでいく（cf. 81d6-82b9）。

　劣悪な人々は，さらにまた，魂のもう1つの本性も発揮できない。すなわち，肉体との〈支配／被支配〉関係が逆転して，魂は肉体により

---

[39] Cf. Woolf（2004: 113），"Here the soul finds happiness（A5-6），having presumably fulfilled its nature." 幸福を〈生のはたらきの見事な発揮〉とする形式的定義（『ポリテイア』第1巻）については，本書第3章第4節参照。

「強制される」（ἀναγκαζομένην 82e3; cf. 83c5, d8）がまま物事を考察することになるのである。このことにより魂は肉体の言うことをそのまま真実だと「考える」ようになる（cf. 81b4-6, 83c5-10）[40]。魂は肉体の支配の下で自らの本性を全く発揮できず，結果として〈自然〉（φύσις 80a1）の命令（cf. 79e8-80a6; πεφυκέναι 80a5）に背くことになるのである[41]。

　以上3つの観点から，哲学者以外の劣悪な人々の魂が肉体と「生まれを共にするもの」（σύμφυτον 83c6）となる事情——第2のピュシス！——が判明する。

> T12 *Phd.* 81c4-6：肉体との交わりと結合が，そのような魂の中に肉体的なものを自然的なものとして植えつけてしまったのだ。それは，絶えず肉体と共にあり，肉体に習熟したためではないか。

　肉体に縛り付けられた魂は「肉体の性質を帯びたもの」（σωματοειδῆ 83d5）になって肉体から区別できなくなり，それ自身のようであることを止めるわけである。魂が自己の同一性を失い，その「あること」を止めるとは，このように自身に固有のはたらきを最早よく発揮できなくなることを意味するのだ[42]。逆に，哲学者の場合に見られる「魂のあること」とは，イデアと常に関わりを保ちながら，肉体を支配しつつ（79e8-80a6），純粋思考を遂行し（cf. 65c2, e3, 66a1, 79a3, et al.），目に見えないもう1つの世界（ハデス）へ赴くこと（80d5-e1）——〈浄化＝カタルシス〉（κάθαρσις, 67c5, 69c1）にあると言えよう。そしてこれが魂の幸福なあり方に他ならないのだから，哲学者の浄化活動・生こそがその魂のあること，つまりは魂の幸福を保証するのであ

---

40) 魂が肉体に隷属することについては 66d（δουλεύοντες τῇ τούτου [sc. σώματος] θεραπείᾳ）も参照。

41) 〈自然〉の規範性については，Gallop（1975: 141）の 79e8-80a9 に対する註を参照；cf. Rowe（1993a: 187）。

42) 念のために付け加えるが，これは決して魂の存在の消滅（ψυχῆς ὄλεθρος 91d6-7; cf. 88b2, 95d2）を意味するものではない。魂の不滅性はここでは論じられないまま，ある種前提されており，そのため「最終論証」（ἀποδεῖξαι ὅτι ἔστι ψυχὴ παντάπασιν ἀθάνατόν τε καὶ ἀνώλεθρον 88b5-6; cf. παντάπασιν ἀπόλλυσθαι 88a10; μὴ ... παντάπασιν ἀπόληται 88b7-8）が必要とされるのである（cf. 95b5-e4）。

る。

　だが「魂のあること」がこのように理解されるとしても，人は言うかもしれない「それだけでは，私たちの〈今・ここでの生〉が哲学的でなければならない必然性はないだろう。将来の魂の幸福が肉体をもって生きるこの私の幸福をどう保証するのか」と[43]。ところがこの箇所でソクラテスが一番の関心と共に語っているのは，実のところ〈今・ここでの生〉だと考えられるのだ。

> T13 *Phd.* 83b7-c8：本当の哲学者の魂はこう判断するからである。人があまりに強烈な快楽や恐怖や苦痛や欲望を味わうと，それらの激情から（…）あらゆる悪のうちの最大にして究極の悪を蒙るのであり，しかも，人はそのことを考えてみないのである，と。（…）すべての人の魂は，なにか激しい快楽や苦痛を感ずると，それと同時に，もっともそういう感覚を与えるものこそもっとも明白でもっとも真実である——本当はそうではないのに——と思い込まされる，ということだ。

　T13 で語られる最大悪は「人」（τις 83b7, b9）が蒙るものとされている。だがその中身は，続いて明かされるように，魂が肉体の言うことをそのまま真実だと信じて「肉体的」になる——魂がその「あること」を止める——ことに他ならない。これは，魂のあり方が肉体をもった人の生のあり方を決定する——この場合は，魂の「もの」化が人にとって最大悪——ということを前提としている。ソクラテスは，魂の〈今・ここ〉でのあり方がそれによって生きている人の幸福／不幸を決めると考えているのである。T13 がいみじくも語るように，人は人である限り，肉体をもって生きており，それゆえ，全ての人の魂は肉体からの影響を受けざるをえない。人として生きるということは魂と肉体からなる結合体として生きること以外の何ものでもなく，これはいわば〈人間

---

[43] 確かにテキストには，神々の種族の仲間入りすること，そのことのために（τούτων ἕνεκα 82c2）真の哲学者は肉体的欲望を抑制すると語られており，目的は〈今・ここでの生〉それ自体の内にないかのように書かれている。

の条件〉である[44]。したがって，魂が「肉体的・もの的」になることは，魂的要素の喪失ゆえ，この条件の下で，人間の生き方を不幸に導く最大悪なのである。ソクラテスはこのように（将来のあり方も含めた）魂の善／悪をあくまで〈今・ここ〉を生きる人の幸福／不幸との関係で省みているのである[45]。

かくして，第2節で見た大衆の魂観は，ソクラテスによって，「もの」化した魂をもって生きている人のそれとして語り直され，そうした人が不幸であることが〈人間の条件〉との関係で説明されるのである。そして，〈今・ここでの生〉に焦点を当てるという，このソクラテスの姿勢は，自然と聴き手・読者の注意を〈生の選択〉の問題に向けさせることになる。人間は人間である限り，魂は一種「肉体的・もの的」であることを余儀なくされる。これがT13において人間の条件として語られていたことだ。次の箇所を見てみよう。

> T14 *Phd.* 82d9-e7：学ぶことを愛する者なら知っていることだが，哲学がかれらの魂を世話しようと引き取ったときには，かれらの魂はどう仕様もなく（ἀτεχνῶς）肉体の中に縛られ糊付けにされている。かれらの魂は，牢獄を通してのように肉体を通して，存在するものを考察するように強いられ，けっして魂自身が魂自身を通して考察することはない。そして[46]，魂はひどい無知（πᾶσα ἀμαθία）の中で転げ回っているのだ。そして，この牢獄の恐ろし

---

44) 『パイドン』が魂と肉体の共在という人間の条件を問題にしている対話篇だとするならば，『ポリテイア』は〈他者と共に生きる〉というもう1つの人間の条件——自己と他者の相互浸透——を主題化していると言えるかもしれない。『ポリテイア』については，本書第8章（205）参照。

45) 『パイドン』では，魂が「生を司るもの」と前提されており（cf.105c），魂がよいあり方をしていれば，それは生をよく司ることになり，そのことによって人はよく生きる，すなわち，幸福であることになる。かくして，この箇所でのソクラテスの論理の流れは（幸福主義の公理を補って）次のようにまとめられよう。人は〈今・ここ〉で幸福でありたい。幸福であるためには，魂のあり方がよくなければならない。そのよさは端的には死後における魂の幸福に他ならないが，肉体と共にあるこの世では哲学活動により可能な限り実現する。したがって，人として幸福なのは哲学的生を送る場合である。こうして，心身分離（＝哲学）のよさも心身結合体たる人間の幸福の「ために」あると目的論的に説明されるのである。

46) "καί"（82e4）は，因果関係を示唆する岩田訳「その結果」を採用せず，単純に「そして」と訳し，次の文章で「ひどい無知」の内容が説明されていると解す。

い点は，縛られている者が縛られていることの最大の協力者であるように，この牢獄が欲望によって成立していることなのであるが，このことを哲学は見抜くのである。

T14は，私たちが哲学に目覚めるそのときに——子供が大人になる青年期か？——，すでに私たちが肉体によって支配されている現実を示している。人間の条件からして，これはある意味仕方がない。だがここでは，その状態は決して肉体により一方的・暴力的に強制されたものでなく，自身のある関与を伴うとされる。「ひどい無知」と語られるこの関与は一体どのようなものなのか。直前でソクラテスは，哲学者が「すべての肉体的な欲望を避け，男らしく忍耐し，自分自身を欲望に委ねる（παραδιδόασιν αὐταῖς ἑαυτούς）ことをしない」（82c2-5）と語るが，このことは，哲学者に未だなっていない人が自分自身を欲望に委ね，肉体的欲望を追求していることを含意する。生き方が問題になっているこの場面で，「自己自身を何かに委ねる」（cf.84a3-7）という表現は，当人がその何かを自己の生き方の原理として容認するという形での自らの関与を語るものである[47]。生の原理とは，個々の行為がそれとの関係で秩序づけられ構成される，当人の幸福観に他ならない。縛られている者自身が肉体の支配を容認し最大の協力者になっている限り，自らの幸福観のただしさを問題とすることなく，同じ生き方に留まるのである。そうだとすれば，先の「ひどい無知」（πᾶσα ἀμαθία）とは，問題の人がただ単に幸福について知らない——間違ったドクサを所有している——ことを意味するばかりでなく，そうした状態に気づかないまま，自己の幸福について知っていると考えている「無知の無知」のことだと言えるだろう。これはT13の中では「最大悪を蒙っているとは考えない」（οὐ λογίζεσθαι αὐτό 83c2-3）と表現されていた一種の〈思考停止〉のことである。問題の人は，この無知の無知ゆえ，当座の生の原理につ

---

47) 『ポリテイア』における παραδιδόναι と〈生の選択〉の関わりについては，栗原（2001: 18-20, 24 n. 17）で論じた；cf. τὴν ἑαυτοῦ ἀρχὴν παραδιδούς R. 561b5.『パイドン』のこの箇所では金銭愛好者（οἱ πολλοὶ καὶ φιλοχρήματοι 82c6; cf. 68c2）と支配・名誉愛好者（οἱ φίλαρχοί τε καὶ φιλότιμοι 82c7-8; cf. 68c2）が哲学者と対比されている（cf. τις φιλοσώματος 68c1）が，『ポリテイア』はこれらの人々を「不正な人」とする。

いて，それに従うのが本当に自分にとってよいのか，幸福なのかを考えることなく，肉体に縛られたまま不自由な生を歩んでいるのである[48]。

だがそういう人にも哲学に目覚める稀有な一瞬が訪れる。そんなとき哲学は何をするのか。T14 の直後に「哲学は，こういう状態にあるかれらの魂を引き取って穏やかに励まし，その魂を解放しようと努力する」(83a1-3) とある。哲学は先の「無知の無知」から解放すべく，① 感覚を通しての考察は偽りに充ち，真ではないと考えるべきこと，② 感覚から出来る限り離れ，魂自身の中へと集結・凝集すること，③それ自体としてあるもの（イデア）を魂が自分だけで把握しようとするなら，自分自身だけを信じること，を強調して人を激励する（παραμυθεῖται 83a2）のだ（83a-b）。重要なのは，こうした激励は「説得」（πείθουσα 83a5）として[49]，それを受け取る人にある確固とした信念・ドクサを植え付けもするということである。これらのドクサは「いかに生きるべきか」に関わり，欲望に身を委ねる大衆の生き方を拒絶するのに役立つ。哲学に励まされて，無知の無知から脱却した魂は「情念から解放された平安を獲得し，理性的思考に従い，また常にそのうちに留まり，真なるもの，神的なもの，臆見の対象でないものを観想し，このものによって養われ，生きている限りはこのように生きるべきだ，と考える」(84a7-b1) のである。このドクサは生の原理として哲学者の生き方を決定するのだ[50]。

48）『パイドン』篇では，魂が感覚の言うことをそのまま信じること，そしてそれを支える無知の無知という積極的な〈思考停止〉が最大悪とされる他に，89d で〈ミソロゴス〉（言論嫌い）が「最大悪」と語られている。その理由は，一旦哲学に目覚めた人が，矛盾対立を用いた言論に欺かれ続けることによって，議論をすることをやめ，哲学的活動から離れることにある。ミソロゴスはこういう仕方で幸福にとり最大の障害となるのだ。（これは特に「矛盾対立論法に従事している人々」(οἱ περὶ τοὺς ἀντιλογικοὺς λόγους διατρίψαντες, 90b9-c3, cf. 91a1-3, 101e1-3) に対する描写であり，必ずしも全ての言論嫌いの人々がそうした人々であるわけではないが，ミソロゴスの明示のためにここで言及する。プラトン対話篇における "ἀντιλογικός" の様々な意味については，Hackforth (1955: 108 n.1) を見よ。）Gallop (1975: 153-154) はこれら 2 種類の最大悪を密接に関係づけている。

49）「説得」と「激励」の連関については，Burnet (1911) の 70b2 と 83a3 に対する註を参照。Cf. Erler (2004).

50) 生の原理としてのドクサと〈生き方の転向〉については，次を参照：αὐτοὶ δὲ ἡγούμενοι οὐ δεῖν ἐναντία τῇ φιλοσοφίᾳ πράττειν καὶ τῇ ἐκείνης λύσει τε καὶ καθαρμῷ ταύτῃ δὴ τρέπονται ἐκείνῃ ἑπόμενοι, ᾗ ἐκείνη ὑφηγεῖται. 82d4-7.

魂と肉体の結合体たることを条件付けられた人間に突如として訪れるこの偶然的瞬間に，私たちはどう向き合うのか。生の選択をめぐる，人の根源的自由の問題がここにある。哲学の説得・激励は決して強制的なものではない。あくまでも魂内部からの促しを呼び醒ますであろう〈きっかけ〉に留まるのだ。そうであれば，もう一度，私たちは『パイドン』という対話篇の自己回折的性格に思いを致すべきであろう。ソクラテスは以上の「親近性による証明」を「子供の恐れ」を抱く人に対して毎日唱えられるべき「お呪い・呪文」（cf. ἐπᾴδειν 77e9, ἐξεπᾴσητε 77e10, ἐπῳδόν 78a2, a5; cp. 114d7）として語ってきた。その中身は，感覚・肉体から離れ，純粋思考を駆使しながら生きること（cf. λογιζομένη 83b8, λογίζεται c3, λογίσαιτ' 84a2, λογισμῷ a7）の重要性を説くことだったが，他方，説得の営みそれ自体がそのまま純粋思考の実践であって，それに向き合う対話相手（聴き手）と読者に純粋思考の遂行を要求するという自己回折性を備えていた。すると人がこのお呪いを聞いて「子供の恐れ」を構成する——第2節で見た——諸々のドクサを，誰もが認める人間の条件の確認と，大衆がにもかかわらず魂を「もの」的に考えてしまう理由の解明を通じて取り去った上で，「死の練習」である哲学に従った新しいドクサを習慣づけにより身につけたならば，そのことだけでソクラテスは「死は悪である」とのドクサの反駁と「子供の恐れ」の解消に成功することになろう[51]。T11の結論が語られるのは，そういった文脈の中でである[52]。「死は無条件的に人間にとって生よりもよい」と信じることは，死を練習する哲学的生の実践と結びつかねばならない。かくして「親近性による証明」の後半部は，

---

51)　「子供の恐れ」の消去を意図した「お呪い」は専ら魂の非理性的部分・情念に訴えるもので，理性的な哲学的議論と区別されるべきとの解釈があるが（Tuozzo（1993: 188-190）；Elton（1997: 316）；Erler（2004）），それでも対話篇が青年・大人に向けて書かれてある限り，情念を支えるドクサの批判に主眼があったと思われる；cf. Woolf（2004: 111 n. 18）。対話篇に含まれるイメージ（像）・ミュートス・アナロジー等の「文学」的要素は，情念に関わるというよりむしろドクサの生成の現場それ自体を語り出そうとする極めてロゴス的な役割を果たすのだ：cf. 本書第8章。納富（2004: 29）も参照：「すべての言論（ロゴス）を終えた後で，ソクラテスは物語（ミュートス）を語る。それはロゴスを超えた地平に，ロゴスそのものの根拠があることを指し示すかのようである」。

52)　そもそもT7（70a1-b4）で対話相手たちがソクラテスに要求していたのは文字通り「説得＝激励」（παραμυθία）と「証明＝確信のための保証」（πίστις）だったのである。

〈今・ここ〉に生きる私たち一人ひとりがどう生きているのか，どう生きるのかを徹底的に問題にする中で，哲学に従ったドクサによって死への恐怖を生む諸々のドクサを打ち破ることが意図されているのである。

「親近性による議論」の前半はイデア論を基礎として魂の本性を明らかにする狙いがあったのに対し，後半はそうした魂の本性と私たちがどう向き合うべきか——いかに生きるべきか——を1つの人間観・幸福観を提示しながら鋭く問いかけている。ソクラテス・プラトンの〈激励〉という形での説得は，いわゆる「論証」以上に私たち（対話相手・読者）の信念（ドクサ）体系全体に影響を及ぼし変容させる力・可能性を有しているのである。そしてこの箇所に集約的に見られるこうした〈自己回折性〉は『パイドン』篇全体にも当てはまる。第1節の考察を受けてまとめるならば，プラトンがこの作品で人間にとっての幸福と不幸をあえて言葉にし，それらとの目的論的連関の中で生と死を価値づけていくという姿勢は『弁明』『クリトン』と全く変わらない。また「無知の無知」の役割を人の生き方を決定するものとして重視している点も共通する。ただ『弁明』『クリトン』では未だ明瞭でなかった幸福／不幸な生と魂の状態との関係が，『パイドン』においては「魂のあること」の省察を通じてより明確になったと評価できる。「死」をカタルシスの相の下で捉え直すことで，哲学の別の側面——初期対話篇の批判的側面とは異なるイデアの真を明らかにしようとする探究的側面——に新たな光を当て，〈今・ここ〉で死の練習に励む生をよい生と論じるところに『パイドン』の革新性が認められるのである。

むすび

本章最初に触れた岸本英夫は「機械と分業の近代社会では，理想の確立や理想にうちこむ生活が困難」であって，「人間がほんとうによく生きる道を見出しうる具体的な工夫をすることが，近代社会に生きる人間に与えられている課題」だと表明している[53]。岸本の基本信念・ドクサ

---

53) 岸本（1973: 148-149）．

第6章 プラトンにおける生と死の思想　　　175

——唯物論的こころ観，欲求充足による価値づけ，死を悪とする考え——にプラトンは賛成しないだろうが，死から逃げずに〈よく生きること〉を真摯に考えるという態度は，自らの思索に共通するものとして高く評価するだろう。プラトンにしても今ある生を捉え返す視点を提供しているのだし，最も人間的な生き方として哲学的生をすすめているのだから。

　だがプラトンの生と死の思想（と私たちの理解）が難問を含んでいないわけではない。致命的とも言える困難をいくつか指摘しておこう。第1に，「人は皆，幸福を願っている」という幸福主義の公理を前提とした，彼の目的論的倫理観自体は認めうるとしても，その幸福観は彼独自の魂観に依拠している。しかし魂の本性が何であり，肉体とどう関係しているか——心身問題——については，十分に展開されているとは言い難い。彼自身もその後いくつかの対話篇で見解を変えているように見える[54]。人間とは何かという問に帰着するであろう謎は未だ解き明かされていないのだ[55]。

　第2に，魂の「もの」的把握はイデアとの関係により否定されたのだが，プラトンのイデア論についてはさらなる考察が必要となろう。イデアとは何か。魂はどのような仕方でイデアを認識し，他方，イデアはどう魂を存在せしめるのか。そこに認められる〈知〉（φρόνησις）とは何か。この認識論と存在論の両方にまたがる哲学の根本問題は生と死の枠組みを越えて取り組まれなければならない課題である。

　第3に，何より特筆すべきは，『パイドン』でソクラテスがあれほど情熱的に論じたにもかかわらず，必ずしも全ての聴衆・読者に対して彼の論が説得的とは言えないという厳然たる事実がある。話を終え，今まさに毒人参をのんで死なんとするソクラテスに親友クリトンが「どんな風に埋葬すべきか」と問うと，彼はクリトンが死体をソクラテスと同一視していることに気づき，周りの者にこう語る。

---

54)　最大の変化は『ポリテイア』『パイドロス』で導入される「魂の3部分説」であろう。後期著作『法律』の魂論への移行も当然問題になる。

55)　本章が問題にした「魂のあること」にしても，プラトンがあえて客体化した「魂」について考察された——魂の本性（φύσις）の分析——にすぎない。エピグラフに引用した箇所でソクラテス自身が語る〈このソクラテス＝私〉があることとは一体何なのか。生の選択にのぞむ主体は何か。謎の解明への刺激に満ちた接近は松永雄二の著作（1993）に見られる。

T15 *Phd.* 115d5-6：僕がさっきから長々と話してきたこと（…）この話はクリトンには無駄だったように思われる。僕としては，同時に君たちや僕自身をも励ますつもりであった（παραμυθούμενος）のだが。

哲学による説得・激励の限界を物語るこのエピソードは常識・ドクサの強固さを象徴的に示している[56]。そして同時に，哲学に目覚めた者に繰り返し「お呪い」を語り続けることの意味を浮き彫りにするのである[57]。

最後に残された問題として，ドクサを越える営み（パラ・ドクサ）たる哲学は，自他を〈殺すこと〉の難問に打ち当たるだろう。ソクラテスは，死がよいものであるなら自殺すればいいではないか，という当然の疑問に対して，自殺禁止の理由を述べる。私たちが神の所有物であって，ちょうど羊たちが羊飼いの許可なく死ぬことができないように，私たちも神の御心にかなうときまで死ぬことは許されないのだ，と (61e-63a)。もちろん，これは人の命を奪うことにも当てはまるだろう。親近性による論証においても，神と人間の決定的な違いの自覚と神への憧憬が議論の基盤をなしていたことは疑い得ない。今日，ソクラテス・プラトン（さらに当時のギリシア人）に見られる，こうした神・超越・運命への眼差しの欠如が，様々な生と死をめぐる問題を何らか引き起こしているとすれば，その根底にある通念・常識――生と死の操作を標榜する「思い上がり」（ヒュブリス）――の基盤の脆弱さを指摘し批判検討するのは（今後期待される）哲学の仕事に属すると思われる[58]。[59]

56) 対話篇冒頭におけるパイドンの「喜びと苦しみの入り交じった奇妙な感じ (πάθος 59a5) をもった」との述懐も見過ごせまい。また T15 でソクラテスは「自身への激励」を口にしているが，これは哲学的ロゴスが他者の中に飛び火し伝播していく筈との理解と希望を前提としており，あくまでそうした前提に基づく失望である。

57) 著者プラトンがこうしたエピソードを加えた意図は，彼自身が論証の仮設的性格を自覚しさらなる考察が必要だと意識しており，今後の営みに読者を巻き込みたいところ――自己回折性――にある，と思われる。本章で繰り返し強調してきたように，そのことに成功する限り，彼の説自体がある仕方で証明されることになるのだ。

58) 具体的には〈生き延び〉原理――「よく生きる」ではなく「ただ生きる」だけでよいのだ――とどう向き合うかということになるだろう。「いのちの大切さ」を声高に叫んでも，その理由について我々はいかほどのことを語りうるのだろうか。「当たり前じゃないか」というドクサにただ圧されてしまうのではないか。また仮に「よく生きるため／幸福のため」

第 6 章　プラトンにおける生と死の思想　　　　　　　　　　　　177

だと言うにしても，その内実を我々はどう理解しているのだろうか。またしてもドクサに取り込まれはしないか。この点に晩年の思索を集中させ，科学技術とその大本にある「物」一元の自然観・魂観に支配された現代社会に警鐘を鳴らし続けたプラトニスト・藤澤令夫はこう書き遺している。「こうした全般的状況において直面する一つ一つの問題について，諸君諸氏が，プラトンの語るところと対話しながら，自身の的確な診断を下し，態度決定していかれることを期待してやまない」(2002: 33)。

　59)　本章は東京学芸大学 2003 年度「重点研究費」(課題：死生観の比較文化的解明と社会科教育への応用に関する研究) による成果の一部である。2004 年 2 月 27 日の研究報告会で，この基になる発表に対して，荒井洋一，稲見正浩，小林春夫，筒井文隆，藤井健志の各氏から貴重な質問・意見をいただいた。また同年 3 月 22 日に東京学芸大学で開かれた Michael Erler 教授 (ヴュルツブルク大学) の講演会 (題目 "Socrates in the Cave") では，『パイドン』における生と死の問題をめぐって活発な討論が交わされ，多大なる刺激を受けた。エルラー教授をはじめとする参加者に感謝したい。

第7章

プラトンの人間論への接近
―――『ポリテイア』篇第 1 巻 346e3-347e2―――

はじめに

　プラトンは『ポリテイア』篇第 1 巻後半部でソフィストのトラシュマコスに正義と幸福をめぐる 2 つのテーゼを提出させる。

　　第 1 テーゼ：正義は強者の利益に他ならない
　　第 2 テーゼ：不正の生が正しい生より得になる＝より幸福である

　そして，それらをソクラテスとトラシュマコスの対話を通して吟味していく。だが，第 1 テーゼの最終論駁部，第 2 テーゼの吟味に差し掛かるまさに直前で，プラトンはきわめて唐突に若き俊英グラウコンを議論に登場させ，読者に立ち止まって考えることを促すのである。彼はこの「脱線」[1]部（346e-347e）で「支配の技術をもった人は罰という報酬ゆえに支配に赴くのだ」というパラドクスを提示し読者を驚かせるが，それのみならず，支配の倫理的意味の解明を通じて，作品全体のクライマックスとも言うべき，第 7 巻の〈哲学者の洞窟帰還〉を先取りする

　1）　Annas（1981: 47）はこの箇所について，それがあたかも第 1 巻が『ポリテイア』全体の部分となった後で挿入されたかの印象を記し，その理由として（1）グラウコンが第 2 巻まで再び対話相手にならないことと（2）ソクラテスの支配者についての発言が中心巻（特に 519d-521b, 540d-541b）を念頭に置かない限りきわめて奇妙に聞こえることとを挙げている。プラトン対話篇における「脱線」の意味については，納富（2002a: 28-42）参照。

かのような哲学的考察を展開しているのである[2]。

本章で私は，この「脱線」に仔細な検討を加えることで，技術を備えた者が支配に赴く理由の理解につとめ，その上で，支配の倫理的価値をプラトンの人間観との関係で明らかにしたい。人間をポリス（社会・共同体）とロゴス（言葉・理性）との関わりにおいて捉える彼の人間観は，アリストテレスを経由して[3]，今日の私たちにも或る確かな影響を及ぼしてはいるが，それが正確な理解に基づき適切に継承されているかどうかは大いに疑わしいからである[4]。その意味で，本章の考察は，プラトンの人間観の総合的な理解を目指す試みの一部である。

1 2つのパラドクス

338c で提出された「正義＝強者の利益」というトラシュマコス第一テーゼの論駁は，紆余曲折を経て，（1）支配者がポリス統治術（ἀρχή qua τέχνη）の所有者であることと（2）術（テクネー・アナロジー）の類比の2つによって完了する。すなわち，ちょうど羊飼いが牧羊術によって自身の益でなく，世話される側の羊の益を生み出すように，統治術を有した強者である支配者も，厳密に言えば，自分自身の益ではなく，被支配者の益を提供するのであり，正義は強者の利益ではないのである[5]。この議論を受けて，

---

2) Kahn (1993: 138) は，Vlastos (1991: 248-51)（Additional notes: 2.1 The Composition of *Republic* I）などが主張する，第1巻が元々第2巻以降とは別に独立に書かれた対話篇だったという見解を批判し，第1巻の13箇所に "anticipations" が確認されると言う。そして「最も間違えようのない先取」として「脱線」部を挙げる。第1巻の独立分離性を批判する解釈として，Santas (2001: 105-6 n.16) も参照。また White (1979: 69) は，この議論が519d-521b, 540d-541b の preview であり allusion であると言う。管見する限り，「脱線」部と第7巻の結びつきを最も重視するのは Sedley (2007) である。私自身も〈哲学者の洞窟帰還〉を論じた栗原 (2006) の註17で連続性を前提としてこの「脱線」部に触れた。本章はこの箇所を改めて主題化し，先の拙論の主張を補強することをも意図している。

3) 『政治学』1253a2-3: "ὁ ἄνθρωπος φύσει πολιτικὸν ζῷον"; 1253a9-10: "ὁ λόγον δὲ μόνον ἄνθρωπος ἔχει τῶν ζῴων"; 1332b5: "[ἄνθρωπος] μόνος γὰρ ἔχει λογὸν"; etc.

4) 例えば，私が「道徳の指導法」の授業（東京学芸大学2007年前期）で取り上げた小寺 (2001) は，道徳教育を訓育と人格の陶冶の両側面から捉え，前者によって社会性を身につけさせ——社会の道徳規範の効率的な主体的内面化——，後者によって理性と自立（自律）能力を発達させる——感情・欲望のコントロール——べきことを主張する。

5) トラシュマコス説論駁を含む第1巻全体に関する詳細な考察は田中 (2006: 147-92)

第7章 プラトンの人間論への接近

ソクラテスは「脱線」を開始する。

> T1 *R.* 346e7-347a5[6]：まさしくこれらの理由で，愛するトラシュマコスよ，私は先程，すすんで支配し，他人の悪をただそうと手がけることを択ぶ人は誰もいないのであって，そのための報酬を要求する，と言っていたのだ。なぜなら，技術によって見事に行為をしようとする者は，決して自分自身のために最善になることを行なうことはないし，技術に即して命令する場合でも同様であって，逆に，被支配者のために最善になることを行ったり命じたりするのだから。思うに，こうした事情のために，支配を択ぼうとする者たちに報酬が与えられなければならないのだ。その報酬が金銭にせよ，名誉にせよ，あるいは，支配しない者に対しては罰であるにせよ。

トラシュマコスに向けられたこの発言に，これまで対話を静かに聞いていたグラウコンが疑問を抱き，突如議論に介入してくる（347a6-9）。彼は報酬のうちの金銭と名誉については理解できるが，罰が報酬であるとはどういうことかと問うのである（＝第1パラドクス）。

私たちは彼の疑問に共感しつつも，T1に含まれるもう1つのパラドクスを確認しておこう。それは「自らすすんで（ἑκών）支配者の地位につくものは誰もいない」というパラドクスである。この第2パラドクスは，支配がそれ自体で自分のために善を作り出すことはない（むしろ悪を生み出す）との理解に基づいており，それゆえ，プラトン初期対話篇のソクラテスに帰せられる有名なパラドクス「自分にとっての悪をのぞむものは誰もいない」[7]の一変形だとも言える[8]。この「脱線」でソクラテスは，報酬としての罰というパラドクスを一応問題にしながらも，より根本的な哲学的主張を掘り下げようとしているのである。支配に赴く者が，一方で，自分の益は求めず，他人の益を考える（＝利他性）が，

によって与えられている。

6) 『ポリテイア』の頁行数の指定はSlings（2003）による。
7) Santas（1979: 184-9）が"The Prudential Paradox"と呼ぶ，このパラドクスの『メノン』篇での働き具合については，本書第6章参照。
8) 厳密に言えば，第2パラドクスをThe Prudential Paradoxに還元することはできない。その点については，第4節と註15参照。

他方で，自分の悪を避け，自分の益を求める（＝利己性）者とみなされている限りにおいて，ここには，自己にとっての善／悪の交錯が認められる。かくして，私たち読者は，ソクラテスが「自己・自分」という再帰代名詞を使用するとき，それが再帰する先の担い手として一体何を考えているのか，また，「自分にとっての善／悪」はいかなる意味・規準で語られているのかを自らに問いながら，2つのパラドクスの理解につとめねばならない。

2 「報酬」としての罰

グラウコンのもっともな疑問に対してソクラテスはすぐさま，罰こそが「最もすぐれた人々」（τῶν βελτίστων 347b1）[9]が支配を引き受ける際の報酬であって，金銭や名誉ではない点を確認する（b1-10）。第1パラドクスへのソクラテスの応答がここに見出されるはずだろう。

まず，ソクラテスが2つの前置詞を使い分けて説明を与えている点に注目しよう。すなわち，彼によれば，すぐれた人々は罰という報酬の「ゆえに」（δι' ὅν 347b1）支配するのであって，金銭や名誉の「ために」（χρημάτων ἕνεκα ... τιμῆς b6-7）ではないのである。2つの前置詞の内，「ために」（ἕνεκα＋属格）は〈目的―手段〉の関係を表している。ソクラテスは，すぐれた人たちと対比して，金銭・名誉という目的のために，支配を手段として選択する人々の存在を暗に仄めかしているのであろう（cf. d3-4）。私たち現代人の「報酬」観や「政治家」観からしても，これはきわめてわかりやすい〈目的―手段〉連関である。それに対し，すぐれた人たちの場合，罰は決して目的として追求される対象とはなり得ない。むしろ積極的に避けられるべきものである。罰の内容が直後に説明されるように，自分が支配を拒んだ場合には，自分よりも劣った者によって支配されるという悪を蒙ることになるからだ（c3-5）。この事態を恐れるがゆえに，彼らは支配に赴くのである（ἣν δείσαντές

9）他にも「最も立派な人物たち」（οἱ ἐπιεικέστατοι 347b2）「すぐれた人たち」（οἱ ἀγαθοί b7）「立派な人物たち」（οἱ ἐπιεικεῖς c5-6）と呼ばれている。

μοι φαίνονται ἄρχειν, ὅταν ἄρχωσιν, οἱ ἐπιεικεῖς c5-6)[10]。「ために」ではなく，原因・根拠を表す「ゆえに」(διά + 対格) が使われる理由がここにある[11]。

次に，これまで「報酬」と訳してきた"μισθός"について辞書が記す語義にも注意しておこう。権威ある辞書によると，"μισθός"は一般に"recompense, reward"を意味するだけでなく，悪い意味で，"requital"（悪しき者への報い・報復）を表す用法があり，悲劇の数作品での使用が認められている[12]。私たちのテキストの場合も，まさにこの「報い・報復」の意味で"μισθός"が使われていると言えよう。支配の力をもちながら，それを発揮するという義務を怠るならば，その「報い・報復」として劣った者の支配を受け，悪を蒙ることになるのである。

かくして，第1パラドクスは，実のところ，いささか哲学的面白みに欠けるものであることが判明した。罰が怠惰であることの「報い・報復」だとは，言われてみれば，その通りであって，何らパラドキシカル不思議ではないのである。だが，第2パラドクスについてはそうはいかない。既にこの節でも「悪」という語を不用意に用いてきたが，それがどういう意味で悪なのかを理解するには哲学的反省を必要とするのである。

3　ソクラテスの論理

ソクラテスは，すぐれた人々が金銭や名誉のために支配するのではないことの理由に触れた後 (347b7-10)，続けて，彼らに支配を承知させるには，罰という強制[13] (ἀνάγκη) が必要だと述べ，強制を待たずすすんで支配に赴くことが恥ずべきこととみなされていると語る

---

10) 『ラケス』(198b5-c1)，『プロタゴラス』(358d5-e2) で「恐れ」は自分に悪が将来生じるという思いと説明される。

11) 関連した問題は『リュシス』の"ἐχθροῦ ἕνεκα"(220e4) にも見られる。

12) Liddell & Scott (1996), 1137. アイスキュロス『アガメムノン』1261行，ソポクレス『アンティゴネ』221行，エウリピデス『ヒッポリュトス』1050行（後代の挿入の可能性大）。

13) "ἀνάγκην προσεῖναι καὶ ζημίαν" (347c1) の "καί" は epexegetical に「すなわち」と読む。「強制」の意味については，第4節参照。

(b10-c3)。彼らは支配を善ではなく，やむをえないことと考えながら，支配に赴くのである。

> T2 *R.* 347c6-d2：〔立派な人物たちは〕そのとき，支配することを何か善い（ἀγαθόν τι）ことだと考えたり，支配することで善い目にあうと考えたりして，支配に赴くわけではないのだ。自分たちよりすぐれた存在にも，あるいは同等の人たちにも支配を委ねることができない場合，やむをえぬこと（ἀναγκαῖον）と考えてそうするのだ。

それゆえ，もしすぐれた人々からなるポリスができたとすれば，支配は競って避けられるべきものとなろう。

> T3 *R.* 347d4-8：そしてそこにおいて，真の支配者とは実に元来，自分の利益（τὸ αὑτῷ συμφέρον）ではなく被支配者の利益を考慮する者であるということが，はっきりするだろう。したがって，道理を弁えている人は皆，他人を益する（ὠφελῶν）厄介事を背負いこむより，他人から利益を受けること（τὸ ὠφελεῖσθαι）を選択するだろう。

T2と結論部に当たるT3には，善を示す語がいくつか登場する。善の分析に取り掛かる前に，これまでソクラテスが進めてきた説明を簡単に整理しておこう。

1. 最上の支配者は罰という強制ゆえに支配することを択ぶ（ἐθέλειν）（347b1-2）。
2. 最大の罰・強制は，自分が支配を択ばない場合，より劣った人によって支配されることである（c3-5）。
∴ 3. 最上の支配者は，最大の罰を恐れ，支配を善（ἀγαθόν τι）ではなく，やむなきこと（ἀναγκαῖον）と考えてそれに赴く（c5-d1）。(条件) よりすぐれた存在にも同等の者たちにも委ねられないならば (d1-2)。

∴ 4. よき人々のポリスでは支配しないことが争いの的となり，真実の支配者は元来，自分自身の益ではなく，被支配者の益を考察する (d2-6)。
∴ 5. 道理を弁えている人は皆，他人を益する厄介事を背負いこむより，他人によって支配され益を受けることを選択する (ἕλοιτο) (d6-8)。
∴ 6. 最上の支配者はすすんで (ἑκών) 支配することを択ばない (cf. 346e8)。

かくして，第2パラドクスを説明するソクラテスの論理の理解——その評価はさておき——には，善の概念をめぐって次の諸概念の意味や関係を考察することが必要になろう。(a)「択び」(ἐθέλειν, αἱρεῖσθαι) の意味，(b)「すすんで」(ἑκών) と「強制」(ἀνάγκη) の関係，(c)「善」(ἀγαθόν τι) と区別された「やむなきこと」(ἀναγκαῖον) の意味，である。

4　必然性と選択

まず (a)「択び」の意味を確定しておこう。T3 の "αἱρεῖσθαι" のみならず，頻出する "ἐθέλειν"——藤沢版では「望む」と訳される (346e8) こともある[14]——をも「択ぶ」と訳す理由は，元来 "ἐθέλειν" が欲求 (desire βούλεσθαι) というより "consent" を意味するからである[15]。つまり，支配をなすべきか否かを思考した結果，それに「よし」と同意を与えて選択することを "ἐθέλειν" は指し示しているのだ。「択び」は行為の選択に他ならず，T2 に見られるように，行為が自分にとってどのような意味をもつのかが思考された結果なのである[16]。

---
14) 藤沢 (1979) の 346e8 以外の訳は，「承知する」(347b2, b7, c1)「(否定形で) 拒む」(c4) である。
15) Liddell & Scott (1996), "βούλομαι" 325, "ἐθέλω" 479. プラトン著作中で欲求系の "βούλεσθαι" や "ἐπιθυμεῖν" でなく "ἐθέλειν" がパラドキシカルに問題になる箇所として『プロタゴラス』359a-360e がある。
16) T2 には「考え」を直接指す動詞はないが，3度現われる "ὡς +分詞" は主観的判

では，すぐれた人々が支配の「択び」に先行して行なう思考はどのようなものか。T2 を見れば，(b) と (c) の2種の対比が絡み合っていることがわかるだろう。T2 でソクラテスは，支配が罰・強制なしに択ばれる場合と対比して，罰・強制ゆえに択ばれる場合を説明している。前者において，支配は ἀγαθόν との思いによって，すすんで（ἑκών）択ばれており，後者では，支配は ἀναγκαῖον との思いに基づき択ばれるのである。

この対比は，第2巻冒頭でグラウコンが紹介する「3種類の善」の話（357b4-d3）を自然に想起させる。それによると，第1種の善は，そこから生まれる結果は度外視し，それ自身のためにのみ愛されるもの（例：喜び，害を伴わない快）である。第2種の善は，それ自身のためにも，そこから生まれる結果のためにも愛されるもの（例：知恵，健康）。第3種の善は，それ自身のためには求められないが，そこからの結果のために求められるもの（例：身体の鍛錬や病気治療）である。

最後の種類が「報酬（μισθῶν）のために」（357d1, 358a5; cf. b6, 363d3, d4, 367d3, d6）と説明されているように，先の「罰・強制（＝報酬）のゆえに択ばれる支配」はこの第3種の善に属すると言える。それ自体では択ばれないが，別の善（第1種か第2種）に貢献するがゆえに択ばれるのである。それ自体で択ばれないのは，厄介事を背負いこむこと（πράγματα ἔχειν 347d8）になるからであり，「やむをえない」のは，他に求められている善があって，それを獲得するのに必要であるため択ばれるからである。もしこの別の善を求めていることがないならば，支配はやむをえぬことでもないし，必要なことでもない。いわば「より高次」の善を求めている限りにおいて，絶対必要なものとして支配は択ばれるのである。これを「倫理的必然性」（ethical necessity）と呼べば，罰が強制力（ἀνάγκη）をもつのは，この倫理的必然性によるのである。

では他方，支配がすすんで択ばれる場合に考えられている「何か善いもの（ἀγαθόν τι）」はどの種類に属するのだろうか。それは，他の善との関係で価値を有する第3種の善と対比されているのだから，仮に第

断を示す。Cf. Sedley（2007: 275）。

2種だとしても，それ自体としての価値の方が強調されているはずである。つまり，第1種であろうと第2種であろうと，支配がすすんで択ばれる場合，それに内在的な価値のゆえに「何か善いもの」として捉えられているのである。

では，それぞれの場合において，「より高次の善」や内在的な価値とは一体何なのであろうか。この問に答えるには，これまで封印してきたもう1つの問題に取り組まなければならない。すなわち，こうしたものがよいとされるのは，誰にとってなのか，この箇所に登場する「自分・自己」の担い手は誰なのか，である。

5 〈自己〉の二面性

私たちのテキストの主役である「すぐれた人々」は，別に「道徳」的に善人であるからそう呼ばれるのではない。支配の技術・統治術の所有者として他の市民よりも技術的に卓越しているための呼び名なのである。言い換えれば，彼らはいわば「職人・技術者」(οἱ δημιουργοί 346c5-6) なのであって，その限りで，他のポリス市民を益し，ポリス全体に貢献するのである。技術を備えた支配者の利他性はこの箇所に入るまでに「術の類比」の文脈で強調されていた。仮に技術自体にとっての善が問題になるとしても，それは技術として「完全であること」(341d11-12) であって，何か技術使用の見返りが使用者自身に与えられるのではないのである[17]。だがこの箇所では，彼ら自身にとっての善・利益が何らか問題になっているのだ。それは何か。

この問の考察に先立ち，技術としての支配が被支配者にどのような善を生むのかを考えておこう。例えば，医術の場合，医者は患者に身体的善である健康をもたらす。では，支配者は被支配者にどんな善を与えるのか。技術の特徴の1つである専門領域性に注目すれば，医術の身体に相当するのは，支配の場合，ポリス内での政治的事柄だろう。例えば，「戦争，軍隊の統帥，諸ポリスの統治，人間の教育といった事

---

17) 見返りを与える似非技術の「報酬獲得術」については，田中 (2006: 179-86)；田中 (2007: 5-17) 参照。

柄」（599c7-d2）だし，それらに法律の制定を加えてもよい。統治術はそうした事柄の善——それが何であれ——を生み出すのである。つまり，目指されているのは，一言で言えば，「安寧」（σωτηρία cf. 465d8-9）といった Political Good（ポリス的＝政治的善）である。支配者が貢献するのはポリス市民たちの「安寧」——『ポリテイア』の主題の１つ——だと言えよう。

　したがって，すぐれた人々の熟慮とは，自分たちが支配しないならば，こうした Political Good が失われ，結果として自身も蒙ることなる Political Evil と，支配する場合に自分が背負いこむ厄介事（πράγματα ἔχειν 347d8）という悪の間の比較を意味するだろう。そして，支配・労苦を引き受けることの方が，Political Good の完全な消滅よりも自分にとって「よい」のだという判断から，支配を倫理的必然的に択びとることになるのである。

　ところで，ここで Political Good/Evil が直接的（ἁπλῶς）に関わるのは市民たる自己である。すぐれた人々も市民であって，ポリスの中で生きざるを得ない。その意味で，Political Good/Evil は自身の生にとって重要であるのだ。だが他方，厄介事の引き受けが自身にとって悪であるというのは，市民としての自己からは全く独立だと言える。本来，支配それ自体の行使は「支配者」の役割を果たす自身にとってプラスでもマイナスでもないのであり，それがマイナスだと判断するのであれば，ポリス的役割から独立した存在として自己を捉えているからに他ならない。

　古代史家・桜井万里子の興味深い研究によれば[18]，当時のアテナイの公的領域は，政治レヴェルと区別された生活世界とも呼べる領域を含んでもいた。プラトンの対話篇（『弁明』『ゴルギアス』等）でも，ソクラテスは政治的態度を表す"δημοσίᾳ"と対比して，アゴラ等で一人一人を相手に対話をする"ἰδίᾳ"な態度の持ち主と描かれている。この人間観からは，人は民会・法廷・劇場といった多数者を相手にする δημοσίᾳ な世界のみならず，ときに全くのプライベートな領域（家 οἶκος）とも重なりうる ἰδίᾳ な生活世界を生きる存在なのである。

---

18) 桜井（1997: 241-255）；桜井（2007: 163-174）．Cf. Cohen（1991: 70-83）．

こうした排他対立的概念図式（cf. 424e3, 473e4, 517c4, 519c4, etc.）に反映している〈人間の二面性〉を前提とすれば，厄介事の引き受けが悪——Politicalでない——なのは，そうした生活世界を生きる存在にとってであると言えないだろうか。その上で，すぐれた人々の熟慮の内容をまとめ直すと，政治的悪（δημοσία）を蒙るより，生活世界（ἰδία）を犠牲にすることの方がまだ自分にとって「よい」から支配を選択する，ということになるだろう。

しかし，このまとめでは未だ不十分である。なぜなら，自己の2つの側面に関わる悪——政治的市民にとっての悪と生活世界の住民にとっての悪という「共約不可能」な2つの悪——の比較を行っている主体はそれら両側面を俯瞰し統合する者でなければならず，その内実は明らかになっていないからだ。つまり，支配を引き受けることで自身の生活世界を犠牲にすることが「自分にとってよい」と言われるときの「自分」とは何かがさらに問われなければならないのである。

6　人格と幸福

ここで私たちは，T3で「道理を弁えている人は皆，他人を益する厄介事を背負いこむより，他人から利益を受けることを選択する」(347d6-8) と語られていたことを思い出すかもしれない。「道理を弁えている人 (ὁ γιγνώσκων)」(d6) の知はもはや支配に関わる技術知ではない[19]。統治術は，技術として，どのようにしてポリスとその市民にとってPolitical Goodを生み出し得るかを考慮することのみに働くからである。政治的市民としての益／害と生活世界の住民としての益／害を比較する知は，局面毎に細かく断片化された生に専門的に関わる技術知ではなく，政治活動と生活世界の両側面からなる生全体を綜観し見据えることができる知，すなわち，自分が生きる生全体のよさとの関わりで支配がよいのかどうかを熟慮し適切に判断することを可能にする知である。

---

19)　Adam (1963: 46) はこの "γιγνώσκων" (intellegens) が absolutely に用いられている点を強調する。

生全体のよさ（＝よく生きること）は幸福だから（cf. 352d-354a），この知によって，すぐれた者は自身の幸福との関係で何が必要なのかを考慮するのである。こうした知の担い手――生全体を常に視野に入れ，統括する主体――こそが，単なる支配者・ポリス市民でも単なる生活世界の住人でもない，端的な〈私〉――「人格」と呼ぼう――なのである[20]。人格としての〈私〉が自己を省みて，自らの幸福との関係で今・ここでの行為を適切に選択するのである。

　こうしてようやく，第4節の最後で保留していた問題に取り組むことができる。問題はこうだった。支配をすすんで択ぶ者はそれを「何かよいもの」と考え，他方，罰・強制のゆえに択ぶ者は「やむをえぬ必要なもの」と考えていた。前者は支配に内在的価値を認め，後者は支配を別のより高次の善との関係で捉えていた。内在的な価値とは何で，より高次の善とは何か。

　すぐれた人々の場合，支配は生活世界を犠牲にしても，何らかPolitical Goodを生むものと捉えられており，先の知によって生全体の中で適切に位置づけられているはずである。すなわち，支配はそれ自体では決して内在的価値を有せず，すすんで択ばれることはないが，結果として生の一局面を構成するPolitical Goodをもたらすため，生全体のよさ，すなわち，幸福のために必要なものとして択ばれるのである。幸福こそがより高次の善として求められているがゆえに，支配に倫理的必然性が生じると結論できよう[21]。

　他方，支配に内在的価値を認める者たちの場合はどうか。テキストには，すぐれた人たちとの対比で，当時の支配者たちへのかすかな言及がある（347d2-4）。仮にすぐれた人たちからなるポリスが存在すれば，そこでは支配しないことが競い合いの的（περιμάχητον d3）になるのに対し，「今日」（ὥσπερ νυνί d3）では逆に，支配をめぐって争い合って

　20）栗原（2006: 24）では，『ポリテイア』の方法である「ポリスと魂の類比」の枠組みを超えて人間が捉えられているときに「人格」の概念が導入された。ちなみにSedley（2007: 272-81）には「人格としての自己」の把握は見当たらない。

　21）「人は皆，幸福であることを願っている」とのソクラテス的幸福主義の原理が前提になっていることは言うまでもない。重要なのは，第1巻のこの箇所では幸福の内実が全く触れられておらず，続くトラシュマコス第2テーゼ論駁と第2巻以降ではじめて問題になる点である。それゆえこの限りで，知の内包も不明瞭にならざるを得ない。下記註23参照。

いると言うのだ。この対比的な論評は，当時の支配者が支配を何か善い もの（ἀγαθόν τι）と考えて，すすんで支配に赴いている事実に向けら れており，すぐれた人が支配を幸福の単なる必要条件とみなしている点 との対立を際立たせているのである[22]。それゆえ，現実の支配者たちが 認める支配の内在的価値は自身の幸福の主たる構成要素というものだろ う。彼らは，支配の結果として，あるいは，支配を手段として高次の善 なる幸福が手に入ると信じているのではなく，支配それ自体が幸福な生 を構成していると想定しているのである。

　もちろん，こうした支配観・幸福観がソクラテスの批判の標的になる のは言うまでもない。生全体を綜観する知を欠く彼らは，幸福とは何 か，その幸福にとって支配はどういう意味をもつのか，といった思考 において過つのである。知において人格の成立をみた，先のすぐれた 人々との対比で言えば，政治的世界と生活世界の混濁——公私混合の 生——において彼らは人格の形成に至っていないと言えるのだ。

むすび

　以上，第1巻後半にさり気なく差し挟まれた「脱線」について，プ ラトンの誘導に従いながら，しばし立ち止まって考察を加えてきた。あ からさまな第1パラドクスの背後に存在した第2パラドクスの理解に つとめることで，この箇所に内在する（従来さほど重視されてこなかった） 倫理学的諸問題が浮き彫りになった。そして，とりわけ，支配と善の関 係やポリスに生きる個人のあり方についてのプラトンの思いが確認され たのである。「脱線」において，プラトンは「すぐれた人々」による支 配の選択を主題化し，人格的に統一された人間の典型を描いた。その描 写に顕著に認められる，彼の人間理解によると，人は他者とともに暮ら す必然性に縛られたポリス的存在でありつつも（＝ポリス性），同時に， 自己の生活世界に眼差しを向けることで，他者と自己の関係のあり方を 反省し，自己にとって何が本当によいのかを熟慮する知を行使する可能

---

[22] Cf. "περιμάχητον γὰρ τὸ ἄρχειν γιγνόμενον, οἰκεῖος ὢν καὶ ἔνδον ὁ τοιοῦτος πόλεμος αὐτούς τε ἀπόλλυσι καὶ τὴν ἄλλην πόλιν" (521a6-8).

性を有している(=ロゴス性)。生全体の綜観・熟慮を可能にするこの知を備えることで人格形成が完成に至るのであれば，プラトンは人間の二面性を認めつつも，あくまでポリス性よりも(このように解された限りでの[23])ロゴス性の方を重視していると言うことができるだろう。

　無論，これまでの考察から，この箇所が第7巻の「哲学者の洞窟帰還」の先取りになっていること[24]や，さらには，第1巻が全巻の構想のもとで執筆されたことが「証明」できたわけでは決してない[25]。とは言え，正義と幸福の問題に対して，第2巻以降で主導的な役割を果たす「ポリスと魂の類比(アナロジー)」の方法とは独立な仕方でアプローチする1つの可能性を素描できたと信じて，この章を閉じたい[26]。

23) この限定は重要である。このロゴス性は決して技術に見られるような専門性(その限りでは統治術ですら同様である)を備えていないからである。『ポリテイア』の中心巻はこの箇所で示唆された〈人格を形成する知〉の内実を問題にしているとも言えよう。
24) 当然ながら「洞窟帰還」とは異なる特徴も存在する。例えば，(a)「脱線」には正義への言及なし，(b)「脱線」には支配交代制への言及なし，(c)「脱線」で夢想される「理想的ポリス」は統治術を備えた者たちだけのポリス；「洞窟帰還」では，3つの階層の各人がポリス的役割をきちんと果たす「正しいポリス」など。だが何よりも重要な違いは，(d)「洞窟帰還」ではソクラテスやグラウコン等が立法者として哲学者に支配を「強制」するという構造になっている点にある。但し，哲学者が支配を自身の生全体の幸福のために「やむをえぬ必要なこと(ἀναγκαῖον)」(520a2)として「択ぶ(ἐθελήσουσιν)」(520d8; cf. ἐθελήσει 592a5)点では異ならないと言える(cf. Sedley (2007: 280))。だがさらに言えば，(e) 哲学者が支配を〈人格としての自分のこと＝正義〉と捉え直し，幸福を構成するものとして択ぶことを強調する点に「洞窟帰還」独自の特徴が見られる。
25) そうだとしても，ソクラテスとのこの議論がグラウコンをして，支配・政治に赴く〈自己〉と善の関わりについて理解することの重要性を自覚させ，生を全体として把握する感覚を経験させたことは疑う余地がない。例えば，第2巻冒頭で試みられ，それ以降の議論の基調を決定する「グラウコンの挑戦」には「トラシュマコスの議論を私が復活させて(ἐπανανεώσομαι τὸν Θρασυμάχου λόγον)」(358b8-c1) という前置きにもかかわらず，トラシュマコスの第1テーゼへの言及が殆どなく(cf.367c)，専ら，生全体のあり方を問題にした第2テーゼが民主政下に生きる「正しい人／不正な人」に応用された形で語られているのである。
26) 本章は，2006年3月1日に慶應義塾大学で開かれたCOE研究会「プラトン「魂」研究の現状」(心の解明に向けての統合的方法論構築・比較心性史プロジェクト)での口頭発表を基にしている。山本巍氏をはじめとする参加者のコメントに感謝する。

第8章
哲学と詩の闘争(アゴーン)
——プラトンと文学——

　青年時代のプラトンについて，次のようなエピソードが伝わっている。

　　〔プラトンが〕悲劇によって賞を競おうとしていたとき，彼はディオニュソスの劇場の前でソクラテスに諫められ，詩の作品を火中に投じて，こう言った。
　　　　ヘパイストスよ，ここに出てきてください。
　　　　プラトンはいまあなたを必要としているのです。
　　そこで，それ以後彼は，そのとき二十歳になっていたということだが，ソクラテスの弟子となった[1]。

　詩人として生きるか，それとも，哲学に身を捧げるか——伝承の信憑性はさておき，プラトンがこのような生の選択に直面したのはいかにもありそうだ。彼が残した30余りの作品に独自の哲学的思考力と芸術的才能の両方を認めうるからである。
　まず哲学者ソクラテスとの出会いはプラトンに決定的な影響を及ぼした。プラトンは哲学上の師たるソクラテスを自らの作品の主人公にし，彼と人々との対話を再現した。ソクラテス的な〈対話〉こそが哲学——真理への接近を目指す——の根本にあると考えてのことである。登場人物たちは1つの主題をめぐって緊張感漲る問答を繰り広げ，

---

[1] ディオゲネス・ラエルティオス（1989: 252-3）．ヘパイストスは火の神である．

真理への接近を保証する明晰さと厳密さだけに従いながら，諸前提から結論を矛盾なく導き出す。プラトンの対話篇はこのようなきびしい論理的思考(ロゴス)を中核とした哲学作品である。

　だが，プラトンにはもう1つ別の顔がある。高貴な家系に生まれ，幼い頃から詩やその他の芸術と慣れ親しんで育ったプラトンは書くことで類い稀な芸術的才能をも発揮した。彼の作品は散文中でも「対話文学」と呼ばれるジャンルの完成形である。彼は，広場（アゴラ）や体育場や富豪の邸宅や牢獄で人々が語り合う姿を生き生きと描写する。人々の会話を戯曲の台詞のように再現することもあれば，現場を報告する語り手を導入して，登場人物の様子や感情の動きを臨場感と共に描き出すこともある。対話者たちは反発と同意を繰り返しつつ，終いに行き場のない袋小路(アポリア)にたどり着いたり，ソクラテスが荘厳華麗な物語(ミュートス)をうたって幕を引いたりもする。とりわけ，ミュートスにはプラトンの詩心が顕著に認められる。語り手は，一問一答という哲学的対話の約束を忘れ，詩神ミューズに魅入られたかのように，散文化された詩の言葉を流麗に紡ぎ出す。例えば，死後の裁きの光景をリアルに描写して恐怖を掻き立て（『ゴルギアス』『パイドン』『ポリテイア』），神々に従おうともがく魂を2頭立ての馬車に喩えては，見えざる魂を絵画的に具象化する（『パイドロス』）。著者プラトンの想像力は書かれた言葉（文字）を翼に飛翔し，読者の心を自由に駆けめぐるのだ[2]。

　しかし哲学者であり詩人であることは，結果として，プラトンの内部に1つの闘争を宿すことになる。哲学と詩の闘争である。哲学的対話は一人語りであるミュートスを徹底的に拒絶するが，ミュートスは論理的思考(ロゴス)から逸脱してはじめて自由に羽ばたく。ここに安易な和解はないように思える。単純に（先の逸話が示唆するように）彼が哲学に殉じ詩を捨てたと考える場合，第1に，ソクラテス的対話こそが哲学ならば，なぜ彼は文学的才能を駆使して作品を著したのか，単なる余技，慰みにすぎないのか，第2に，対話篇内部においても，なぜプラトンはソクラテスに対話の約束を無視したミュートスを語らせているのか，これまた遊びにすぎないのか，という疑問が生じる[3]。これらに「イエス」

---

[2] プラトンが「偉大なる詩人」であることを，高津（1952: 187-94）は特に強調する。
[3] 対話篇という著作形式に含まれる問題点については，藤沢（1980）「プラトン的対話

第 8 章　哲学と詩の闘争　　195

と答えることは可能だが（『パイドロス』『第七書簡』[4]），そうであれば，プラトンは本来，哲学者であって詩人ではないと言うべきだろう。プラトンは詩人哲学者なのか，それとも，彼にとって詩は余技で彼の本質を構成しないのか。

　この問に答えるために，これから私たちは哲学と詩の闘争を正面に据えた作品を考察してみたい。プラトンは代表作『ポリテイア』の中で，彼が思い描く理想国から詩人を追放し，哲学の立場から詩を断罪しているのである。私たちはまず，ギリシア文学史上の一大スキャンダルとも言うべき「詩人追放論」の実質が何であるかを明らかにし，その上で右の問に戻り，プラトンと文学の関係を理解することにつとめよう。

　『ポリテイア』でプラトンは，正しい人が不正な人よりも幸福であることを論証しようとする[5]。そのためには，正義と不正がそれぞれ何であり，それらが人の内にあるときどのように働くのかを示さなければならない。正義の定義を企てる中でプラトンの採用した方法は，理想的なポリスを言葉で描き出し，そこに見出されるはずの正義を手掛かりとして，人間の魂における正義の何であるかを探るというものであった（ポリスと魂のアナロジー[6]）。理想国にホメロスや悲劇詩人はいらない！

形式の意味とその必然性」，加藤（1988）「プラトン解釈の問題点」，納富（2002b）参照。

4)　『パイドロス』（275d-e）において，書かれた言葉は，絵画のように，質問されても沈黙して答えないし，いろいろな人のところへ転々とめぐり歩き，不当に扱われるときには，自分では身を守ることができず，書いた人の助けを必要とする，と否定的に評価されている。また，プラトンの手になるものとして伝えられている『第七書簡』の一節に「私が真剣になっていること〔倫理や政治〕について私の書物は現にないし，今後も生まれないだろう。それは他の学科とは違って，言葉に言い表すことがどうしてもできないものだからだ」（341c）とある。括弧内の数字はステファヌス版プラトン全集の頁数に対応しており，ほとんどの翻訳に示されている。

5)　「正しい人々は不正な人々よりも善き生を送り，より幸福でもあるかという，我々が少しあとで提起した問題，これを考察しなければならない。（…）この問題はつまらぬことではなく，人生をいかに生きるべきかということにかかわっているのだしね。」（352d）本章の『ポリテイア』からの引用は岩波文庫版（藤沢令夫訳）による（但し，語句を変更したところもある）。藤沢訳は正確であるだけでなく，訳者による註や解説も充実しており役立つ。補注Ｂ「いわゆる「詩人追放論」について」はぜひ参照されたい。

6)　同じ名前で呼ばれるものは，その限りで似ているはずである。それゆえ，正しいポリスも正しい人も〈正義〉に関して似ているだろう。大きいものが小さいものより考察しやすいはずだ。それゆえ，ポリスにおける正義をまず明らかにして，人・魂における正義の探究に役立てよう。これが「ポリスと魂のアナロジー」である。

『ポリテイア』で表明されるこの極論は一体何を意味しているのか。

私たちには途方もなく常識外れに聞こえるため,「プラトンは芸術をわかっていない」「思想統制に繋がる全体主義的な主張だ」「情念の重要性を無視した非人間的見解だ」等々[7],彼の詩人追放論を糾弾する声は後を絶たない。しかし,彼が〈人間にとっての幸福〉を議論する過程で詩人の問題性を指摘している以上,彼の人間理解・幸福観と対決することなく一方的に非難を加えることはフェアでないだろう。実際プラトンの方は,一般の人々の人間や幸福についての思い・考え——ギリシア語では〈ドクサ〉——を顕わにし,それとの関係で詩人批判を展開しているのだ。そこでプラトンの詩人追放論を理解するためには,同時にその根底にある彼の人間理解と幸福観を解明する必要がある。そして冷静になって詩を擁護できるかを考えてみるべきである。だが,まずは彼が標的とする一般の人々のドクサがいかなるものかを確認することから始めたい。

第2巻からプラトンは正義と幸福の本格的究明を開始する。彼はソクラテスの対話相手にグラウコンとアデイマントスという若者を択び[8],彼らの困惑を次のように表明させている。

> 多くの人々には,正義とは(…)つらいものの一種であると思われています。つまり報酬のためや世間の評判にもとづく名声のためにこそ,行なわなければならないけれども,それ自体としては,苦しいから避けなければならないような種類のものに属するのだと。(358a)
> すべて自然状態にあるものは,欲心をこそ善きものとして追求するのが本来のあり方なのであって,ただそれが,法の力でむりやりに平等の尊重へと,わきへ逸らされているにすぎないのです。(359c)
> すべてこれらの言説に対する証人として引き合いに出されるのが,詩人たちです。ある人々は,悪徳が容易なものであることを裏づけ

---

[7] 詩人追放論を論じたものに,ハヴロック(1997),マードック(1980)がある。
[8] グラウコンとアデイマントスはプラトンの兄弟だが,このことは『ポリテイア』執筆にかける彼の強い意気込みと有為な若者を読者の一部として想定していることを示している。

ようとして,〔ヘシオドス・ホメロス〕を引用します。(364c)

　ここで「多くの人々」と言われているのは,民主政アテナイを支える大衆のことである。大衆のドクサによれば,正義とは〈法に適っていること〉であり,外側から私たちを縛り付ける強制力である。正義が大切なのは,それがなければ人々はやりたい放題してしまい,結局,お互いに迷惑をかけあって,かえってやりたいことができなくなるからである。もし力を得て,他人への迷惑など省みる必要がなくなれば,人は誰だって現状よりも多くを求め,他人よりも多くを求めるのが自然なのだ。「プレオネクシア」(より多くを求める心性)と呼ばれる〈欲心〉追求とそれを満足させた快楽一杯の人生こそが幸福だ。かくして大衆は,正義を「やむをえない取り決め・外的強制力」,幸福を「やりたいことができ,その結果,快楽を味わって生きること」と捉えている。人間の本来のあり方に基づいてそうなるという主張である[9]。

　ところで,こうしたドクサは詩人のものでもある。大衆は詩人を権威として祭り上げ,自らを正当化するために用いている。第1巻でもすでに詩人やソフィストの意見が吟味されていたが,〈ポリス文化の担い手〉として彼らは,ときに神々やあの世のことを物語り,ときに理論的考察を繰り広げながら,大衆のドクサや文化と緊密な関係を保つのである。であれば,このような状況下でグラウコンたち鋭敏な若者が「途方にくれている」(358d)のも無理はない。周囲の大人や詩人の圧倒的な影響力の中で,何が真実なのかがわからなくなっている若者の現実が『ポリテイア』の出発点になっているのである。

　以上を踏まえるならば,詩人批判を展開するプラトンの問題意識がはっきり浮かび上がってくる。第1に,大衆と詩人の関係,若者と周囲の大人や詩人との関係は実際どうあり,本来どうあるべきか。第2に,大衆・詩人の正義観や幸福観——それらの根底にある人間理解——はどこがどう間違っているのか。これらが『ポリテイア』の主題を構成するのである。プラトンは,第2・3巻で初期教育のあり方を議論しつつ,

---

　9) この正義観・幸福観・人間理解は,17世紀イギリスの哲学者T・ホッブズの『リヴァイアサン』を経由して現代にも継承されている(人権概念と絡んだ〈自由〉と〈平等〉理解,さらに資本主義も)。

詩人の役割を限定し，相応しくない詩句を削除しようとする。そして第10巻では，詩を特徴づける〈ミーメーシス〉(模倣・表現)の本性を明らかにした上で，大衆への詩人の悪しき影響力を暴き出す。2つの批判を順に検討しよう。

　第2・3巻に見られるプラトンの教育論は，理想国の守護者を育て上げるという特殊な目的をもつものの，基本線はギリシアの伝統的な教育方法に則って論述される(376e)。すなわち，子供に最初に与える教育は体育ではなく音楽・文芸(ムーシケー)であり，中でも作り話・物語(ミュートス)を語り聞かせることである。こうした物語を，幼年期には乳母・母親や老人・老婆が，成長してからは詩人たちが話して聞かせるが，子供たちの方は一方的に受け入れるのみである。次に，ミュートス中に登場する神々や英雄たちを手本として模倣(ミーメーシス)する段階が続く[10]。このとき子供・若者は真似るという能動性を発揮するが，それでも自分でモデルを選択するわけではない。さらに若者はシュンポシオン(酒宴)というセミパブリックな場で抒情詩による教育を受ける[11]。抒情詩を構成する音楽的要素(リズムと調べ)は「何にもまして魂の内奥へと深くしみこんで行き，何にもまして力づよく魂をつかむ」(401d)ことで，「なぜそうなのかという理(ロゴス)を把握できないうちから」(402a)人間を形成する。つまりは，自分で考えるという自発性を発揮する以前に否応なく若者の魂のあり方が決まっていくのだ。こうした教育の現状に対するプラトンの批判と守護者育成のための提案は，次の3点にまとめられる。

　(1) 家族をはじめとする周囲の人々は，子供・若者にミュートスを繰り返し語り聞かせることによって，そこに含まれる考え・ドクサを彼らに注入する。そこで，ドクサの内容が制限されねばならない。ホメロスやヘシオドスといった叙事詩人たちは神々や英雄について物語るが，その中には多くの人々にとって聞くに快く楽しいが，子供・若者が徳を備えるために相応しくないものが含まれているからである。例えば，神々

---

10) 『プロタゴラス』(325e-326a)には，子供たちが読み書き・音楽の先生のところで，すぐれた詩人たちの作品を暗記しながら，その中の昔の人々を模倣し，そのような人物になろうとするよう仕向けられる，とある。

11) 抒情詩と酒の関係については，逸身(2000: 23-24, 221-23)参照。

が嘆き悲しんでいる場面が語られるならば，裏の意味を想像できない若者たちは自分らも悲嘆にくれてよいと本気になって考え，臆病という悪徳を恥と思わないようになる。そのため詩人たちを監督して，よい物語——徳を目指してできるだけ立派に作られた物語——とそうでない物語——神々・英雄について劣悪な似姿を描く物語——を選り分けて，後者を削除しなければならない（376e-392c）。

(2) 子供・若者はミュートスに含まれる登場人物を習慣的に模倣することで性格(エートス)を形成する。悲劇や喜劇に顕著なように，詩人が劣悪な人々を描写・表現する——これもミーメーシスである——ならば，それを見聞きする若者たちは真似てしまい，悪徳を身につけてしまう。したがって，詩人には描写・表現を止めさせて3人称的な内容報告だけからなる単純な叙述のみを許すか，あるいは，すぐれた立派な人だけを描写・表現させるのでなければならない（392c-398b）。

(3) 抒情詩のリズムと調べは若者たちの特に美・醜の感覚——好き・嫌いの感覚——を養う。リズムと調べの美醜は歌詞（言葉・ドクサ）のそれに基づき，歌詞の美醜は魂の性格のそれに基づくものであるから，性格がよく美しく形づくられるためには，まずもって優美なリズムと調べを抒情詩に表現しなければならない。現行の醜悪で複雑なリズムや多種多様な脚韻を備えた抒情詩の制作を許してはならない（398b-403c）。

かくして第2・3巻の詩人批判は，ムーシケーによる教育の重要性を認めた上で，子供・若者が徳を備えるのに役立つムーシケーだけを採択するという観点からなされている。だが看過ごせない点がある。それは，教育が子供や若者に対してもつ〈暴力性〉である。プラトンが強調しているのは，性格形成が圧倒的に周囲の影響下で行なわれるということであって，そこには子供・若者が積極的に生きる原理を自ら探究し発見するといった自発性・能動性が入り込む余地はない。もし，プラトンが想定しているような，理(ロゴス)に従って詩人を監督する者が存在しないならば，子供や若者は周囲の人々，共同体・ポリスによっていいように教育されてしまう。この場面では，詩人など〈文化の担い手〉たちも大衆にとって教育の道具となり，子供・若者の理性が働きだす前に，皆でよってたかって〈社会維持のための規範〉や〈生き方に関するドクサ〉を「暴力的に」植え付けるのだ。この点がありありと表現されている第6

巻の記述を見てみよう。若者が公の場に参加し出すと，性格形成のための教育はその最終段階を迎える。

> 大衆が国民議会だとか法廷だとか劇場だとか陣営だとか，あるいはその他，何らか公に催される多数者の集会において，大勢いっしょに腰をおろし，大騒ぎをしながら，そこで言われたり行なわれたりすることを，あるいは賞讃し，あるいは非難する――どちらの場合も，叫んだり手を叩いたりしながら，極端な仕方でね。（…）〔その場にいる〕若者は，群衆が美しいと主張するものをそのまま美しいと主張し，醜いと主張するものをそのまま醜いと主張するようになり，彼らが行なうとおりのことを自分の仕事とするようになり，かくて彼らと同じような人間となるのではなかろうか？　(492b-d)

つまりは大衆こそが「最大の教育家（ソフィスト）」であって，子供・若者を都合のいい大人に仕上げていくのである[12]。公の場の主人公は，政治家，弁論家，詩人，将軍ではない。彼ら〈文化の担い手〉たちは大衆という巨大な動物の御機嫌をとりながら，愛想をふりまく動物飼育者にすぎない。

> それでは，種々雑多な人々の集まりからなる群衆の気質や好みをよく心得ていることをもって〈知恵〉であると考えている者――それは絵画の場合でも，音楽・文芸(ムーシケー)の場合でも，それからむろん政治の場合もそうだが――そういう者は，いま述べたような動物飼育者と比べて，いささかでも違うところがあると思うかね？　実際，もし誰かがそういう群衆とつき合って，自分の詩その他の製作品や，国のための政策などを披露し，その際必要以上に自分を多数者の権威にゆだねるならば，そのような人は，何でも多数者がほめるとおりのことを為さざるをえないのは，まさに世に言うところの

---

[12]「この種の教育家たち〔＝大衆〕，事実上のソフィストたちが，言葉によって説得できないときに，事実において加える強制力のことだ。君は知らないのかね――彼らは自分たちの言うことを聞かぬものに対して，市民権を剥奪したり罰金を科したり死刑にしたりして，懲らしめるものだということを？」(492d)

「ディオメデス的強制（必然）[13]」だろうからね。けれども，その多数者がほめることが，ほんとうに善いことであり美しいことであるという理由づけの議論となると，君はこれまでそういう連中のうちの誰かから，噴飯ものでないような議論を聞いたことがあるかね？
(493d)

大衆にウケなければ詩人ら〈文化の担い手〉は力を失うのだ。それゆえ，プラトンの詩人批判は詩人を操作する大衆（最大のソフィスト）批判であるとも言えるだろう。この複眼的視点を念頭に置いて，第10巻に進みたい。

第10巻の詩人追放論は，第2・3巻の詩人批判が〈子供・若者〉の教育に関わっていたのと異なり，詩が〈大人〉に対してもつ影響力を問題にしている。言い換えれば，詩は，悪しき性格を形成するのに貢献するからではなく，既に性格形成を済ませている大人に害毒を与えるから，批判されるのである。プラトンが詩人追放論を語る目的は害毒の本性を露わにして解毒剤を提供することにあるのだ（595b）。詩人追放論は2つの部分からなる。前半部（595a-602b）は，詩を特徴づけるミーメーシス（真似・描写）とは何かをイデア論を援用して明らかにし[14]，そして詩人が単なる〈現われ〉（虚像）を産出しているにすぎないことを示す。後半部（602c-607a）は，魂の3部分説に依拠して，詩人が魂のあるべき秩序を崩壊させるということを論じる。順に見ていこう。

哲学者は同じ名前で呼ばれる多くのものに1つのイデアを立てることを習慣としている。例えば，多くの寝椅子に対しては1つの〈寝椅子〉のイデアがある。ところで職人は〈寝椅子〉のイデアを見ながら，私たちが日常的に使用する数々の寝椅子を製作する。この意味でイデアは感覚事物の存在根拠である。他方，一切の感覚事物を作り出す製作者がい

---

13)「ディオメデスはアイトリアの王で，トロイア攻めのギリシア軍きっての勇将。オデュッセウスとともにトロイアのアテナの社から神像を盗み出して帰る途中，自分を殺そうと襲ったオデュッセウスを縛り上げ，剣で叩きながら陣営まで引き立てて帰った。そのときの，うむを言わさぬ強制が，「ディオメデス的強制（必然）」である」（藤沢訳註 下巻376）。

14) イデアとは人が〈学び〉を経験しているときに出会っている対象（かたち・形相）のことである。イデア論の魅力的な解釈は，松永（1993）に見られる。

る。つまり画家は，寝椅子であれ何であれ，感覚事物全般を作るが，本物ではなく，そう見える画像を作るのである。すぐれた画家は，子供や思慮を欠く人に遠くから，例えば大工を描いた絵を見せて，自ら大工のことを知っているように思わせる。その意味で欺き手であって，他の絵も数々描き，全てについて知者だと無知な者に思わせる。

　この画家の例を手掛かりにして[15]，プラトンはさらに悲劇とホメロスについて考察を加える。人々の証言によると，彼らは技術全般だけでなく，徳・悪徳に関する人間的なこと一切，そして神々のことも全て知っているのである。だが彼らは本当に知っているのか，それとも人々は欺かれているのか。もし仮に最も重大で最も立派な事柄（戦争，軍の統帥，ポリスの統治，人間の教育等）について本当に知っているのであれば，影像を製作するよりは実際に行為する方を選ぶはずだが，彼らはそうしていない。明らかに，詩人たちも画家と同様，真理に触れることなく，真似るだけなのだ。

> 詩人と同じく何も知らずに，うわべの言葉だけから判断する人たちには，靴作りの技術についてであれ，軍の統帥についてであれ，さらに他の何についてであれ，韻律とリズムと調べをつけて語るならば，大へん立派に語られているように思えるのだ。それほどまでに大きな魅惑力を，そうした韻律その他の音楽的要素というものはそれ自体だけで本来的にもっているのだ。げんに，詩人が語るところの事柄から音楽という色彩がはぎとられて，内容それ自体として語られる場合，それがどのようなものとして現われるか，君は知っていると思う。（601a-b）

　こうして詩人たちが大切な事柄について無知であること，しかしそれらの〈現われ〉（虚像）を同じく無知な人々に作り出すことによって「知者」との称号を得ていること，だが彼らの知恵は韻律・リズム・調べで着飾った言葉を駆使して模倣する技術にすぎないことが暴露された。
　ではミーメーシスは人間にどのような効力をもつのか。後半部でプ

---

15) 画家と詩人のアナロジーについては，神崎（1999）が詳しく論じている。

ラトンは詩人が聴衆にもたらす〈害毒〉を解説する。そのとき彼は第4巻で導入された魂の3部分説を援用する。魂には3つの部分があって，理知的部分は思考を司り，気概的部分は怒りや悲しみなど感情の座である。欲望的部分は「それによって恋し，飢え，渇き，その他諸々の欲望を感じて興奮するところのもの」（439d）である。この魂の部分説に依拠し，プラトンは詩人が専ら低劣な部分（気概的部分と欲望的部分）の刺激をねらって創作すると語る。

> 感情をたかぶらせる性格の方は，いくらでも種々様々に真似て描くことができるけれども，他方の思慮深く平静な性格はといえば，つねに相似た自己を保つがゆえに，それを真似て描くのは容易ではなく，またそれが描写された場合にも，そうやすやすと理解されるものではない——特に，お祭りのときとか劇場に集まってくる種々雑多な人たちにとってはね。なぜなら，そういう人たちにとっては，そこに真似て描かれているのは，自分の与り知らぬ精神状態だろうから。（…）だから明らかに，真似を事とする作家（詩人）というものは，もし大勢の人々のあいだで好評を得ようとするのならば，生来けっして魂のそのような〔理知的〕部分に向かうようにはできていないし，また彼の知恵は，けっしてその部分を満足させるようにつくられてはいない。彼が向かうのは，感情をたかぶらせる多彩な性格の方であって，それはそのような性格が，真似て描写しやすいからにほかならないのだ。（604e-605a）

ここにも大衆ウケを第一とする詩人の体質が語られている。詩人は「知恵」によって，大衆のドクサが何であるかを鋭く察知し，それに応じた韻律・リズム・調べを伴った言葉を連ねる。飾られた言葉は情念や欲望に関わる多彩な性格を巧みに描いて，大衆の理性をバイパスし，直接感情に訴え快楽を生み出す。詩人は，飽きられないように，つねに目新しい情報の収集につとめ，小手先だけの新奇な工夫を用いて，より多くを求める大衆の〈欲心〉（プレオネクシア）を満足させる物語を作り出す。詩の多様性と新奇さが，大衆の低劣な部分を養い強くし，理知的部分を衰退させ，ついには滅ぼしてしまうのだ。

このように第10巻におけるプラトンの詩人批判は魂のあり方を駄目にすることに向けられている。だが、第2・3巻のそれと同様に、ここでも大衆への辛辣な評価が込みになっている。大衆は、事柄の善悪も知らず、実物と現われ（虚像）の区別もできないため、知者の名に値しない者をその名で呼び、自身の魂のあり方にも無関心である。祭典や劇場での熱狂に身を任せ、魂の秩序が壊れつつあっても気にせず、有害な詩人をむしろ「すぐれた詩人」と誉め讃えるのだ。詩人と大衆の悪しき相互依存関係にプラトンの厳しい視線は注がれているのである。

しかし、1つの疑問が浮かぶ。理知的部分が滅び、低劣な部分が魂全体を支配することが、なぜそもそもいけないことなのか。人は言うかもしれない、「別にそれでいいじゃない。毎日、楽しいのだから」と。この開き直りをプラトンは当然、自らの人間理解と幸福観に基づき否定するだろう。詩人追放論をただしく評価するためには、プラトンの人間理解と幸福観を省みることが不可欠だろう。

第1巻で〈幸福〉が語られている箇所（352d-354a）に注目したい。事物にはそれぞれ固有の〈はたらき〉があり、その〈はたらき〉を見事に発揮させるものが事物にとっての徳であることが確認された上で、魂に固有の〈はたらき〉の1つが「生きること」で、それを見事に発揮させる徳が正義だと言われる。つまり、正義によって人は「よく生きる」ことになるのだ。ギリシア語で「よく生きること」は〈幸福〉を意味するから、正義を備えた正しい人は幸福に生きることになる。

この議論は、その形式性において実に明晰であるが、正義や生きることの内実が不明なため、プラトンの幸福論を理解するのに十分でない。それゆえさらに第4巻の正義論を参照したい。そこで正義は魂の3部分説と関係づけられ、魂の3つの部分に固有の〈はたらき〉をさせる力と定義される。つまり、正義によって、理知的部分は知恵を備えて他の部分を支配するようになり、気概的部分は理知的部分を助けて勇敢に戦い、欲望的部分は他の2つの部分に従って、過度の欲望をもたないようになる。続けてこうも言われる。

〔人は正義によって〕真に自分に固有のことをよく整え、自分で自分を支配し、秩序づけ、自己自身と親しい友となり（…）多くの者

であることを止めて，完全な意味で一人の人間となって，節制と調和を堅持するのである。（443d-e）

ここで言及されている正義の働きかけは，もはや魂の部分や部分相互の関係に対するものではなく，魂全体（＝自己）への作用だと考えられる。正義によって，人は自己自身を友として大切にし，自己分裂を止め自己の一性を確保するのだから，正義は〈自己との融和〉と〈自己同一性〉の原理だと言われているのだ。であれば，先の幸福の形式的説明と重ね合わせると，人間にとっての幸福——正義によって成立する魂の状態——は自己との融和と自己同一性においてあると解釈できるだろう。この洞察がプラトンの人間理解・幸福論の基底にある[16]。

すると，詩人は人々を不幸にするのか。第10巻の詩人追放論末尾に置かれた「詩に対する最大の告発」（605c-607a）を見，プラトンの人間理解と幸福観がそれにどう反映しているのかを考察しよう。告発内容は，詩人が「すぐれた人物たち」にも悪影響を与えてしまうということである。すぐれた人は，自身に生じた災難に対しては，雄々しく耐え平静さを保とうとするが，他方，英雄が悲しみにくれて涙ながら語るさまを詩人が見事に描写するとき，大衆に負けず劣らず賞讃する。〈自己〉については恥により抑制していた魂の感情的部分を〈他者〉については解放し快楽を味わうのである。この人は，そのうち感情的部分を抑えることができなくなり，魂の秩序を失うだろう——プラトンはこう指摘する。

この告発の要は，自己と他者が相互に浸透しあうという〈人間の条件〉について当人が無頓着な点にある。初期教育論で見たように，他者のドクサは様々な仕方で自己の魂に進入してくるが，逆に自分のドクサが周囲に影響を与えもする。言い換えれば，魂という場で〈自己の固有性〉と〈他者性〉とが絶えず交錯し1つの形（＝性格）を織りなしているのである。先のすぐれた人はこの根源的事実について無知なまま，自己がそうあることをよしとせず恥じるような人物を嫌悪感なく快と共に

---

16) かくして大衆には〈外的強制力〉であった正義が，プラトンによって〈魂の内側から自己を作りあげる力〉と語り直される。欲心の満足（プレオネクシア）という〈幸福＝欲求充足〉説や快楽主義では自己の存在は語れないのだ。松永（1993: 221-43）参照。

賞讃する。それゆえ，彼は同じことについて承認しかつ否認する自己矛盾を抱え込んでいると言えよう。その限りで，彼は自己分裂を蒙っているのである。しかも彼はこの状況に気づかず，詩が生み出す快楽に身を委ねて，魂のあり方を反省することを忌避している（自分が嫌いだからだ！）。プラトン的に言えば，自己分裂と自己嫌悪に陥っている——つまりは〈不幸〉な人生を送っているのである。

　ゆえに，詩人が非難されるのは，聴衆の魂に秩序崩壊をもたらすことに加えて，聴衆が自己について考えなくなる——不幸なまま留まる——ことを助長する点にある。聴衆は，生まれてこのかた受動的に育まれた美・醜の感覚に合う作品を提供されて，ぬるま湯につかっているような心地よさを覚えながら，日常に戻っていく。詩の生み出す快楽を，藤田省三に従って，〈安楽〉と呼ぶことができよう[17]。安楽とは「不快のない状態」という二重否定的な心の動きである。詩人が大衆にこびて共同体で支配的な価値・規範への批判を欠いた作品を生む一方，大衆は自身の生き方が「知者」によって承認されるため，満足したまま〈安楽〉を追求して生きるが，その実，魂は分裂し，自己嫌悪に苛まれているのである。詩人と大衆のもたれ合いがプラトンの詩人批判の根本にある。

　私たちが以上で確認したのは，プラトンの詩人批判が徹底して彼の人間理解と幸福観に基づいてなされているということだった。人間は成長過程で社会の規範を一方的に受容せざるをえない。もし〈よい〉社会の規範であれば，無批判的に生きることも可能かもしれない。しかし〈よさ〉を欠いた社会で生きていく場合，人は生の原理を積極的に捉え直す必要がある。そうして〈自己の固有性〉と〈他者性〉がそれぞれの独自性を保ちながら見事に融合する可能性——自己同一性と自己との融和からなる〈幸福〉の可能性——が生じる。プラトンが「いかに生きるべきか」という問を哲学の中心に据えたのもそのためだった。それに対し，詩人をはじめとする〈文化の担い手〉は，青少年には一方的に社会の規範を植え付け，ドクサの夢を見ながら眠り続ける大人には甘く快い子守歌を聴かせるのみで，生の原理を積極的に吟味する機会——生を

　17）藤田（1995: 3-15）は，今日の我々が「安楽追求の不安」という精神的窮乏に陥っている，と指摘する。これはプラトンの大衆批判とほぼ同質のものである。

択びなおす機会——を与えない。この点にプラトンの眼差しは向けられていたのである[18]。

　さて冒頭の問題に戻ろう。プラトンは詩人哲学者なのか，それとも，彼にとって詩は余技で彼の本質を構成しないのか。まず指摘すべきは，プラトンの対話篇は彼が非難する文学作品とは異なり，読者が自らの生の原理を反省するよう促す——ドクサのまどろみから精神を目覚めさせる——ということである。ソクラテスと対話相手の議論に懸命についていくこと——つまりプラトンの思考の跡を辿ること——それ自体が，読者自身の生き方を吟味することに直結しているのだ。そうであれば，この意味で対話篇は哲学への導きとなる可能性を含んでいるとも言える。読者が倦むことなくその理解につとめるという条件付きで。そしてこの条件に関しては，彼が対話篇の中に散りばめる豊かな芸術的要素に注目すべきだ。とりわけ『ポリテイア』をはじめとする中期著作は，魅力的なミュートスや比喩，アナロジー等，文学的香気に満ちあふれている。それらは合理的思考が行き詰まったときに導入され，新たな地平への跳躍を可能にし，さらなるロゴスを誘発する。そこに相補性はあるが，衝突は見当たらない。プラトンの対話篇は緊張ある調和関係を保ったミュートスとロゴスにより綴られた哲学探究の記録なのだ[19]。彼のミュートスは思考力が鍛えられていない若者や大衆——そして現在の私たち——をも探究へと誘い，ロゴスの力と相俟って，読者を〈生の選択＝択び直し〉へと向き合わせるのである。であるから詩人追放論を締めくくるソクラテスの言葉はプラトンにこそ当てはまる。

　　我々が頑固で粗野だと非難されないためにも，哲学と詩（創作）と

　18）　プラトンは，詩人たち（文化の担い手）と哲学者を対置させ，どちらが大衆にとって善をなすのかを追求しているとも言える。E・サイード風に語れば，どちらが真の意味で〈知識人〉たりうるかを問うているのだ。サイード（1995）によれば，〈知識人〉は，共同体のドクマから自由なアマチュアでアウトサイダーであり，マイノリティの代弁者である——ソクラテスのように。

　19）　ミュートスはそれ自体「神のロゴス」とも呼ばれうるある種の論理性を備えている。プラトンにおける神のロゴスと人間のロゴスの対比については，川島（1986: 153-167）参照。

の間には昔から仲違い（＝アゴーン）ディアポラがあったという事実を，詩に向かって言い添えておくことにしよう。（…）にもかかわらず，我々はここで次のことを言明しておこう。――もし快楽を目標とする詩，すなわち，ミーメーシスが，よく治められた国家のなかにそれが存在しなければならないという，何らかの論拠が提出できるならば，我々としては，よろこんでそれの帰国を迎え入れるだろう。（607b-c）

　詩人が自ら韻律を用いた作品で弁明するか，詩の愛好者が散文で詩の有益さを証明するかが実現すれば，プラトンはすすんで詩人に役割を与えると言う。〈哲学へと誘ういざなう驚き〉や〈学び＝探究の契機〉を人々に提供する詩や議論であれば，彼は「国のあり方と人間の生活のために有益である」（607d）と素直に認めるだろう[20]。そして彼の対話篇とそこに含まれるミュートスこそが第一にそうなのだ[21]。
　ソクラテスは何も書き残さず，市井で誰彼構わず対話をして過ごした。そしてそれが彼にとって哲学であった。文化の担い手が物語的・説得的言葉を駆使して活躍する公的な場でも，仲間内で専門用語ジャーゴンを交わし合う閉じられた私的な場でもなく，ソクラテスは〈1対1の人間関係〉を基本とする対話的ロゴスに立脚して自由と平等の支配するセミパブリックな空間に生きた。オーラル・ソサイエティの理想をその空間に認め，それを哲学として表現したのである[22]。一方，プラトンは，そのような師の営みを対話篇で再現し展開させ，同時に独自の詩才を発揮した。確かに，ソクラテスの刑死の衝撃は彼にオーラルな世界の限界を悟らせ文字への逃避をもたらしたが，彼の逃避は決して消極的なものでは

　　20）　第9巻でプラトンは〈学び〉に伴う〈喜び〉を「虚偽の快」と呼ばれる〈安楽〉からはっきり区別している（580d-588a）。
　　21）　プラトン的視点からは，ホメロスや悲劇は祭り上げられるのでなく，常に再解釈を必要とすると言わねばならない。〈驚き〉と〈学び〉を生みだすものと見事に解釈されるとき，詩は真の意味で「古典」となり，正当に擁護されるだろう。平田（2001: 91-119）は，現存する悲劇の教育は「愛国教育」とは異なるものであり，むしろ「自己相対化の教育」であったと指摘する。これは最初の解釈者である観客と悲劇とが緊張関係を保っていた前5世紀――プラトンが執筆していた前4世紀ではなく――のアテナイでかろうじて成立し得たものだったのかもしれない。
　　22）　セミパブリックな空間・時間と対話の関連については，平田（1998）に詳しい。

なく，師の対話的営みに新たな光を当てる冒険的企て——哲学と詩の闘争を内含した——でもあったのだ[23]。言うまでもなく，これは彼なりのソクラテスへの応答——〈プラトンの固有性〉と〈ソクラテスという他者性〉の調和の生成——であり，さらに大衆・若者・現在の私たちとの対話の試みでもある。この意味で，プラトンは文学的要素を哲学の媒体となしえた稀有な例だと結論したい[24]。

---

 23) プラトンの現実は執筆活動以外にも，エリートを相手にしたアカデメイアでの教育活動と挫折に満ちた政治活動をも含んでいて，決して単純ではない。
 24) プラトンの弟子アリストテレスが残した著作——講義ノートとも言われる——からは彼のロゴス独特の緊張感は読みとれるものの，大衆ですら惹きつける文学的色彩はもはや失われている。

第 9 章

教養教育としての〈古典〉の読解

———————

はじめに

　今，大学で哲学が人気だ。少なくとも，イギリスやアメリカでは。
　ガーディアン紙（2007 年 11 月 20 日電子版）によると，イギリスの大学で哲学を専攻した学生の就職率が上昇中で，卒業生の数も全英で 2001 年の 895 人から 2006 年には倍以上の 2040 人に増えている。ケンブリッジ大学の S・ブラックバーンはインタビューに答えて，哲学が現実世界を分析する政治哲学を中心に据えるようになった点にその原因を見ている。
　ニューヨークタイムズ紙（2008 年 4 月 6 日電子版）も全米の大学で哲学専攻学生が増加していること（例えば，複数の有名大で 90 年代に比べ 2 倍以上）を報じ，哲学を通じて習得する議論を展開する力や分析能力が卒業後に役立つからだという説を紹介している。
　だが，現代を生き抜くための道具として哲学が「有用」（useful）だと考える「新世代」（ニューヨークタイムズ）の学生たちは，他方で，形而上学や認識論など伝統的哲学は軽視し，哲学の古典的作品を読むのを敬遠する傾向にあるとのことだ。哲学を一面的・表層的に捉え，実社会での成功にとっての（小手先の）技術とみなすことに基づくこの「人気」は，学生たちに影響を及ぼしてきた社会の多くの人たちの哲学・社会・人生に関する見方を反映しているにすぎないとも言えまいか。
　ではしかし，存在や認識や神など伝統的諸問題を取り扱ってきた〈古

典〉（The Great Books）を読む意味はもはや失われてしまったのだろうか。浮世離れした「役立たず」の本として手に取る価値すらないのだろうか。否むしろ上述の傾向性故にこそ，古典の価値は輝き出すのではないか。ここで私は，古典中の古典とも言える，プラトンの『ポリテイア』を取りあげて，大学教育において学生が哲学を学ぶ意味，とりわけ，古典を読むべき理由を考えてみたい。その作品が古典からの〈学び〉と教育のあり方を主題化しているからである。

1 『ポリテイア』の問題と教育論の位置づけ

2400年ほど前に書かれた『ポリテイア』は，60歳頃のソクラテスと2人の若者（グラウコンとアデイマントスの兄弟）の語り合いが中心の対話篇である。若者たちは迷っている。生まれもよく才能あふれる彼らには，自分たちが生きる民主政アテネの現実が腑に落ちないのだ。ではその現実とは何か。

アテネは民主政（dêmocratia）だけに，何事にも民衆（dêmos・大衆）が政治と文化の中心にいる。中でも民会や法廷，劇場といった公的空間は彼らの独壇場である。政策決定も，裁判の結果も，市民教育の場である悲劇のコンテストも，多数の意見・評判を勝ち取ることによるのが民主政の仕組だからだ。こうした〈評判のポリティクス〉[1]が支配するアテネで力を得るためには，多数を説得する言葉の力を身につける必要がある。言葉に関する技術，「弁論術」が若い世代で流行した所以である。（事柄の理解はさておき）この技術によって公的空間で成功し名を挙げることで，個人の幸福が得られると信じられていたのであった。私的な自己利益（self-interest）の追求を公共の場で行なうという，プライヴェート（私）とパブリック（公）がごちゃまぜになった生き方——「公私混合の生」と呼ぼう——への懐疑が2人の若者の内にある。

公私の混合は民主政での正義の捉え方において一番色濃く出てくる。自己利益を追求するエゴイストの大衆は，本心では何物にも縛られない

---

1) Cohen（1991）の言葉。

やりたい放題できる自由を求めている。しかしひとりひとりでは力のない弱者の彼らは制限がないと強者に負けて不利益を蒙ると思う。そこで〈何でも自由〉の競争主義（新自由主義！）は認めず，一定の制限を平等に設けてある程度の自由を得ることで満足するようになる。対他関係を律するきまりである，この公的制限こそが「正義」なのである。したがって，大衆にとって，平等を旨とする正義は自由を確保するために必要だが，本来はない方がよい「必要悪」（消極的善）でしかないのだ。正義はそれ自体では求められておらず，ないと私的に困るから嫌々ながら尊重されているにすぎないのである。

　後のホッブズやロールズにも繋がる「正義の社会契約説」の原型がここにある。貴族の裔で育ちの良い2人の若者には，民会などの公的空間で自分を売り込む恥知らずな真似は到底できないし，正義にほのかな憧憬も抱いていて「必要悪」と断ずることもできない。幼時より耳にしてきた正義観は間違っていて，本当の正義は別にあるのではないか。公的活動をせずとも，正義に従った私的な生き方がそれ自体で幸福だとは言えないのか。一生涯「いかに生きるべきか」の問と格闘してきたソクラテスなら正義を救ってくれまいか。2人にはこのような迷いと希望があり，「正義とは何か」をソクラテスに問いかけるのである。

　自由と平等を尊重する裏にあるエゴイズムという公私混合の正義理解[2]が民主政を根底から支えるという構造は，そのまま現在の日本にも当てはまるだろう。また，政治に関与せず私的生活を楽しみたい若者も少なくない。時代性を超えて普遍に触れる2人の問は私たちの問でもあるのだ。ではソクラテスはこの問にどのように向き合ったのだろうか。

　ソクラテスが採用する方法は，公私混合的に捉えられた正義を公私別々に分けて考察し，その上で両者が共に「正義」であるという点で比較するといったものである（〈ポリスと魂の類比〉という方法）。つまり，対人関係を律するきまりとしてポリスを支配する公的倫理（ポリスにおける正義）と個人の行動原理としての私的倫理（魂における正義）をあえて方法的に分けて論じるのである[3]。

　まず，ポリスにおける正義は，想像力を駆使して理想的なポリスを建

---

[2]　そして個々人の欲求を肯定し，その充足を幸福とする見方。
[3]　この点は栗原（2008: 75-103）で主題的に論じた。

設する中で明らかになる。すなわち，それはポリスの各市民が自身の能力に応じた仕事をきちんとすることである。ソクラテスは市民の教育を重視し，時間を十分かけてそのあるべき形を語っていく。この教育は徳ある市民を作り出すのであるから，優れた意味において道徳教育である。次節ではこの教育論の特徴を考察する。

　ポリスにおける正義を明らかにした後で，ソクラテスはポリスと同様の構造を魂に認め，類比的に魂における正義を定義する。その結果第4巻末で，正しい魂を備えた正しい人が不正な人よりも幸福であることが証明され，2人の若者に対する一応の回答がなされたことになる。だが議論はここでは終わらなかった。若者たちは理想ポリスの細部にこだわり，その実現可能性を証明するよう頼むのである。ソクラテスが「男女役割平等論」「妻子共有論」に続いて語り出したのが，かの有名な「哲学者統治論」であった。哲学者が支配者になるか，現在の支配者が哲学を行なうかしなければ，理想的なポリスの実現はありえない！『ポリテイア』の議論はこうして〈哲学者〉の何たるかに焦点が当てられることになる。本章が後に問題にするのもこの点であり，哲学者の育成がどのように描かれているのかをしっかり見ていきたい。

　理想的なポリスの支配に従事する哲学者の生き方が見事に描写されることによって，2人の若者（そして読者）には「どのような生を択び，生きるべきか」を考えるためのモデルが提供されることになった。自身の生の現実を哲人王（及びそのポリス）と比較することで，いかに生きるべきかを思考する手がかりを得るのである。こうして『ポリテイア』は極めて実践的な性格を帯びつつ幕を閉じる。だが結論を急ぐまい。ここでは『ポリテイア』全体の流れを追ったことで満足しよう。本章が何よりも目指すのは，2つの教育論の内容とその関係の解明なのである。

2　市民教育論（第2・3巻）

　理想的なポリスの市民に対する教育はどのようになされるのか。先にも述べたように，市民教育は本質的に道徳教育である。有徳な市民を作り上げる方法についてソクラテスはギリシアの伝統的なやり方を踏襲す

る。すなわち，音楽・文芸と体育による教育である[4]。ここではムーシケーに絞ってみていくことにしよう。

ソクラテスの考えでは，道徳教育は社会規範・伝統・文化を子どもに詩や物語を通じて叩き込み「彼らの魂を造型すること」(377c) である。ホメロスやヘシオドスといった前5世紀には既に〈古典〉であった詩人の作品には，神々やすぐれた人間である英雄たちの振る舞いが語られている。子どもらは幼い頃から，物語を通じて彼らの言行を耳にしたり実際に模倣したりしながら〈すぐれた市民〉となることを強いられるのだ。ソクラテスの同時代人である悲劇詩人たちは，年に1度の大ディオニュシア祭という全市民参加の祭典で，神話を再解釈した劇を上演することで市民の教育をはかる[5]。成人後も市民は，オイディプスやアンティゴネといった英雄が運命に立ち向かう様を目の当たりにして，「いかに行為すべきか」を学び取るのである。

ソクラテスには，詩人の物語を主たる媒体とする現行の教育システムを変更する意図はない。彼にとって重要なのは，彼の暮らす社会自体が歪んでおり，現に通用している規範をそのままの形で子どもに内化させることは到底出来ないということだった。だが教育論で彼が試みるのは社会批判ではなく，規範の運び手であり教育のツールでもある詩人の詩・物語の「検閲」である。

> 物語の作り手たちを監督しなければならないようだ。そして，彼らがよい物語を作ったならそれを受け入れ，そうでない物語は拒けなければならない。(377b-c)[6]

物語の「よい／悪い」は物語の中に含まれている「考え・ドクサ」がただしいか否かにより，そのただしさは，物語が神々や英雄を人間の理想型・モデルとして相応しいように描いているかどうかに基づく。例えば，真によき者である筈の神々が人間にとって悪・災いの原因とする物語は排除されるし，登場人物が死を恐れる様子を語る詩句も，将来ポ

---

[4] ギリシアの伝統的な教育のあり方については，マルー (1985) に詳しい。
[5] 詩人たちは市民の「教師」と呼ばれてもいた。
[6] 『ポリテイア』からの引用は藤沢令夫訳 (1979) を用いる。

リスの守護者になる人が聞くには相応しくないと除かれる。このような作業によって彫琢された物語を聞き，登場人物の真似をすることで，子どもたちは勇気・節制を中心とする徳を身につけていく[7]。そして支配者，戦士，生産者と階層分けされたポリスの中で〈自分の仕事をすること〉という社会的正義を獲得するに至る。このような意味で，あるべき公的倫理は市民が自らの社会的役割を果たすことに帰着すると言えよう。

さて，この教育論を伝統的立場から批判することは難しい。なぜなら，伝統文化の教育的役割を踏まえた上で，理詰めでその矛盾をつくという試みだからだ。例えば，もし英雄が酒に酔っ払い暴力を振るう場面を描くなら，それが英雄の概念（＝すぐれた存在）に抵触するのみならず，子どもに真似を許していいのか，と詰問されるだろう。リベラルな立場から「それも人間のありのままの姿だ，子どもに教えるのは重要だ」と反論しても，英雄がモデルたりえないなら，どう子どもにその「重要さ」を説明できるのか。物語の語り手の権威すら危うくなる。ここで展開されているのはあくまで市民教育であり，子どもへの社会規範の内化なのである。放蕩や暴力を肯定する教育を施すことは，どんな社会が目指されているとしても，確実にその統一性を揺るがすことになるだろう。

またこの教育論の特徴の1つに，子どもの自発性をほとんど顧みず，強制的に規範・ドクサを注入する点がある。

> どのような仕事でも，その始めこそが最も重要なのだが，何であれ若くて柔らかいものを相手にする場合には，とくにそうなのではないかね？ なぜなら，とりわけその時期にこそ形づくられるのだし，それぞれの者に捺そう望むままの型がつけられるからだ。（377a-b）

模倣にしてもモデルを自ら択ぶ余地はなく，与えられたものをそのまま真似ることになる。子どものこうした受動性は，理性がまだ働かない

---

[7] 勇気は守護者となるべき人の徳であり，節制は全市民の徳である。

ことで説明される。子どもは物語に隠された裏の意味を読み取ることもできず，美しいものや醜いものについても「なぜそうなのかという理を把握することができない」(402a)。したがって，本来受動的な子どもの性格形成にとって教育をはじめとした周囲の影響が絶対視されるのも当然なのである。それゆえ，ソクラテスが展開する教育が施されることがない，現実のアテネでは物語による教育が間違っているだけでなく，劣悪な公的環境が問題視されることになる。

> 大衆が国民議会だとか，法廷だとか，劇場だとか，陣営だとか，あるいはその他，何らかの公に催される多数者の集会において，大勢いっしょに腰をおろし，大騒ぎしながら，そこで言われたり行われたりすることを，あるいは賞讃し，あるいは非難する（…）このような状況のただなかにあって（…）若者は，彼ら群衆が美しいと主張するものをそのまま美しいと主張し，醜いと主張するものをそのまま醜いと主張するようになり，彼らが行うとおりのことを自分の仕事とするようになり，かくて彼らと同じような人間になるのではなかろうか？（492b-d）

もしソクラテスの推奨する教育を受けた市民が子ども・若者に好影響を及ぼすならば，同様の「徳ある市民」が生まれようが，さもなければ，劣悪な市民の拡大再生産がなされることになる。しかも互いを「すぐれた市民」と呼び合いながらである。公私が混合した〈評判のポリティクス〉の中で生み出された「諸徳」を所有している限り，市民としてすぐれているとみなされるからである。

以上で概観された論によれば，市民教育＝道徳教育とは，伝統文化を前提とした社会規範を，詩人の物語――〈古典〉やその再解釈――を中心とする周囲の影響力[8]の中で，子ども・若者にいわば強制的に注入

---

8) ここでは強調しなかったが，ムーシケーは音楽の要素を含む。その場合は，リズムと調べが歌詞内容に伴って影響力をもつとされる。また性格形成は音楽・文芸作品だけでなく，彫像や建築物など他の工芸品の影響も受けると考えられている (401b-d)。ギリシア語で「教育・パイデイア」は文化一般をも意味するのである。

することである。但しこの場合，伝統文化は哲学的に再解釈されるべき点が肝要である。内化さるべき規範は，その時代のアテネの大衆の考え・ドクサから独立に，市民が本来所有すべき徳という観点から捉え直されているのである。この哲学的反省が企てられないならば，市民教育は公私混合の生を送る市民を再生産するのみで，社会の有り様は何も変わらない。民主政下の道徳教育が直面する問題はまさにそこにあると言えよう。

3　哲学者とは誰か？（第5・6巻）

前節の考察は，ソクラテスの市民教育論が哲学的反省を要請する点で民主政下の市民教育の現実を批判していることを明らかにした。私たちは，教育のあり方をめぐって大衆と哲学者が争い合う現場に出くわしたのである。続く『ポリテイア』の中心巻（第5・6・7巻）は一般に，理想的ポリスの実現可能性を問題にする大いなる「脱線」部と解されるが，しかしそこでソクラテスが哲学者をそのポリスの支配者と描くに至って，2つのポリス——民主政アテネと理想的ポリス——の対比が大衆と哲学者の対立の形で鮮明化する。その意味で中心巻は「脱線」ではなく，市民教育論からの一連の流れのうちに置きうるだろう。換言すれば，民主政下で公私混合の生から離れて私的生活を送る哲学者が大衆と対決しながら理想的ポリスを建設することによって自らの民主政を打破するといった論と捉えうるのである。そのようにして，グラウコンとアデイマントスをはじめとする民主政に生きる若者（聴き手・読者）に，2種類の〈生〉のあり方が提示され，どちらを選択するのか迫る構造になっている。哲学者の養成をめぐる人間教育論をみる前に，ここでは哲学者が大衆との対比でどのような存在だと理解されているかを確認していきたい。

民主政アテネに生きる哲学者は大衆にとって理解を超えた存在であった。

実情はといえば，哲学を志して若いときに教養の仕上げのつもりでそれに触れたうえで足を洗うことをせずに，必要以上に長いあいだ哲学に時を過ごした人たちは，その大多数が，よしまったくの碌でなしとまでは言わぬとしても，正常な人間からほど遠い者になってしまう。最も優秀だと思われていた人たちでさえも，あなたが賞揚するこの仕事（哲学）のおかげで，国家社会に役立たない人間となってしまうことだけはたしかなのだ。(487c-d)

　ここには哲学者に対する大衆の2つの意見が表明されている。1つは，哲学者はほとんど碌でなしだというもの，もう1つは，哲学者は役立たずだというものである。ソクラテスはこうした意見が広まっているのを当然とし，「哲学者たちが尊敬されたとしたら，そのほうがよほど不思議だ」(489b)と述べる。なぜなら，哲学者は私生活で自分の学問研究に没入し公的生活をまったく顧みないため，公私混合の生活を送ることに疑いを抱かない大衆とは住む世界が違うからだ。だからそのような哲学者が「役立たず」なのも当たり前で，役立てない大衆の方がいけないのである。また哲学的才能を豊かに備えた人も，若い頃から周囲の取り巻き連中にちやほやされて堕落してしまい，ポリスに最大の害悪をなすものも出てくる。残るは，才能がないにもかかわらず「哲学」の美名に誘われて「哲学者」を自称する者たちだけである。これが現状なら，哲学への大衆の非難は無理からぬことと言える。
　そこでソクラテスが試みるのは，大衆に「穏やかに言い聞かせる気持で，学問愛好に対する偏見を解いてやり〈哲学者〉とはどういう人々のことかを教えてやる」(cf.499e)ことだった。ここに「イデア論」が登場する。彼はイデアとの関わり方の違いにより大衆と哲学者を区別する。大衆はイデアとイデアを分有するものを区別できず，後者を本当にあるものと勘違いして生きている。例えば，大衆は〈美〉のイデアとそれを分有する「美しい形・色・音」の区別ができないし，真に存在するのは，今ここで具体的に出会っている個々の美しいもの――人によって違い，時間・場所の限定も受ける――しかないと考えている。それに対し哲学者は両者を区別し，本当に存在するものである〈美〉のイデアが何であるかを常に探究している。今ここで出会っているものはその

似像でしかないことを承知しているからだ。このようにして，真実でないものを真実と思いなしている大衆は夢を見ながら生きており，真実を探究し，像を像とただしく思いなしている哲学者は目覚めて生きているとされるのである。

　むろんこうした説明については，相対主義者から直ちにイデアのような絶対的なものなど存在しないという反論がくるだろう。相対主義──これこそまさに大衆の立場なのである[9]。だが私たちは哲学(philosophia) が真実を愛することであると同時に，その本性上，知を愛すること，〈学び〉を愛することとみなされている事実を想起しよう。名目上は（nominally）大衆ですら同意するこの事実は，大衆自身が個々の認識の場面でわかったつもりになっていることの欺瞞を暴き出すのではないか。第1に，説明を与えうることは〈知〉にとって必要条件とみなしつつ，個人的経験は当人にとってのみ真実であって他人には接近不可能とする臆見。第2に，現在の個別経験に先立って，その当のものを何らか学んでいた事実の忘却。第3に，その学びに立ち会っていた他者から名指しの仕方を教示されていた事実。第4に，美や正義や善については確かに個々の経験は何か非充足的であるが，それはさらなる学びを促しているのだという感覚。大衆はこうしたこと全てに気づき，かつ，気づいていない〈知と不知の中間の思わく＝ドクサ〉（477c-478d）の内に生きているのではないだろうか。

　ソクラテスはこう結論する。

　　そのような人々（大衆）は〈愛知者〉（哲学者）であるよりは〈思わく愛好者〉であると呼んだとしても，我々はそれほど奇妙な言葉遣いをしたことにならないだろうね？　そんな言い方をしたら，彼らは我々に対して，ひどく腹を立てるだろうか？（480a）

　大衆の代弁者をつとめるグラウコンは断言する。

　　いいえ──彼らが私の言うことに従ってくれさえすればね（…）

　9）プロタゴラスの有名な「人間は万物の尺度である」は相対主義の高らかな宣言である。

真実のことに対して腹を立てるのは，許されないことですから。(480a)

ここで注意すべきは，大衆と哲学者の対比は民主政下における2種類の生き方の対比だという点である。大衆は〈評判のポリティクス〉の中で夢を見ながら公私混合の生を送る。他方，哲学者は公的活動には完全に背を向けて，真理を追究する私的生活を送る。目覚めているからこそ政治には無関心で公的生活にすすんで入ったりはしない。そのため大衆の考え・ドクサに踊らされることもなく，普遍的な真理を追い求めることができる。こうした対比を通じて，中心巻の議論は，本来の公的生活はどうあるべきかという第2～4巻の問題枠を抜け出し，人生全体のあり方を問題にしているのである。

4　人間教育論（第7巻）

善・美・正義について真実を知った者が現実社会で支配するなら，理想的なポリスは実現するだろう。だがこれはパラドクスだ[10]。なぜなら，その唯一の可能性たる哲学者は私的生活に没入し，支配なる公的活動には見向きもしないからである。この逆説はどう解消されるのだろうか。私たちは哲学史上最も有名な比喩の1つである「洞窟の比喩」をみる必要がある。

> 教育と無教育ということに関連して，我々人間の本性を，次のような状態に似ているものと考えてくれたまえ。地下にある洞窟上の住いのなかにいる人間たちを思い描いてもらおう。
> 光明のあるほうへ向かって，長い奥行きをもった入口が，洞窟の幅いっぱいに開いている。人間たちはこの住いのなかで，子供のときからずっと手足も首も縛られたままでいるので，そこから動くこともできないし，また前のほうばかり見ることになって，縛めのため

---

10)　Paradox とは「ドクサ（通念・常識・doxa）から離れて（para）」を意味する。

に，頭をうしろへめぐらすことはできないのだ。(514a-b)

「洞窟の比喩」の導入部は，これが教育を主題とすることを明示している。さらに重要なのは，この状態が私たち人間の〈本性・ピュシス〉に基づくということである。この比喩は単に当時の民主政アテネのみを喩えているのでなく，人間社会一般の構造の説明を意図しているのだ。私たちの社会は洞窟であり，子どもの頃から私たちは洞窟の奥底で縛られ，光に背を向け壁面だけを眺めて暮すのが自然・当然なのである。

私たちが見つめているものは，私たちの背後で動く人工物が後方から火に照らされたために作り出す影である。前方のみを見てきた私たちにはその仕組はわからない。眼前の影を真実だと思いなしているのである。ソクラテスはこの部分にもう1つの比喩を組み込む。

> この火と，この囚人たちのあいだに，1つの道が上のほうについていて，その道に沿って低い壁のようなものが，しつらえてあるとしよう。それはちょうど，人形遣いの前に衝立が置かれてあって，その上から操り人形を出して見せるのと，同じようなぐあいになっている。(514b)

この比喩を素直に受け取ろう。私たちは幼少より「人形遣い」によって映し出された影を学んできた，と。するとこれは第2節でみた市民教育を表しているに相違ない。人形遣いはむろん詩人だ。詩人が伝える社会規範・伝統文化を私たちはいわば強制的に注入されてきたのである[11]。市民教育論が強調したのは，これが民主政のみならず理想的ポリスでも行われる，その意味で人間本性に由来する道徳教育のあり方ということだった。伝統文化から出発せざるをえないのは人間の条件なのである。

だが「洞窟の比喩」はもう1つ別の教育を語り出す。縛られている私たちのところへ誰かがやってきて縛めを解き，向きを変えて「人形」

---

11) 繰り返し強調するが，これは詩人の独断的な「操作」を意味するのでは決してない。民主政下において詩人と大衆はもたれ合いを演じているのである。この点については本書第8章で詳しく論じた。

と光源を見させ，さらには洞窟の外へと導き上げていくのである。火を直視したことがなかった私たちは当初は嫌がり，もといた場所に戻ろうとする。しかし徐々に慣れてくると，今いる洞窟内の仕組が理解でき，これまで真実だと思っていたものが全くのフィクションであったことに気づくのだ。この不知の自覚に続いて，長くて急な坂道を導き手と共に登っていき，ついに地上に至る。日光のあまりの眩しさに洞窟内に戻りたくもなるが，それに耐え抜くと真実の世界が広がっているのに気づく。洞窟内の人工物のもとであった真実在と出会うのである。だがここでも訓練を要する。まずは真実在の影を観察して目を慣らした上で，実物を考察し知を獲得し，そして最後に，万物の原因根拠である太陽を観照するのである。

この第2の教育は，人間が本性上市民であることにつきないことを明確に示している。公的な社会規範・伝統文化から離れて真実在を問い求めることに人間の本然のあり方が省みられており，第2の教育はそうした人間を作り出すという意味で「人間教育」なのである[12]。だが同時に，この教育は夢の中で生きる大衆的状態から目を覚まし探究しながら生きる哲学者へと導く「哲学者教育」でもあると言えよう。この「人間＝哲学者教育」は原理的に万人に開かれている。

> そもそも教育というものは，ある人々が世に宣言しながら主張しているような，そんなものではないということだ。彼らの主張によれば，魂のなかに知識がないから，自分たちが知識をなかに入れてやるのだ，ということらしい——あたかも盲人の目のなかに，視力を外から植えつけるかのようにね。(518b-c)

知識注入型の市民教育によって得られた魂の徳は「事実上は身体の徳のほうに近いもの」(519d)で，「以前にはなかったが後になってから，習慣と練習によって内に形成されるもの」(519e)であるが，今問題にしている教育は知の徳に関わる。

---

12) この教育の第1段階である算術についてグラウコンは「そもそも人間であるためにもすでに，必要欠くべからざるものです」(522e)と発言する。

> ひとりひとりの人間がもっているそのような〔真理を知るための〕機能と各人がそれによって学び知るところの器官とは、は́じ́め́か́ら́魂́の́な́か́に́内́在́し́て́い́る́のであって、ただそれを（…）魂の全体といっしょに生成流転する世界から一転させて、実在および実在のうち最も光り輝くものを観るに堪えうるようになるまで、導いていかなければならないのだ。(518c-d)

　人間教育とは、知らないのに知っていると思い込んでいる状態から、知らない状態に気づかせ、さらに知へと導き、最後には「実在のうち最も光り輝くもの」である〈善〉のイデアの観照にまで至らしめる教育であり、学び知るための「器官を転向させることがどうすればいちばんやさしく、いちばん効果的に達成されるかを考える、向け変えの技術」(518d) なのである。
　この人間教育は2つの段階からなる。算術、平面幾何学、立体幾何学、天文学、音楽理論の順で学ばれる「前奏曲」としての予備学問と、イデアの学習である「本曲」としての哲学的問答法（ディアレクティケー）である。前者の数学的諸学科は「洞窟の比喩」では、後方への向き直りと登攀の過程、そして洞窟を出た後の地上での影の学習に相当すると思われる。重要なのは3点。第1に、こうした学科には日常的な感覚経験から私たちを引き離し、経験の根拠を問う知性を目覚めさせる役割がある。例えば、眼前の正方形の認識には常に既に感覚的図形の不完全さの了解と、それを「正方形」と認識させる因となる真実の〈正方形〉の知性的把握が存在する。幾何学の学習が〈正方形〉の何であるかを問うよう促すように、数学的諸学科は個別のもの一切の原因根拠たる普遍をめがけ知性の視線を上方に向けさせる訓練となるのだ。第2に、それゆえ、そうした諸学科の実用的価値は問題にならない。対話者グラウコンはしきりにそれらの日常生活における有用性に言及する[13]が、そういう側面はこの文脈ではまったく的外れだ。なぜなら、市民教育がもたらす社会的役割といった、公的社会的な有用性という価値体系からの離脱が一番のポイントだからである。第3に、ソクラテスは諸学科の専

13）　グラウコンの「俗っぽい推賞」(528e) の例として 526d, 527d 参照。

門家の存在を指摘しつつ，私たち学習者が専門分化する傾向に陥らないよう警告を発する。これらの学問は存在としては普遍を扱いつつも，対象領域としては個々に異なる個別的専門性を備えている。専門領域に没頭するあまり，全体を観る視野を失ってはならないのである。

　予備学問の後に，本来の意味での教育である哲学的問答法が続く。だがソクラテスはグラウコンが「これ以上ついてくることはできない」（533a）と語り，その内容理解は既に哲学に従事している人にしかわからないと言う。彼の簡潔な説明を敷衍すると，哲学的問答法が目論むのは，感覚や社会的通念・思わく（ドクサ）といったものを一切前提とせずに，事柄自体のあり方を基準として「それぞれのものの本質を説明する言論を求めて手に入れること」（534b）である。私たちは人間の条件としてドクサの洗礼を受けて生まれ育ってきているが，そのドクサから自由になって，事柄をそれ自体で言論（ロゴス）によってありのままに語ろうとする努力こそが哲学なのである。しかもその対象はもはや専門分化したものではない。人間が人間である限り，いつでもどこでも誰でもが問題とする普遍的なもの，善・美・正義である。現在ですらこれらについて何らか判断を下しうる私たちが，その個別経験の根拠である，事柄それ自体での〈学び〉を既にある仕方で経ているのは間違いない。哲学とはそうした〈学びの経験〉——事柄それ自体・イデアとの出会い——を他者に向かって言語（ロゴス）化するなかで，さらに経験の深化を共同的に試みることに他ならない。説明の成功である〈わかり合うこと〉が人間にとっての善の成立である限り，〈善〉のイデアがその原因根拠となっているのは疑い得ないだろう。

　最後にソクラテスは予備学問の履修は少年時代から始まること，学習を強制してはならないことを述べる。

　　自由な人間たるべき者は，およそいかなる学科を学ぶにあたっても，奴隷状態において学ぶというようなことは，あってはならないからだ。（…）子供たちを学習させながら育てるにあたって，けっして無理強いを加えることなく，むしろ自由に遊ばせるかたちをとらなければならない。（536e-537a）

万事につけて強制的な市民教育と違って，人間教育は自由な遊びの中で行なわれる。その目的は〈自由人〉になることである。これはむろん当時のアテネの〈自由人―奴隷〉図式を前提とした比喩であって，この場合は，私たちが受動的に引き受けざるを得ない社会規範や伝統文化，一言でいえば，ドクサから自由になることを意味する。予備学問の履修を通じて個々人に本来備わっている知性(ヌース)を徐々に目覚めさせ，ドクサから自由になって普遍と出会うことが目指されているわけだ。最終的に，哲学的問答法の能力を身につけた者は「もろもろの学問がもっている相互の間の，また実在の本性との，内部的な結びつきを全体的な立場から綜観する」(537c)ことができるようになる。かくして，哲学的問答法は〈善〉のイデアの認識に至って全体を綜観(シュノプシス)する力を身につけた〈自由人〉を作り出すのであった。

5　哲学と教養──むすびに代えて

　第7巻の「洞窟の比喩」は世俗社会で通用している「よいこと・美しいこと・正しいこと」から独立に善・美・正義のイデアを学ぶことで自由人になる過程を描いている。しかし洞窟の外で観照の生活を私的に送る哲学者を語ることで物語は終わらなかった。自由人となった哲学者は支配すべく洞窟内に帰還することを迫られるのである。私的な哲学者が公的支配に従事するという，前節最初で触れたパラドクスにはどのような解決を与えられるのだろうか[14]。
　まず確認すべきは，教育の"プログラム"を経て哲学者になった人には，自己のうちにポリス的要素がしっかり刻印されているということである。自己のよい生き方を求めるなら，この部分を等閑視することはできない。私たちの哲学者はこのようにして自己の公的側面であるポリス性を尊重する。また自身の生を通時的に眺めると，支配はローテーションで回ってくる人生の一時期のことであり，その他の時間はイデアの観照に費やせることに気づく。自己のポリス性の発揮は限られた時間内の

---

14)　この問題については栗原（2006: 19-37）で詳論した。

第 9 章　教養教育としての〈古典〉の読解　　　227

ことなのである。かくして，全体を綜観する能力を備えた私たちの哲学者は，人生全体を公私の調和の中で生きることを択ぶ。〈善〉のイデアの学びが自己の善き生（＝幸福）の構築へと導くのである。

　ところで，支配に従事する哲学者は善・美・正義の知識に基づき，立法者として法を制定するのみならず，詩人を監督することで市民教育に哲学的根拠づけを与えることになる。道徳教育に哲学的反省が加えられることによってはじめて伝統文化による縛り付けが正当化されるのであった。また哲学者は次世代の支配者を養成すべく，人間教育にも携わる。社会通念や常識・ドクサの奴隷になるのでなく，そうしたものから離れて普遍とふれあう自由人を育てるのである。学生は導き手たる教師とともに，方法的に徹底して〈公〉に背を向け〈私〉に沈潜し，中途半端な「有用性」は求めない。哲学を通じてドクサから離脱することで人間の本来性・ピュシスの回復を目指すのである。

　以上，プラトン『ポリテイア』の 2 つの教育論を概観し，その関係を考察してきた。洞窟に帰還する哲学者の描写は，民主政下の聞き手・読者に，大衆のような公私混合の生と哲学者のような私的生活のどちらを択ぶのかという二者択一ではない，公私が調和的に結合する第 3 の生の可能性を提供している。人生全体を綜観する視座からは，私たちが公も私も疎かにできないのは自明である。だがドクサに包まれてしまうこの点に注意が向かないことが往々にしてあるのだ。なぜなら，『ポリテイア』が語るように，私たちは幼時より生き方の型や人生の目標をドクサとして注入されてきており，自力で批判的に捉え直すことがしづらいからである。だから異なる見方・考え方と出会ったとしても，受動的に形成された自己を壊すかのように思い，敬して遠ざけることにもなる。哲学的訓練はこうした傾向性からの脱却をもたらす。ドクサの内部でドクサの批判は不可能なのであって，ドクサに支配された価値から方法的に離脱すること――洞窟の外に出ること――で初めて生の全体性を回復できると言えよう。

　これが本章最初の問への答となる。先に「若いときの教養の仕上げのため」（487c）に哲学が求められるべきだという大衆の意見・ドクサを引用したが，私たちの人生が全体として綜観され，過去・現在・未来を

通じて公と私を調和的に生きる主体の確立が求められるならば，〈魂の向け変え〉としての哲学は一生涯学ばれ続ける〈教養〉となるだろう。私たちは時間的に分断され，公私がごちゃまぜになった人生を求めないし，幸福とも呼ばないだろう。私たちは〈今・ここ〉で生きながらも，同時に，時空を超えた全体と関わりつつ生きているからだ。本来の教養としての哲学は，〈今・ここ〉の限界とそれが内包する豊かな可能性とを共に気づかせてくれるのである。

　ここに人類の知的遺産としての〈古典〉を読む意味も見出される。私たちは伝統文化から始めざるを得ない。これは人間の条件である。しかし近視眼的に省みられた伝統文化は大衆のドクサでしかない。多くの人々の批判を通じて，時空を超えて生き残ってきた古典は〈今・ここ〉で通用しているドクサを相対化する力を備えているのみならず，現実には未だ出会ったことのない〈これから・別の場所〉への自由な想像力を養う糧ともなりうるのである。古典としての『ポリテイア』が教えてくれたのは，まさにこのことであった。

# 第 10 章

『ピレボス』篇における快と幸福
―― 「虚偽の快」をめぐる第 1 議論 (36c3 - 41a4) の研究 ――

はじめに

　『ピレボス』篇においてプラトンは「人間にとってよき生」の描きを目論む[1]。とりわけ，その構成要素としての〈快〉の本性を考察し，種別化し，必要なものを選別する作業は対話篇の中核を形成する。なかでも「虚偽の快」をめぐる第 1 議論（36c3-41a4）[2]は，単に「よき生」から除外されるべき虚偽の快の性格を説明するだけでなく，「よき生」それ自体についてのプラトンの見解を対話篇の進行に先だって垣間見せているという点で重要だと思われる。1959 年に発表された J・ゴスリングの論文以来夥しい数の研究がこの箇所についてなされてきたが[3]，その殆どは快と「よき生」の関係に注意を払ってこなかった。本章で私は，研究者の関心が集中する「期待の快における偽」の意味が，対話篇の主題である「よき生」との関係から決定されていることを示したい。

---

1) Cf. Davidson (1949: 15), (1993: 108)；加藤 (1994: 7-11).
2) 『ピレボス』篇への言及は書名を省略し，プラトンの他の著作に言及する場合は，慣例に従って書名の略記を付す。また頁・行の指定は OCT（バーネット版）による。
3) Gosling (1959), (1960), (1975)；Kenny (1960)；Dybikowski (1970)；Penner (1970)；Gosling & Taylor (1982)；Frede (1985), (1992), (1993)；新島 (1985)；Hampton (1987), (1990)；荻原 (1994)；Mooradian (1996) etc.

1 通常の解釈とその問題点

これまで「期待の快における偽」の意味についてなされた諸解釈は、細部で様々に異なってはいるものの、概ね次の前提を共有している。即ち「希望を構成する信念・ドクサ（＝期待）と快において偽の意味は異ならない。その理由は、偽なる快が偽なる信念――快の付随物（もしくは原因）としてであれ、快の本質的構成要素としてであれ[4]――に依存しているからである」[5]。信念における偽の意味は命題的なものだから、快における偽もそのようなものとして理解される。明らかにこの通常解釈は現代の「命題的態度」についての知見に基づいている。例えば「私はNが来ることを期待している」という期待と「私はNが来ることがうれしい」という快は「Nが来る」という命題を共有していて、もしその命題が記述する未来の事柄が生起しない場合には、その命題は（それ故、期待と快も）偽であったことになる[6]。（逆に生起すれば、真であったことになる。）それ故、通常解釈は、命題と事柄の対応関係が命題の真偽を決定するという意味で「真理の対応説」を前提していると言える――そこでこの解釈を「対応説解釈」と呼ぼう。

だが、この箇所で命題的な快とは異なる「活動としての快」が議論されているのは明らかであり、対応説解釈を支持する人々もそれに気づいている[7]。例えば、40a6-c7のプラトンの例をやや変えた次の期待の快を考察してみよう：「私は明日１億円を手に入れるだろうという期待に基づく未来の快を想像して喜ぶ」。ここには２つの快が認められる。（ⅰ）私が現在想像することに喜んでいるという快、と（ⅱ）私の期待に基づく未来の想像上の快、である。（ⅰ）は現在の活動としての快であり、

---

[4]　Cf. Gosling & Tayloar（1982: 440-1）；Penner（1970）.

[5]　註３で挙げられた（Hampton以外の）論者に加えて、Hackforth（1954）；Taylor（1956）等がこの前提を共有している。

[6]　信念を快の本質的構成要素とみなす論者（Penner; Frede）は、「私は、Nが来るという信念に、よろこぶ」というように、快を表す命題に信念の要素を付け加える。Cf. Williams（1959）.

[7]　Cf. Gosling & Taylor（1982: 436-7）.

(ⅱ) は (ⅰ) の対象に含まれるが，今現在は生成していない快である。対応説解釈は (ⅱ) の快における偽をこの箇所で第一義なものとみなし命題的対応説的に説明するが，他方 (ⅰ) の快における偽はあくまで派生的なものであり，(ⅱ) が偽であるときに偽であることがわかるようなものであって，それ自体で独立して偽の根拠ももたず偽の意味も明らかにされていない，と考える[8]。つまりその解釈に従えば，もし実際私が1億円を明日手にしないならば，そのとき，私の想像された未来の快は，それが基づく期待が偽となるのと同じ命題的な意味で偽となり，同時に現在の活動としての快も派生的な意味で偽であったことがわかる，と説明されるのである。

こうしてこの解釈は，(A) 真理の対応説に依存した命題的な意味での偽の規定と (B) 想像された未来の快と現在の活動としての快の区別と関係によって特徴づけられるが，看過できない重大な問題を含んでいるように思われる。それは，仮に対応説解釈がただしいとすると，期待の快の真偽は，(ⅰ) にせよ (ⅱ) にせよ，期待している今現在の時点では語りえない，という問題である。なぜなら，まず (ⅱ) に関して言えば，その真偽はそれが依存している信念の真偽に基づく。しかるにその信念の真偽は未来の事柄との対応関係によって決定されるのであるから，今現在は論理的に知りえないことになる。つまり，その事柄が生起した (生起しなかった) 時点ではじめて，かつて未来の快として想像されたものが真であった (偽であった) ことがわかる，というわけである。また，(ⅰ) の真偽は (ⅱ) のそれによって派生的にのみ決定されるのであるから，同様に，快を経験しているその時点では真とも偽とも知りえないことになろう。

だが果たして，このような真偽理解をプラトンはこの箇所で採用しているのだろうか。私にはそう思えない。例えば40b2-4 で，希望を構成する魂の内に書かれたドクサ (＝期待) についてプラトンは「よい人々には，大抵の場合，神に愛されることの故に真なるものとして置かれる (παρατίθεσθαι; 現在形)」と語り，将来に関するドクサが現在真であることを明言し，次いでb6-7 で「悪しき人々にも劣らず快が画かれて

---

8) Cf. Frede (1993: xlviii).

存する（πάρεισιν）が，それらは何らか偽であるのだ」と，未来についての快が今偽であることを付け加えている。このように未来に対する期待や快，さらには，現在の活動としての快について，今現在真偽が語られることを示す箇所（cf. 40d1-2, d7-8; e1-4, e9-10）はあるが，逆に通常解釈の主張を裏付ける箇所は見当たらないと思う[9]。

2　考察の方針

では期待の快についてどのような真理理解をプラトンは有しているのだろうか。私はこの問に対応説解釈とは全く異なる角度から答えていくことにしたい。そのためにまず，私たちが取り扱う「虚偽の快」をめぐる第1議論の導入部（36c3-37e9）を見てみよう。そこでソクラテスははじめにドクサの場合と比較しながら，快を私たちが感じている限り，本当に（ὄντως）快を経験しているのであって快が消失することはないと主張し，対話相手プロタルコスの同意を得る（esp. 37a11-b4）。次に彼は，ドクサに真偽という性格が見出せるような仕方ではないとしても，快にも何らかの性格が認められることの承認を得，大・小・強といった性格を指摘する（37b5-d1）。ソクラテスはさらに2つの対をドクサのみならず快の性格として導入する（d2-e9）。1つ目の対は「悪／善」であり，2つ目の対は「ただしさ／誤り」である。例えば，悪が快に生じれば「悪しき快」が生じ，ドクサがただしさをもてば「ただしいドクサ」が生じると言われる。最後にソクラテスは「もし何か苦や快も，苦痛をおぼえたりその反対であったりする対象に関して誤りつつあるのに我々が気づくなら，それに〈ただしい〉とか〈よい〉といった何か美し

---

9) Mooradian（1996: 110-2）は通常の解釈を Gosling, Penner, Frede 等の「強い表象説」と Dybikowski の「弱い表象説」とに分け，ドクサと快において偽の意味を区別するなど独自の批判検討を展開しているが，快における偽の根拠を最終的には事態の生起の有無に置いているため，対応説解釈の域を出ていない。また Tuozzo（1996）は「期待の快」が命題的要素をもつことを否定しているが，虚偽の意味には関心を払っていない。荻原（1994）は，40a6-c7 の実例の綿密な考察に基づいて，活動としての快と想像された快を同一視し（179-81），想像された快がそれの似像である〈ことば〉（＝期待）が偽であるときに，2種の快も偽となると解釈する（182）。しかし，期待における対応説的な偽の意味の説明（182）以外に，偽の意味を説明していない。

い名前を付け」(37e5-7) ないことに, プロタルコスの同意を, 「もし快が誤るようなことがあれば」という限定付きながらも, 獲得する。

　最後のこの同意と限定は, 次の3つの意味で, 第1議論全体の理解にとって重要だと思われる。第1に, プロタルコスの限定は今後の議論が「快の誤り」をめぐって行なわれることを示唆する。快の場合, 偽の意味が「誤り (ἁμαρτάνειν)」として限定されたわけである。第2に, その「誤り」は「ただしさ」の対であるばかりでなく「善」の対であり「悪」として特徴づけられうることが上の同意から認められる。したがって, もし「悪い快」が存在すると証明されたならば, それはその意味で「誤った快」の存在証明であり, 延ては「偽なる快」のそれともなろう[10]。第3に, ソクラテスは上の同意に先だって, ドクサの場合に「誤りつつあるドクサ」を「ただしくないドクサ」「ただしくない仕方で思いなしつつある (οὐδ᾽ ὀρθῶς δοξάζουσαν) ドクサ」とみなすべきだと語る (37e1-3) が, ここで動詞とそれを修飾する副詞が用いられている点に注意したい。「ドクサが思いなす」という擬人化表現はドクサの本来の主体である「人・魂」と思考活動の結果である筈のドクサとが活動において融合していることを示す。これは, 現在分詞の使用と相俟って, 結果としてのドクサよりもむしろ今現在の活動過程にプラトンが着目している証拠だと思われる[11]。それを裏付けるのが「誤った仕方で」という副詞であろう。思いなされた結果としてのドクサが誤っているのではなく, 思いなしの仕方が誤っているのである。結果よりも過程を重んじるという点が快にも当てはまると想定するのは自然であろう。

　以上から, 快の真偽に関する考察の2つの方向性を読み取ることができる。1つは, 快の真偽を「善/悪」という側面から考察する方向性であり, もう1つは, 快を結果ではなく活動から眺めて「活動の仕方」に真偽を求める方向性である。第1の方向性は対応説解釈には全く欠けている視点であり, 第2のものはそれと真っ向から反対するものと

---

　10) プロタルコスは既に37d2-5で悪い快の存在を承認しているようだが, そこでも「悪が快の内に現存することがあるならば」(d2-3) という条件が付いている。ただしさとよさの関係については, *Prt.* 332a6-b4 参照。*Leg.* 637c4-5 も見よ。

　11) 「活動」(もしくは「過程」) と「結果」(もしくは「完了した状態」) の区別については, 53d3-55c3 を見よ。Cf. Guthrie (1978: 205).

なろう。これら快の真偽をめぐる2つの筋がドクサの場合と複雑に絡み合いながら第一議論は進行していく。こうした予想の下でテキストの続く箇所を解釈していきたい。

3　ドクサの生成と思考の歩み

「快の誤り」に的を絞ったソクラテスは，次に快のドクサに対する随伴関係に注意を喚起する。プロタルコスは快が何に——ただしいドクサであれ知識であれ偽なるドクサであれ無知であれ——伴うとしても，それ自体が偽なる快となるわけでない，と直ちに反論する（37e10-38b1）。それに対しソクラテスは，ただしいドクサや知識に伴う快と偽なるドクサや無知に伴う快とでは違いがあるとし，その違いを考察しようと提案する（38b2）。考察の第一段階は，ドクサが感覚と記憶からどのようにして生まれるのか実例を使って理解することである（b12-e8）。

ドクサ生成の過程を説明する実例は3つの段階と2つの補足的説明からなる。

(1) 遠くから見ているため対象がはっきりとは見えず，それが何か判別しようする願望が生じる。
(2) 自らに現われているものを見て，「岩の傍ら，木の下に立っていると見えるものは何か」と自らに問う。
(3) 自らに「あれは人だ」とただしく答えるか，または「あれは牧人の作品（像）だ」と誤って答える。
(4) 側に人がいて，自らに語ったことをその人に向けて発声すると，ドクサがロゴスになる。
(5) 独りの場合，思考を自らの内でときに長い時間歩ませる。

この実例について以下3つのコメントを与えたい。
第1に，感覚と記憶（cf. 38b12-13）がどのようにこのドクサの生成

に貢献しているのか考える必要がある。そのための補助線の役割を果たすのが（1）における願望であろう。この願望の働きを理解するために 34c10-35d7 における欲求の説明を利用しよう[12]。それによれば，欲求は人が欠如情態にあるときにその充満を求めることにおいて働き，充満という現在と「反対情態の記憶の存在を明るみに出す」（35c13-14）。そうして魂は記憶によって〈充満そのもの〉に触れ，欲求に促されつつその情態へと向かっていく（cf. esp. 35b11-c1, d1 - 3）。願望が一種の欲求だとすれば，この説明を今の箇所に適用できるだろう。まず，（1）の段階では，視覚対象はぼんやりしていて（μὴ πάνυ σαφῶς 38c5）よく判別されていない。だが対象に何らかの関心を抱くとき，視覚的判別の欠如情態に不満足をおぼえ，それを充満させようとする意欲が生まれる。それが願望である。願望は，記憶が現場の様々な情報から類似のものを過去の経験に発見することの手助けをする。願望と記憶は，視覚によって得られる諸情報を充満という目的との関係で取捨選択し言語化していく。この選別作業が（5）で「思考（διανοούμενος）」（38e6）と呼ばれている魂の活動であろう。この思考は，問を立てることとそれに答えることの2つの段階からなる。したがって，（2）は単なる欠如情態の言語化ではない。そこでは既に思考の働きが加わっていて視覚的諸情報を1つの目的のために統合する形で問として発せられているのである。（2）から（3）へ進むときに，思考は現在の状況と類似の状況を記憶の中に求め，（3）で答を与える。こうして感覚と記憶，また願望と思考からドクサ（判断）が生まれるのである[13]。

　第2に，真偽の問題が取り上げられていることに気づくべきである。（3）だけでは，〈岩の傍ら，木の下に立っているものが人である〉という世界の側の事態が判断主体から独立して存在し，それが「それは人だ」と「それは像だ」という判断の真偽を決定する，ということが強調されているかに見える。こういった対応説的な真偽観を読み込むことが，現在の事実をめぐる感覚判断を問題にしている場合には自然だとしても，だがここで，真偽を指す語「上手く（ἐπιτυχῶς）」（38d6）「誤って（παρενεχθείς）」（d9）が，それぞれ副詞や分詞として「語る」「呼

---

12) 34c10-35d7 でのプラトンの〈欲求論〉については，Kurihara（1997: 40-2）参照。
13) 魂内の思考の問答的性格については，Tht. 189e-190a, Sph. 264a-b 参照。

ぶ」といった言語行為を修飾していることに注目したい。なぜならそれらは，結果としての判断の真偽というよりむしろ判断という activ̇iṫẏ の仕方もしくは判断を構成する記憶・願望・思考の働き方を評価する語だからである[14]。判断の仕方がよいとか誤っていると言うとき，その区別の根拠は判断の対象の側にはなく判断主体の側にある。言い換えれば，「なぜその人はただしく（誤って）判断したのか」と問うとき，答となる原因は対象ではなく判断主体にある。即ち，判断のただしい仕方とは，その判断を構成する思考過程が真なる答を得るようただしい方向に沿って進行しているということであり，他方，判断の誤った仕方とは，思考過程において答を得るために不必要なものに気を取られたり，推論を間違えたりして，ただしい方向から逸れていくことであって，ここには対象の側に原因は認められないのである。こうして「上手く」「誤って」という言語行為を修飾する語によって，第一義的には真偽が考えられている限り，この実例の中では，対応説的真偽理解は存在しないか，重要視されていないと言えよう。

　第3に，この実例の「実例」としての意味を指摘したい。実例は実例である限り「何か」の実例であり，単純化されたよりわかりやすい仕方でその「何か」を説明するために用いられる「あんよ車」（歩行器・Gangelwagen）である[15]。まず表面的に見れば，この実例によって説明される「何か」は感覚に関わるドクサ一般であり，いかにして記憶と感覚からドクサが生まれるかという構造である。この実例はその最も簡単なモデルであるから，それによって説明されるドクサはさらに複雑なものであるのが当然だ。つまり，この実例を特徴づけるドクサを産み出す問と答からなる問答的思考のプロセスは，通常の場合ではより長く込み入ったものとなる。また第一議論の進行に目を遣れば，この実例は期待・希望の構造を説明する役割を担っているとも考えられる。なぜなら，この実例が取り扱う現在の事柄のみならず，ドクサは過去や未来の

　14）　ギリシア語の "ἐπιτυχῶς" は「的を射抜く」を意味する "ἐπιτυγχάνειν" に由来する副詞であり，矢が的へと真っ直ぐに飛んでいっている状況を形容する。他方，"παρενεχθείς" は「逸れる」を意味する "παραφέρειν" のアオリスト受動分詞であって，矢が的を射損なってしまっている事態を表現する。換言すれば，それは，発語行為に先立って，思考過程において誤りが既にあったことを示しているのである。
　15）　Cf. Kant（1787: B 174）．

事柄にも関わるというように，すぐに対象範囲が拡張されるからである（cf. 39c10-e3）。この実例がドクサ一般の実例たりうるとすれば，未来についてのドクサ（期待）を含んだ希望の構造をもある仕方で例証していると推測できる。先に述べたように，ドクサの生成には感覚と記憶に加えて願望が貢献するが，これは 32b9-36c2 での「期待の快」の性格分析における欲求の重視と合致する。そこで，期待・希望の問題を取り扱う際にこの実例を利用することは，プラトンの意図に沿うことだと思われる。であれば，ドクサの生成を構成する問と答からなる問答的思考の歩み，それに寄与する感覚・記憶・願望の働き，活動の仕方に焦点を当てた真偽理解——実例が強調とするこうした要素を，期待の快の考察に役立てることが許されよう。また，この実例は事実判断に関わるが，ドクサ一般の実例たりうるなら，価値判断についても何らか説明を与えていると予想される。

4　本の比喩と〈希望〉の構造

　ドクサ生成の構造を説明する実例を紹介した後，ソクラテスはすかさず魂を本に喩え，議論の展開を図る（38e12-13）。これは，真なるドクサに随伴する快と偽なるドクサに随伴する快との違いを論ずる第 2 段階である。ソクラテスの導入する比喩は，魂の中に書記と画家という 2 人の制作者がいて，前者は魂という本にドクサを書き記し，後者はその記録に従った絵を画く，というものである（39a1-c6）。この比喩を前提にして，希望が私たちの内なるロゴス（期待）と画かれた像からなる（cf. 40a6-9）とされる限り，期待の快のあり方を解明するのに，この比喩の理解は重要であろう。それは何を言おうとしているのか。

　まず，ソクラテスは書記の働きを次のように語る。

　　感覚と一緒になって同じ所に凝集する記憶とそれらをめぐってあるかの情態は，殆ど恰も我々の魂の内にそのとき言葉（λόγους）を書いているかのように私には思えるのだ。それが真なるものを書く

場合には，真なるドクサや言葉が我々の内に真なるものとして生じそこから発出し，他方，そのような我々の下での書記が偽なるものを書く場合，真と反対のものとして発出するのである。(39a1-7)

次に彼は，「書記に従って，それら語られたものの似像を魂の内に画く画家」(39b6-7) を議論に導入する。画家が画くのは「視覚やその他の感覚から，そのとき思いなされたり語られたりしているものを引き取って，思いなされたものや語られたものの似像を，人が自らの内で何らかの仕方で見る場合」(b9-c1) である。ここで注意すべきは，画家の絵の描きとその画家を魂にもつ人が魂内部の像を見ることとの同一視である。この点が比喩を理解する鍵になると思われる。先の実例でも「見ること」の感覚は強調されていたので，まずそちらの方を考察し，「見ること」の文法に反省を加えたい。

実例の中では「見ること」に関わる動詞は，前節の (1) で 3 回，(2) で 1 回，(3) で 1 回使われるが，それらには 2 種類の用法が認められる。

　(A) 向こう側にある感覚対象を把握する「見る$_1$」(38c5, c6, c7, d10)
　(B) 魂に現われているものを「何か」として把握する「見る$_2$」(d2)

(A) と (B) の違いは何であろうか。「見る$_1$」の対象は木や岩といった物的対象であり，視覚をもった人は誰でも同じものを見る$_1$ことができるという意味で客観的な感覚作用である。また，「見る$_1$」は視覚主体に「現われ」を供給する役割を担う (cf. 38d1, 2)。他方，「見る$_2$」の対象はその当人に対する「見る$_1$」からの「現われ」である。もし私がある「現われ」を「ミルトス (myrtle) の木として」見る$_2$ならば，そのことは現われが「何の」現われであるかを私が把握したことを意味する。換言すれば，ミルトスの像を魂の中に見出したのである。この意味で見る$_2$ことは私秘的なもので他人と原理的に共有できない主観的な認識作用だと言えよう。ここで「見る$_2$」が感覚主体の記憶の働きによって支えられているという点は重要である。というのは，「ミルトスとし

て」見る$_2$ことは，現われに身に馴染んだミルトスの相を見出すことであるから[16]。それ故，ミルトスを知らない子供にすらミルトスを見る$_1$ことは可能であるのに対し，「ミルトスとして」見る$_2$ことはミルトスの知識を有し記憶している人にのみ可能なのである[17]。

　さて，このような「見ること」の区別は「本の比喩」の箇所ではどう役立つのだろうか。書記の働きが描写される際に語られる「視覚」(39b9)「感覚」(39a1, b9) は記憶との混合に先立つものであるから，「見る$_1$」である。また，それらと記憶を素材として魂の中に言葉を書く営みは複数の「見る$_2$」からなる「思いなすこと」(39b10; a4) である。では問題の，自らの魂の内部で像を「見る」ことについてはどうだろうか。それは当人にのみ可能だから「見る$_1$」でないことは明らかである。では「見る$_2$」だろうか。確かに，魂において像を見ることは私秘的で，当人にだけ可能な一種の感覚作用であろう。しかしこの場合の「見る」は「見る$_2$」と2つの点で異なっている。1つは，この場合は，感覚的現われに対して「何の」現われかを把握するのではなく，魂に書かれたロゴスに対してそれが「何についての」ロゴスか把握する，という違いである。さらに，この場合の「見る」は，魂が現われに（既に備わっている）相を見出すといった作用ではなく，像を画家として自ら描き出すという積極的かつ創造的な作用である点で異なっている。それ故，像を画く際に記憶が重要なのは言うまでもないが，眼前にある対象のあり方に左右される「見る$_2$」の場合と違って，自由に想像力を働かすことができる。そして自由であることにおいて，その対象に対する自らの思いが像の中に表現されるのである。例えば，眼前にない木について，ロゴスによる禁止規定がない限り，大きく描こうがクスノキを描こうが，それは画家の好みや価値判断の自由の内にある[18]。このような第3の「見る」を「見る$_3$」と呼べば，画家の働きが「見る$_3$」によって特徴づけら

---

　16) その意味で「見る$_2$」は，感覚・記憶・願望・思考に基づく存在そのものの〈想起〉に他ならない。『ピレボス』篇での「想起説」については，Kurihara (1997: 40) 参照。
　17) もちろん，実例の中ではその後，把握されていない「現われ」中の要素に対して思考を重ね，答を与える作業が続くとされている。
　18) それ故，快を構成する画家の描きが，書記の働きなしには生まれない (sine qua non) という意味で，快がドクサを原因とすると言えようが，画家の描きそのものを自由に操作している「真の意味での原因」は他にあると思われる。それが何かは次節で論じる。

れていることは，先に触れたように，希望が書記によって書かれたロゴスと画家によって画かれた像からなるとされ，特にその希望を抱く際の快において偽が問題となる理由の一端を明らかにするように思われる。この問題と「見る₃」との関わりについては，次節で期待の快の実例を検討するときに論じたい。

　ここでは，プラトンが期待の快を論ずるに当たってなぜ画家を必要としたのか考察する。ソクラテスは，「本の比喩」が未来の事柄についても当てはまるとの同意を得た後（39c10-12），期待の快は，未来において経験されるであろう身体を通じての快に先立って，現在魂それ自体で経験される快である，と再確認する（39d1-6）。彼はプロタルコスに「のどの渇きとその癒し」を例とした期待の快の議論（32b-36c）を想起させるのである[19]。その例の場合，未来の経験は，現在の身体的欠如情態に対する，水を飲むことを通じての充満であって，それが欲求の対象だった。さて書記は何を書くのだろうか。先の実例が示したように，書記が記録するのは一個の命題ではなく，一連の問答からなる思考の動きである。それは例えばこうなる。

　　私は今のどが渇いていて苦しい。苦しさから解放されて楽になりたい。のどの渇きの反対の情態は充満だ。私は充満を欲求する。何によってだ。飲み物によって可能だ。そこに水がある。水を飲もう。

　かなり誇張して念入りに思考の動きを記述したつもりだが，これだけで期待の快は生まれるのだろうか。生まれるとしたら少なくとも水の発見以降のことだろう。もしすぐに入手可能な飲み物が見出せなかったら，絶望がその人を襲うだろうから（cf. 36a7-c2）。だが「水がある」「水を飲みたい」というドクサだけで快は生じない。快の生成とそれらのドクサとの間には（論理的に）必然的な関係はないからだ。そこで画家の登場となる。水の発見と飲むことの決意から実際にそれを手に取って飲むまでの間，その人は既に飲んでいる自分を像に画く。そのとき像の中の自己は快を経験しているのでなければならない[20]。この場合，苦

---

19) この議論については，Kurihara（1997: 40-3）参照。
20) この点は新島（1985: 50-1, 55）から学んだ。

しんでいる自己を思い描いても，今先行的にそれに喜びをおぼえることはないのだから。その絵は過去の類似の経験を想起させ，記憶を通じて現在快を経験することが可能になるのだ。こうして，水を飲むことを通じての身体的充満による快を，それに先んじて魂それ自体で経験するには，書記と画家の両方が必要となるのである。

しかしプラトンは，こうした身体的な快とそれに先行する魂の快を以下で取り扱ってはいない。彼が期待の快と倫理的な事柄との関わりを強調することによって，第1議論はまるで異なる様相を帯びてくるのである。

5　「期待の快」の実例について

ソクラテスが期待の快を議論に導入するや否や，プロタルコスは次から次に同意を余儀なくされ，ついには虚偽の快の存在をある仕方で認めてしまう羽目に陥る。便宜上，議論の進行を次のように整理しておこう。

> P1 希望は，未来の事柄について書記の書くロゴスと画家の画く像からなる。(39d7-e5, 40a6-9)
> P2 我々は，全生涯を通じて希望に満ちている。(39e5-7, 40a3-5)
> P3 よい人（正しい人，敬虔な人）は神に愛され，悪しき人（不正な人）はその反対である。(39e10-40a2)
> P4 〔期待の快の実例〕(40a9-b1)
> P5 よい人には，神に愛されるが故に，書かれたものは大抵の場合真として置かれ，悪しき人には，それらは大抵の場合偽として置かれる。(b2-8)
> P6 悪しき人にとって，画かれた快は偽である。(b6-8)
> P7 悪しき人は，多くの場合，偽なる快に喜び，よき人は真なる快に喜ぶ。(c1-3)
> P8 以上から，人の魂に，偽なる快が真なる快を笑うべき仕方で真似たものとして存在する。(c4-7)

この論証は問題をいくつも含んでいる。まず，虚偽の快の存在は「悪しき人」という限定付きで証明されているがその意味は何か。また，プロタルコスはP5を容易に認めるがそれはなぜか。P4の実例が彼に影響を及ぼしたのであれば，それはどうしてか。P7で語れるような画かれた未来の快とそれに喜ぶ現在の快の関係はいかなるものか。これらの諸問題をめぐって様々な解釈がこれまでなされたが，それらに私が満足していない理由は既に第1節で述べた。ではどのようにしてこれらの問に答えることができるのだろうか。先に触れたように，実例は私たちの理解を助けるために与えられた「あんよ車」であるから，その考察を解釈の出発点としたい。

　P4の実例は，人が3つの像を自らの内に見ることについて語っている。

> 人はしばしば（a）莫大な黄金が自らに生じるのを見，また（b）それについての多くの快を見たりする。さらに（c）自らが画かれていて自分自身について非常に喜んでいるのを見て取りもする。（40a10-12）

　この実例は「見る$_3$」を含む3つの部分からなる。3点指摘したい。
　第1に，希望はロゴスと像からなるが，この実例ではロゴスについては明瞭には語られず，像の内容の方に焦点が当てられていることに注意すべきである。だが，どのような思考とロゴスが像の制作に先行したのかは，ある程度推測できる。第3節で見たように，思考の始めは自己の欠如情態の把握である。この場合は金銭がないことに基づくこころの空虚感であろう。その空虚感に反対の情態はその人なりの満足感であり，この人の場合，黄金獲得によってそれは達成される。第4節での例と比較すれば，こころの空虚感がのどの渇きに対応し，黄金が水に対応するとも言えよう。しかし黄金を思い描くだけでは，快よりむしろ虚しさが付きまとうことがしばしばである。そこでその人はある程度黄金の入手の手段までをも考慮しているに違いない。即ち，その人にとっては明瞭な入手方法を考えている間（cf. ἐν ἐλπίδι φανερᾷ τοῦ πληρωθήσεσθαι 36a8-b1），黄金を得たときの像を描きつつ快を経験

しているのである。さて，こうした思考が像の描きに先行したとすれば，思考の虚偽はどう理解されるだろうか。第3節と第4節の考察結果をここに応用すれば，この場合，思考の虚偽は，手にする筈のない黄金や金銭の取得方法を様々に思いめぐらすときの誤った仕方についてある，と言える。一般化すれば，快に伴われる思考の虚偽は〈思考の歩みにおいて歩むべき途からそれていくこと〉と特徴づけられるだろう。

　第2に，この実例は当人の全生涯をある仕方で照らし出すものである。(a) と (b)，(b) と (c) それぞれの関係を考察しよう。まず前者を取り上げれば，(b) は (a) についての快であるが，その結び付きは像を描く人の過去の経験に基づいていると考えられる。なぜなら，黄金を見て嫌気をおぼえたり憎しみを抱いたりする人もいるのだから，黄金と快の間に何ら必然的な結び付きはなく，当人の記憶の中でのみ強く結び付いているからである。それ故，実例は像を描く人の人柄をも浮き彫りにしていると言えよう[21]。即ち，その人は，実際に過去に黄金を手にして快を経験したのでなくとも，見聞によったりして両者を関係づけるような人だ，とこの実例は示しているのである。次に (b) と (c) の関係を考えてみよう。なぜプラトンは (c) を付け加えたのだろうか。思うに，彼はその付加によって，当人が現に今想像において喜んでいることを表したかったのではないだろうか。例えば，仮に像を画いている人が黄金を好む自らの性格に嫌悪をおぼえる人であれば，(b) に対して喜んでいないような自己を描くことも可能である。しかるに，喜んでいる自分を登場させていることは，そのような自分を現在もよしと承認していて，何のためらいもなく今現在想像に喜んでいることを示しているわけだ。またもし現在の自己のあり方を含まず，未来の自己を画いているだけだとすれば，(b) の未来の快と重なり (c) は余分となる。(c) のこの解釈がただしく，当人が黄金に憧れる自己の性格に今満足しているのであれば，何らかの契機がない限り，その人は将来にわたって性格を変えることはないであろう。こうして (a) と (b)，(b) と (c) の関係の考察から，この実例はここに登場する人の全生涯に及ぶ人柄を照らし出すものだと結論できる。

---

21)　荻原（1994: 183）参照。

第3に，こころの欠如感を満たそうとする欲求・願望は，この場合善の思考によって支えられている。この点に関して再度「のどの渇き」の例と比較したい。のどが渇いているときにそれを充満させることは「自己の存在へと回帰する道行（τὴν δ' εἰς τὴν αὑτῶν οὐσίαν ὁδόν）」（32b3）であるから，その際の「自然に従った（κατὰ φύσιν）」（cf. 31c3, 32a3, a8, b1）快は身体にとってそのまま善となる。したがって，欲求は快を求めると同時に善を追求するのに役立つ。だが他方，「黄金」の実例の場合，快と善の間に必然的な関係はない。確かに，市民生活を営むのに必要なある程度の財を得ることは，アリストテレス流に言えば「外的善」であろうが，程を越えた黄金の獲得を通じてこころの空虚感を癒すことをプラトンが無条件的に善だとみなしているとは思えない。むしろ，願望する人の善についての思いが快の追求に反映していると言うべきだろう。例えば，仮に黄金の追求がその人に悪いものだと理解されているのであれば，空虚感をおぼえても，その人が黄金獲得への願望を抱くことはあるまい。黄金の追求・獲得を善とみなしているからこそ，単にその入手方法に思いをめぐらすだけでなく，想像力を自由に働かせて快を享受するのである。ここに「見る₃」の特質が認められる。先に指摘したように，魂の中に像を見る₃ことは，現実の外的束縛から離れて自由に自らの対象への思いを想い描くことなのである。実例が「見る₃」から構成されていることは，その人が善とする快に自由な想像の中で浸り，現在喜んでいるという情態を指し示すのだ。
　かくして実例は，像を描く人の人柄や善の思いを全生涯という射程の下で明らかにする。この人は，何らかの契機に出遭わない限り，生涯を通じて富に関わる快を善とみなし追求することをよしとする人なのである[22]。逆に言えば，こういう人だからこそ，誤った思考に快を抱くことになる。その意味で「人柄」やそれと密接に結び付いた「善の思い」こそが期待の快を産み出す原因・根拠と言えよう。さて，実例がこう理解できるなら，それは前後の文脈の中でどう有効に機能しているのであろうか。この実例とそれによって説明されるものの関係に光を当てたい。

---

[22] 荻原（1994: 184）は，「何を幸福であると思い，これを生において願望するか，これはそのひとがいかなるひとであるかを或る意味で直接表わし出す」と述べ，人のあり方と快のあり方との内的な連関に注意を払っている。

実例を挟んで，生全体が希望で満ちているということ（＝P2）と，人が「どのような人であるか」（＝人柄）がドクサや快の真偽に影響するということ（＝P3, P5, P6）とが語られている。前者について言えば，プラトンが，人の生涯が相互に無関係な種々様々な希望によって満たされている，といった一般的な主張をこの箇所でなしているとは思えない。むしろ，実例が示すように，人の生は，その人の人柄や善の思いという1つの共通した性格を有した多くの希望によって満ちている，と言っているのだ。だからこそ，1つの希望がその人の全生涯を照らし出すことにもなるのである。であれば，後者についてはどうだろう。この箇所でプラトンは特に虚偽の快を問題としているので，実例は虚偽の快の具体的なモデルになっていると考えるのが自然である。虚偽の快は，P6やP7で「悪しき人」の経験するものと特徴づけられているのだから，実例の登場人物は「悪しき人」だと思われる。「悪しき人」であることが，虚偽の快を抱く原因・根拠なのである。

だが確かに，先に指摘したように，実例はその人の人柄をある仕方で照射したが，それだけではその人を悪しき人と呼ぶには十分でないように思える。即ち，黄金・金銭による魂の充満に快をおぼえ，それを善とみなすことだけでは，その人を悪しき人と呼ぶ根拠が弱いと考えられるのである。しかしながら少し後で，この実例の人が悪しき人の一種であると判定できる箇所がある。次節でそこを紹介検討し，虚偽の快における偽の意味を特定するよう試みたい。

6　嫉妬の快と虚偽の快

47d5から始まる「嫉妬（φθόνος）の快」の分析は，筋が錯綜していて『ピレボス』篇全体の中でも最も読み解きにくい箇所の1つであるが，核となる部分を取り出せば次の推論に尽きると思われる。

1. 身内（φίλοι）の悪しきわざわい（κακά）に喜ぶこと（＝嫉妬の快）は不正なる快である。(49d6-8)
2. 無知なる性状（ἕξις）は悪しきわざわい（κακόν）である。

(49d9-10, e6-8, 48c2-3)
∴ 3. 身内の無知なる性状に喜ぶことは不正なる快である。

　(3) はテキストには明示的に現われていないが，(1) と (2) から妥当的に帰結し，嫉妬の快の一種と呼びうるものである。この推論と虚偽の快をめぐる第一議論との関わりに注目したい。推論中で取り扱われている「性状としての無知 (ἄγνοια)」は「自己自身」についての無知であり3種類あるが，その1つが先の実例に関係している。その3種類の自己自身についての無知とは，(ⅰ) 財産に関して実際以上に裕福だと思っている無知 (48e1-3)，(ⅱ) 身体に関して真実よりもより立派だと思っている無知 (e4-7)，(ⅲ) 魂の徳に関して実際はそうでないのに自分がよい人だと思っている無知 (48e8-49a3)，の3つである。ここで (ⅰ) は，現在の状態についての誤ったドクサであるが，ドクサは未来のことにも関わる以上 (cf. 39c10-e3)，(ⅰ) を期待の場面に応用し，先の実例との関係を見出すことも可能だろう。

　そこでこの推論を先の実例に適用してみよう。まず，(2) と実例の関係を取り上げれば，期待の場合，期待している人の無知なる性状は，将来のことに関わるため「誤りつつあるドクサ」であろう。手にする筈のない黄金や金銭の取得方法を誤った仕方で様々に思いをめぐらすのである。ところで，アリストテレスは『ニコマコス倫理学』で「各人は自身にとってとりわけ親しい関係にある (＝身内である)」(μάλιστα γὰρ φίλος αὑτῷ 1168b9-10) と主張するが，それに続いてギリシアの格言をいくつか引用している (b7-8) ことからもわかるように，(プラトンを含めた) 当時のギリシア人にとって，このアリストテレスの考えは十分納得いくことと受け取られていたと想像される (cf. *Leg.* 873c2-4)。そうだとすれば，先の (3) については，〈自己自身の無知〉に喜ぶことは不正である，と言える。実例の場合，当の人物は誤った仕方で文を書きつつ像を描くことで，自己自身についての無知を曝け出しているのだから，自らの未来の出来事を想像して喜ぶことは不正だと言えるのである。かくして，その人の現在の快は不正な快，一般に悪しき快として特

徴づけられる[23]。

　さて，無知が魂の一種の性状であることを考慮に入れれば（ἕξις; 48c2, c6, 49e3），実例の人が悪しき人であるのがわかるだろう。なぜなら，無知が悪しきものである限り，その無知の所有者も魂において悪しき人と言えるのだから。結論的に言えば，実例の人は，当人の性格や善についての見方の故に，将来の自己，将来の快を誤った仕方で想像して不正な仕方で楽しむような，悪しき人なのだ[24]。

　以上の考察は，実例があくまで悪しき人々一般についての実例であることに思いを致せば，前節で P5 から P8 にまとめられた箇所を解釈するのに役立つ。第1に，プラトンが P3, P5, P6, P7 で悪しき人々に言及するとき，上の（ⅰ）のみならず，（ⅱ）（ⅲ）の意味で，無知な人々を念頭に置いていたと推測される[25]。第2に，そうした人々は無知なのだから，未来について想像された快を伴う期待は根拠をもたず，〈思考の歩みにおいて歩むべき途から逸れていく〉ため大抵は誤っている。そのことが P5 と P6 で語られている。第3に，彼らは自らの無知により，未来について想像された快を楽しむ。これが P7 の意味することであろう。最後に，P8 における彼らの現在想像することの喜びは不正もしくは悪という意味で虚偽である[26]。

　しかしながら，このように第1議論の結論部と「嫉妬の快」をめぐる議論を結び付けることは，いかにも恣意的だとの誹りを受けるかもしれない。そこで，結び付きを示唆するテキスト上の証拠を3つ提出しておこう。第1の証拠は，結論部で悪の問題が突然現われたのではなく，第2節で触れたように，第1議論がはじめから快のもつ倫理的側面に関わっていたということである。第2の証拠は，前節の P8 で現在の虚偽の快が「真なる快の全く笑うべき（γελοιότερα）模倣物」（40c5-6）

---

23) なぜそうした快は「不正」だと言われるのか。自己欺瞞と不正の関わりについて，初期以来プラトンは特に関心を払ってきたと思えるが，ここで彼の思索の跡を辿ることは不可能である。

24) 思慮を欠いた人が悪しきドクサを所有することについては，*Cr.* 47a7-12 を参照。

25) （ⅰ），（ⅱ），（ⅲ）と進むに従って，自己自身に関わる度合いが増し，それにつれて悪人である度合いも増すことであろう。

26) 荻原（1994）は，快の真・偽と快の善良さ・劣悪さの関連を人の生のあり方と快の関係についての洞察に基づいて説明する（184-5）が，快の偽の意味については対応説的に考えている（182）ようである。上記註9参照。

と呼ばれていることである。D・フレーデも指摘しているように[27]、この異名は問題の快と笑うべき状況に関する嫉妬の快の密接な関係を示している（γελοῖον 48c4, καταγελώμενοι 49b7, γελοίους b8, γελοίων c4, γελοῖα e2, γελοίαν e5, γελῶμεν e9, γελῶντας 50a5, γελοίοις a5, γελᾶν a8）。第3の証拠は最も重要である。第1議論を締めくくる際に、ソクラテスが「快についても、虚偽であることを除けば、それが悪いものだと説明しうる手立てはない」（cf. 40e9-10）と主張したことに対して、プロタルコスは次のように応答する。

> あなたが述べたことは全く反対ですよ、ソクラテス！　快や苦が虚偽であるからそれらが悪だとされるのでは全然なくて、何か別の大きくて多岐に亘る悪とそれらが一緒になるからなのですよ。（41a1-4）

この反論は、プロタルコスが虚偽の意味を悪の概念によって理解していること——その逆ではない——を示している。するとソクラテスはすかさず「しかし、悪しき快、即ち、悪の故にそのようなものである快については少し後で議論することにしよう。もしまだそうしたいようであればね」（41a5-6）と答え、考察を先送りにする。私はこのソクラテスのコメントを「嫉妬の快」の議論への暗示と解釈したいのである[28]。

この節では、「嫉妬の快」の本性を探りながら、プラトンがいかなる意味で悪しき人々の現在の快を虚偽とみなしているのか考察した。この場合の虚偽の意味は〈不正〉として特徴づけられたのである。そして不正な快の例としてプラトンは、自己自身のあり方について無知であることに気づかずに、自分が（ⅰ）金持ちである（となる）、（ⅱ）身体的にうつくしくある（なる）、（ⅲ）有徳である（となる）と想像する人がもつ快のことを考えている。このような人は、多くの不正な快に満ちた現在の状況に満足しているのであるから、自らの生活形式を変えることはないであろう。こうして第1議論でプラトンは、快のみならず、私た

---

27) Cf. Frede（1993: 44-5 n. 3）.
28) Cf. Waterfield（1982: 103 n. 1）.

ちの生のあり方にも関心を寄せているのである[29]。その際彼は，神々との関わりに目を向けて人の生の理想形態を思い描いているように思われる。そこで次節で，これまで不問に付してきた前節のP5をめぐる問を考察しよう。この箇所で，なぜ神の愛を考慮に入れることがそれほど重要であるのか。

7 「人にとってのよき生」とは？

これまで私は，希望を構成するドクサにおける虚偽を〈思考の歩みにおいて歩むべき途から逸れていくこと〉として，他方，現在の快における虚偽を〈不正〉として特定してきた。通常の解釈に反して，希望の場合，未来の出来事がドクサの真理値を決定し，さらにそれに基づいて想像された未来の快の虚偽から現在の快の虚偽は派生する，とされてはいないのだ。

確かに，似像として想像された未来の快の真・偽が，ドクサの真・偽によるとしても，活動としての現在の快の真・偽はそれとは独立に決定されるのである。

ところで，希望を構成するドクサについてプラトンは40b2-5で，よい人々は神々に愛されるから，その人々のドクサは真であり，悪い人々は神々に憎まれるから，その人々のドクサは偽であると述べている。なぜ神々の愛という要素がここで（突然）導入されるのであろうか。この

---

29) ここで予期される2つの反論について短く答えておきたい。第1の反論は，「41a1-4でのプロタルコスの反応は単なる第1議論全体への不信感の表明ではないか」といったものである。確かにそう取ることは自然かもしれない。それ故第2議論以下が要請されるのであるから。しかし，本章は第1議論内での虚偽の意味の特定を目指していたのであるから，そうであってもその点は問題ない。第2の反論は，「快の虚偽を〈不正〉として特定するとしても，苦やその他の情念の虚偽も同様に説明可能なのか。苦の場合，自己自身についての無知故に苦しむことはあるが，それを〈不正〉とは呼び難いのではないか」といったものである。これについては，私は『ピレボス』篇全体がとりわけ快楽主義の批判と〈よき生〉に加えうる「真なる快」の選別に関わっていたことに注意を促したい。よい人の〈よき生〉と悪しき人の〈悪しき生〉にどう快が関係するのかが論争の中心であったのである。プラトンが快の心理学的説明に携わる限り，苦も類似の構造をもつものとして取り扱われるが，第1議論末尾のように快の倫理的側面を強調するとき，苦は自然，軽視されることになる。40c6での「苦も同様」といかにもさり気ない付加はこの事情を反映していると思われる。

節で私は，第1議論と『ピレボス』篇全体の主題との関係を理解するために重要だと思えるこの問題を取り上げ考察し，本章の「むすび」に代えたい[30]。

『ピレボス』篇の註釈者ダマスキオスが指摘しているように[31]，第5節のP3とP5は次のような推論を構成する。

　　大前提：よい人は神々に愛される。（＝P3）
　　小前提：神々に愛される人の希望を構成するドクサは，大抵の場合，真である。
　　結　論：よい人の希望を構成するドクサは，大抵の場合，真である。（≒P5）

　なぜプラトンは2つの前提が真であると断言しえたのか。
　まず小前提から考えてみよう。D・フレーデは，*Prt.* 345c, *Symp.* 212a-b, *Phdr.* 273e, *Tim.* 53c, *Leg.* 730cを証拠として挙げ，これを神に愛される者たちの「成功」と結び付けている[32]。私は「よい人が『神の加護』の故に真なる快をもつことに成功するという示唆は（…）全くない」と主張するハンプトン[33]に反対はするが，にもかかわらず，フレーデが個々の行為に関心をもっている限り，彼女の解釈を受け入れるわけにはいかない。なぜなら，彼女が挙げるテキスト中のプラトンの主たる関心は，人々の個々の〈行為〉というよりも，徳や知識に関係づけられた〈生〉にあるからである[34]。『法律』篇（730c）が示すように，プラトンは，神々のみならず，人々を〈幸福〉（μακάριός τε καὶ εὐδαίμων 730c2-3）へと導くよいものの真実（ἀλήθεια）について語っているのだ[35]。既に指摘されたように，P2においてプラトンは，人の生は，その

---

30) この節で私は，便宜上，悪い人ではなくよい人に特に焦点を当てて考察するが，私の解釈は形を変えて悪い人の場合にも当てはまると思う。
31) Westerink (1959: 86).
32) Frede (1985: 196 n. 34).
33) Hampton (1990: 118 n. 15).
34) 例えば，*Symp.* 212a-b; *Phdr.* 273e.
35) 次に引用するアリストテレス『ニコマコス倫理学』の一節も参照。「理性にしたがった活動をして理性にかしずくひとは最善の性状のひとであり，神にもっとも愛されるひとであるように思われる。というのは，一般にそう思われているとおり，もしも，神々が人

人の性格と善についての考えに基づいて相互に関係づけられた諸々の希望に満ちている，と強調している。その人の生が希望から構成され，幸福であると考えられている限りにおいて，その人は真なる快と共に真なるドクサをもっていなければならない。かくしてプラトンは，神々に愛される人が，神々によって幸福が保証されているが故に，大抵の場合，真なるドクサをもつと考えているのである。

　しかしなぜよい人々は神々に愛されるのであろうか。大前提（＝P3）に関しては，『法律』篇から次の箇所を引用したい。

> さて，我々人間にとっては，万物の尺度は，なによりもまして神であり，その方が，人々の言うように，誰か人間が尺度であるとするよりも，はるかに妥当なことである。したがって，そうした尺度となる存在（神）に愛されんとする者は，みずからもまた力のかぎりをつくし，その神に似たものとならなくてはならない。そこで，この理に従えば，我々人間のうちでも節制をわきまえた者は，神に似るがゆえに神に愛される（θεῷ φίλος）が，他方，節度をわきまえぬ者は，神に似ず神と不和になる。不正の者も同様。他の悪徳についてもまた，そのようにして同じ理に従う。(716c4-d4)[36]

　『法律』篇では次いで，よい人と悪い人が神への行為の違いに関して比較される。よい人の行為は幸福な生を実現する（πρὸς τὸν εὐδαίμονα βίον）のに役立つが，他方，悪い人の行為は不正な生に帰着する（716d-717a）。プラトンの見解によれば，よい人は，徳と知

間のことを何らか心に掛けているとすれば，神々が〔人間における〕最善の，神々にもっとも類縁なもの（それが理性であろう）を喜ぶのは当然であろう，そして，これをもっとも大切にし尊重するひとびとを，神々に愛されるもののことを心に掛け，ただしく，美しく行為するひととみなして，好遇をもって報いるのは当然であろう。ところで，これらの特徴を他の誰よりもそなえているのが知慧あるひとであるのは明らかである。それゆえ，知慧あるひとは神に最も愛されるひとである。同時にまた，かれは当然最も幸福なひとでもある。したがって，このように考えてみても，知慧あるひとが最も幸福なひとであると言えるであろう」(1179a22-32：加藤信朗訳 (1973))。

　但しここで私は，プラトンとアリストテレスが「人にとっての最善の生」について同じ考えをもっていると主張しているわけではない。

36) 森進一他訳 (1976).

(νοῦς) に関して神に似ているが故に，神々に愛される，と説明されるのである[37]。

こうして2つの前提から「よい人の希望を構成するドクサは，大抵の場合，真である」(≒P5) ことが導かれる理由が理解できよう。ところで，こうした論証を推し進めるプラトンの思考の中に，よい人と悪い人とを区別する2つの観点があるのに気づかれる。1つは倫理的観点である。その観点から，よい人は徳ある人と，悪い人は悪徳に満ちた人とみなされる。もう1つの観点は知に関わる観点である。その観点から，よい人は知 (νοῦς) と賢慮 (φρόνησις) を所有する人と，悪い人は自己について無知である人とみなされる。これら2つの観点は，人々が経験する快 (と苦) のタイプに密接に関係している。よいひとは，知と賢慮に親近性を有する (οἰκείας) 真で純粋な快を享受し，諸徳に伴われるが (cf. 63e3-7)，他方，悪い人は偽なるドクサとそれに伴う偽なる像とを不正な仕方で楽しむ。換言すれば，よい人の生は，まさにその人が徳と知の点で神々に似ているが故に，多くの場合，真なるドクサと正しい快からなる真なる希望に満ちているのに対し，悪い人の生は，神々に似ていないために，多くの場合，偽なるドクサと不正な快からなる偽で空虚な希望に満ちているのである。真なる希望は，人を神々に似るべく努力するよう促し，その結果，人を幸福な生へと導くのに役立つ (cf. *Leg.* 716c-d, *Tht.* 176a-177a)。このようにして，人の生を構成する様々な活動が幸福と不幸をめぐって絡まり合っている。プラトンによる〈人にとってのよき生〉の描きが以上のようなものであるならば，ここにおいて私たちは，第1議論と『ピレボス』篇全体の主題との緊密な連関を見出すのである[38]。

---

37) それ故，"διὰ τὸ θεοφιλεῖς εἶναι" (40b2-3) にもかかわらず，「神に愛されること」は人が「よい人」であるための原因ではなく，我々がそう判断する際の証拠だと思われる。Cf. *Euthphr.* 10a1-11b5.

38) 第1議論の最終段階まで至ったソクラテスは，ドクサの虚偽を説明した後で (40c8-d6)，快についてこう論じる，「どんな仕方であれ出鱈目であれ (εἰκῇ)，いやしくも快を味わっている人には，快を味わっているということはいつも本当に (ὄντως) 存在するのだが，それは現にあるものについても，ときには過去に生じたものについても，またしばしば，いや，最も頻繁にそうなのだが，決して生じようもないことについても関係しているのだ」(d7-10)。ここで，「出鱈目に」(εἰκῇ d8) という副詞は「快を味わう」という動詞を修飾し，数行前で語られたドクサの場合の「偽なる仕方で」(ψευδῶς d2) という副詞に対応し

ている。そこでその語の使用は，プラトンがあくまで活動としての快のあり方に関心をもっていることを示している。『ピレボス』篇でこの副詞はもう一箇所見られるが (28d7)，そこでの使用法が示すように，それはロゴスないし秩序に与ることなく（ἄλογον）偶然的で行き当たりばったりの（τὸ ὅπῃ ἔτυχεν）状態を指し示すものである (cf. Grg. 503d7, e7, 506d6; ἀλόγως 501a6)。悪い人の場合，その人は自らの富や身体的な美，さらには徳について，過去・現在・未来の状況を知ることなく，その無知を喜ぶ。その人の現在の快はロゴスや正義に基づいておらず，当人の不幸な生を映し出す。悪しき希望に満ちたその人の生は，幸福な生の原因根拠である尺度・限定（μέτρον）に与ることがないのである。

初 出 一 覧

第1章 「プラトンと悪——『ゴルギアス』篇における〈最大悪〉をめぐって」(『東京学芸大学紀要』第2部門50　pp. 1-8　1999年)
第2章 「プラトンの〈悪人〉論——『ゴルギアス』篇における「不正な人」の場合」(『ペディラヴィウム』51　pp. 15-28　2000年)
第3章 「プラトン初期対話篇における〈害悪〉論」(『東京学芸大学紀要』第2部門53　pp. 9-22　2002年)
第4章 「善をめぐる思考と欲求——プラトン『メノン』篇(77b-78b)の一解釈」(『東京学芸大学紀要』第2部門55　pp. 121-136　2004年)
第5章 「「学び＝想起」の二義性と感覚の問題——『パイドン』篇アナムネーシス論(72e-77a)の一考察」(『哲学誌』33　pp. 81-104　1991年)
(補論) 「『パイドン』篇における 'αὐτὰ τὰ ἴσα'(74c1)の一解釈——プラトン中期イデア論理解のための予備的考察」(『ペディラヴィウム』36　pp. 12-23　1992年)
第6章 「プラトンにおける生と死の思想——『パイドン』篇の魂論との関係で」(『東京学芸大学紀要』第2部門56　pp. 141-156　2005年)
第7章 「プラトンの人間論への接近——『国家』篇第1巻346e3-347e2」(『東京学芸大学紀要』人文社会科学系Ⅱ59　pp. 83-92　2008年)
第8章 「プラトン——哲学と詩の闘争」(川島重成・高田康成(編)『ムーサよ，語れ——古代ギリシア文学への招待』三陸書房　pp. 263-282　2003年)
第9章 「プラトンの『国家』と教育——ギリシア哲学分野から」(東京学芸大学・平成20年度重点研究費報告書『教育学部教育における哲学・倫理学の意義と役割に関する研究』pp. 9-20　2009年)
第10章 「プラトン『ピレボス』篇における〈快〉と〈幸福〉——「虚偽の快」をめぐる第一議論(36c3-41a4)の研究」(『ペディラヴィウム』45　pp.23-40　1997年)

参考文献

Ackrill, J. L. (1973), "Anamnesis in the *Phaedo*: Remarks on 73c-75c," *Phronesis*, Suppl. Vol. I, 177-95.
Adam, J. (1891), *Plato: Crito*, 2nd ed., Cambridge.
——— (1963), *The Republic of Plato*, Vol. 1, 2nd ed., Cambridge.
Adam, J., and A. M. Adam (1905), *Plato: Protagoras*, 2nd ed., Cambridge.
Allen, R. E. (ed.) (1965), *Studies in Plato's Metaphysics*, London.
Allen, R.E. (1971), "Participation and Predication in Plato's Middle Dialogues," in Vlastos (1971), 167-183; originally published in *Philosophical Review* 69 (1960), 147-164.
Anaganostopoulos, M. D. (2001), *The Desire for Good in Plato and Aristotle*, UMI, Ann Arbor.
Annas, J. (1981), *An Introduction to Plato's Republic*, Oxford.
Apolloni, D. (1989), "A Note on *Auta Ta Isa* at *Phaedo* 74," *Journal of History of Philology* 27-1, 127-34.
——— (1996), "Plato's Affinity Argument for the Immortality of the Soul," *Journal of the History of Philosophy* 34, 5-32.
Archer-Hind, R. D. (1894), *The Phaedo of Plato*, 2nd ed., London.
Anscombe, G.E.M. (1963), *Intention*, 2nd ed., Oxford.(『インテンション』菅豊彦訳, 1984年, 産業図書)
Apelt, O. (1922), *Platon Sämtliche Dialoge*, Band 2, Leipzig.
Aristippus, H. (1940), *Plato Latinus: Vol. 1 Meno*, ed. by R. Klibansky, London.
Ast, F. (1827), *Platonis Quae Extant Opera*, Vol. 9, Leipzig.
Ast, F. (1956), *Lexicon Platonicum sive Vocum Platonicarum Index*, Bonn, originally published in 1895.
Bedu-Addo, J. T. (1991), "Sense-experience and the Arguments for Recollection in Plato's *Phaedo*," *Phronesis* 36, 27-60.
Bluck, R. S. (1955), *Plato's Phaedo*, London.
——— (1959), "Plato's Form of Equal," *Phronesis* 4, 5-11.
Bluck, R. S. (1961), *Plato's Meno*, Cambridge.
Bolotin, D. (1979), *Plato's Dialogue on Friendship*, Ithaca.
——— (1987), "The Life of Philosophy and the Immortality of the Soul: an Introduction to Plato's *Phaedo*," *Ancient Philosophy* 7, 29-56.

Bostock, D.(1986), *Plato's Phaedo*, Oxford.
Brickhouse, T. C., and N. D. Smith(1987), "Socrates on Goods, Virtue, and Happiness," *Oxford Studies in Ancient Philosophy* 5, 1-27.
——— (1989), *Socrates on Trial*, Oxford.(『裁かれたソクラテス』米澤茂・三島輝夫訳, 1994 年, 東海大学出版会)
——— (1994), *Plato's Socrates,* Oxford/New York.
——— (2000), *The Philosophy of Socrates*, Boulder/Oxford.
Broadie, S.(2001), "Soul and Body in Plato and Descartes," *Proceedings of the Aristotelian Society* 101: 295-308.
Burnet, J.(1903), *Platonis Opera*, Vol. 3, Oxford.
——— (1911), *Plato's Phaedo*, Oxford.
Burnyeat, M. F.(unpublished), "Recollection in the *Phaedrus*."
Bury, R. G.(1932), *The Symposium of Plato*, 2nd ed., Cambridge.
Cohen, D.(1991), *Law, Sexuality, and Society*, Cambridge/New York.
Cooper, J. M.(1999), *Reason and Emotion*, Princeton.
Cooper III, G. L.(1998), *Attic Greek Prose Syntax,* Vol. 1, Ann Arbor.
Crombie, I. M.(1963), *An Examination of Plato's Doctrines: II Plato on Knowledge and Reality*, London.
Cross, R. C., and A. D. Woozley(1964), *Plato's Republic,* London.
Dale, A. T.(1987), "αὐτὰ τὰ ἴσα, *Phaedo* 74c1," *American Journal of Philology* 108, 384-99.
Davidson, D.(1949), *Plato's Philebus,* Cambridge, Mass.
——— (1993), "Plato's Philosopher,"in Sharples(1993), 99-116.
Day, J. M.(ed.)(1994), *Plato's Meno in Focus,* London.
デーケン、アルフォンス(1996)『死とどう向き合うか』NHK 出版。
Denniston, J. D.(1954), *The Greek Particles,* Oxford.
ディオゲネス・ラエルティオス(1989)『ギリシア哲学者列伝』(上)(加来彰俊訳)岩波文庫。
Dodds, E. R.(1959), *Plato: Gorgias,* Oxford.
Duke, E. A., et al.(eds.)(1995), *Platonis Opera*, Vol. 1, Oxford.
Dybikowski, J. C.(1970),"False Pleasure and the *Philebus*," *Phronesis* 15, 147-65.
Elton, M.(1997), "The Role of the Affinity Argument in the *Phaedo*," *Phronesis* 42, 313-316.
Erler, M.(2004), "'Socrates in the Cave.' Argumentations as Therapy for Passions in *Gorgias and Phaedo*," in Miliori and Napolitano(2004), 107-120.
Erler, M. and L. Brisson(eds.)(2007), *Gorgias-Meno: Selected Papers from the Seventh Symposium Platonicum*, Academia Verlag.
Ferrari, G.R.F.(ed.)(2007), *The Cambridge Companion to Plato's Republic*, Cambridge/New York.
Frede, D.(1985), "Rumpelstiltskin's Pleasures: True and False Pleasure in Plato's

Philebus," *Phronesis* 30, 151-80.
─── (1992), "Disintegration and Restoration: Pleasure and Pain in Plato's *Philebus*," in Kraut (1992), 425-63.
─── (1993), *Plato: Philebus*, Indianapolis.
Frede, M. (1987) *Essays in Ancient Philosophy,* Oxford.
藤沢令夫（訳）（1979）『国家』（上・下）岩波文庫。
─── (1980)『イデアと世界』岩波書店。
─── （訳）（1994）『メノン』岩波文庫。
─── （編）（2002）『プラトン』中央公論新社。
藤田省三（1995）『全体主義の時代経験』みすず書房。
Gallop, D. (1975), *Plato: Phaedo,* Oxford.
Geach, P. (1965), "The Third Man Again," in Allen (1965), 265-77.
Goodwin, W. W. (1870), *Syntax of the Moods and Tenses of the Greek Verb,* London.
─── (1894), *A Greek Grammar*, London.
Gosling, G. C. B. (1959), "False Pleasures: *Philebus* 35c-41b," *Phronesis* 4, 44-54.
─── (1960), "Father Kenny on False Pleasures in Plato's *Philebus*," *Phronesis* 5, 41-5.
─── (1975), *Plato: Philebus*, Oxford.
─── and C. C. W. Taylor (1982), *The Greeks on Pleasure*, Oxford.
Grube, G. M. A. (1975), *Plato: The Trial and Death of Socrates.* 2nd ed., Indianapolis.
Gulley, N. (1954), "Plato's Theory of Recollection," *Classical Quarterly* 4, 194-213.
─── (1968), *The Philosophy of Socrates,* London.
Guthrie, W. K. C. (1975), *A History of Greek Philosophy,* Vol. 4, Cambridge.
─── (1978), *A History of Greek Philosophy*, Vol. 5, Cambridge.
Hackforth, R. (1955), *Plato's Phaedo,* Cambridge.
─── (1955), *Plato's Phaedo*, Cambridge.
Halliwell, S. (1988), *Plato: Republic 10*, Warminster.
Hampton, C. (1987), "Pleasure, Truth and Being in Plato's *Philebus*: A Reply to Professor Frede," *Phronesis* 32, 253-62.
─── (1990), *Pleasure, Knowledge, and Being: An Analysis of Plato's Philebus*, Albany.
ハヴロック，E・A（1997），『プラトン序説』（村岡真一訳）新書館。
Hawtrey, R. S. W. (1981), *Commentary on Plato's Euthydemus,* Philadelphia.
Haynes, R. P. (1964), "The Form Equality, as a Set of Equals: *Phaedo* 74b-c," *Phronesis* 9, 17-26.
平田オリザ（1998）『演劇入門』講談社現代新書。
平田松吾（2001）「ギリシア悲劇」，地中海文化を語る会編『ギリシア世界からローマへ』彩流社, 91-119。
Irwin, T. H. (1977), *Plato's Moral Theory,* Oxford.
─── (1979), *Plato: Gorgias,* Oxford.

——— (1995), *Plato's Ethics*, Oxford.

逸身喜一郎（2000）『古代ギリシャ・ローマの文学――韻文の系譜』放送大学教育振興会.

岩田靖夫（1995）『ソクラテス』勁草書房.

岩田靖夫（訳）（1998）『パイドン』岩波書店.

Johnson, M., and H. Tarrant (eds.) (2012), *Alcibiades and the Socratic Lover-Educator*, London.

Kahn, C. H. (1983), "Drama and Dialectic in Plato's *Gorgias*," *Oxford Studies in Ancient Philosophy* 1, 75-121.

——— (1993), "Proleptic Composition in the *Republic*, or Why Book I was Never a Separate Dialogue," *Classical Quarterly* 43, 131-42.

——— (1996) *Plato and the Socratic Dialogue*, Cambridge.

Kant, I. (1787), *Kritik der reinen Vernunft*, (Kants Werke: Akademie-Textausgabe Bd 3, Berlin 1968).

神崎繁（1999）『プラトンと反遠近法』新書館.

——— （未刊）「像・言語・存在――後期プラトンへの視座」.

加藤信朗（訳）（1973）『アリストテレス全集 13 巻　ニコマコス倫理学』岩波書店.

——— (1988)『初期プラトン哲学』東京大学出版会.

——— (1988)「存在論と弁証論（後）」『ギリシア哲学の根本問題』1-32,（「哲学雑誌」第 103 巻 775 号）.

川島重成（1986）『西洋古典文学における内在と超越』新地書房.

Kenny, A. (1960), "False Pleasures in Plato's *Philebus*: A Reply to Mr. Gosling," *Phronesis* 5, 45-52.

岸本英夫（1973）『死を見つめる心』講談社文庫.

Klein, J. (1965), *A Commentary on Plato's Meno*, Chicago.

Klosko, G. (1987), "Socrates on Goods and Happiness," *History of Philosophy Quarterly* 4, 251-64.

小寺正一（2001）「道徳と教育」, 小寺正一・藤永芳純 編『道徳教育を学ぶ人のために』世界思想社 , 3-30.

小池澄夫（1979）「イデア・原範型の消息」『理想』556, 108-20.

——— (1985)「プラトン」『新岩波哲学講座 14』岩波書店.

——— (1985)「脱喩化の途」『西洋古典学研究』33, 29-39.

——— (2007)『イデアへの途』京都大学学術出版会.

高津春繁（1952）『古代ギリシア文学史』岩波書店.

Kraut, R. (ed.) (1992), *The Cambridge Companion to Plato*, Cambridge.

Kühner, R. and B. Gerth, (1898), *Ausführliche Grammatik der Griechischen Sprache* (Zweiter Teil; Erster Band), Hannover.

Kurihara, Y. (1997), "Plato on Desire and Pleasure ―A Study of the *Philebus* (31b2-36c2)," *Bulletin of Tokyo Gakugei University* 48, 37-45.

——— (2003), "Plato's Conception of Unhappiness in the *Gorgias*," *Skepsis* 13-14,

106-115.
―――― (2007), "Goodness, Thought, and Desire in Plato's *Meno* (77b-78b)," in Erler and Brisson (2007), 218-222.
―――― (2012), "Socratic Ignorance, or the Place of the *Alcibiades* I in Plato's Early Works," in Johnson & Tarrant (2013), 77-89.
栗原裕次 (2001)「プラトン『国家』篇における〈悪人〉論――〈不正な生の選択〉をめぐる一考察」『西洋古典学研究』49, 13-25。
―――― (2005)「記憶と対話：納富信留著『哲学者の誕生―ソクラテスをめぐる人々』を読む」『ペディラヴィウム』58, 37-50。
―――― (2006)「プラトン『国家』における「洞窟帰還」問題」『哲学誌』48, 19-37。
―――― (2008)「〈ポリスと魂の類比〉とその限界」『哲学誌』50, 75-103。
―――― (2013)「中畑報告へのコメント「民間知と哲学をつなぐΜΗΔΕΝ ΑΓΑΝ」」『西洋古典学研究』61, 108-11。
黒田亘 (1992)『行為と規範』, 勁草書房。
Liddell, H. G., and R. Scott (1996), *A Greek-English Lexicon,* Oxford.
Lane, M. (2007), "Introduction" to *Plato: The Republic,* (tr.) D. Lee, London.
Lyons, J. (1963), *Structural Semantics-An Analysis of Part of the Vocabulary of Plato,* Oxford.
Mackenzie, M. M. (1981), *Plato on Punishment*, Berkeley / Los Angeles.
マルー, H. I. (1985)『古代教育文化史』（横尾壮英他訳）岩波書店,（原著 1948）。
松永雄二 (訳) (1975)『プラトン全集 1　パイドン』岩波書店。
松永雄二 (1962)「Phaedo 102B3-103C9」『西洋古典学研究』10, 73-87。
―――― (1993)『知と不知――プラトン哲学研究序説』東京大学出版会。
Matthen, M. (1984), "Forms and Participations in Plato's *Phaedo,*" *Nous* 18, 281-97.
McDowell (1973), *Plato: Theaetetus,* Oxford.
McKirahan, R. (1986), *Plato's Meno: Commentary*, Bryn Mawr.
McPherran, M. L. (ed.) (1997), *Wisdom, Ignorance and Virtue: New Essays in Socratic Studies*, Edmonton.
Merkelbach, R. (1988), *Platons Menon,* Frankfurt.
Migliori, M., and L. M. Napolitano Valditara (eds.) (2004), *Plato Ethicus*, Sankt Augustin.
Mills, K. W. (1957), "Plato's *Phaedo* 74b7-c6," *Phronesis* 2, 128-47.
―――― (1958), "Plato's *Phaedo* 74b7-c6," *Phronesis* 3, 40-58.
三嶋輝夫・田中享英 (訳) (1998)『ソクラテスの弁明・クリトン』講談社学術文庫。
Mooradian, N. (1996), "Converting Protarchus: Relativism and False Pleasures of Anticipation in Plato's *Philebus,*" *Ancient Philosophy* 16, 93-112.
Morgan, M. L. (1984), "Sense-Perception and Recollection in the *Phaedo,*" *Phronesis* 29, 237-51.
森村進 (1984)「古代ギリシャの刑罰観 (3)」『法学協会雑誌』第 101 巻第 12 号

1901-95。
――――（1985）「古代ギリシャの刑罰観（4）」『法学協会雑誌』第 102 巻第 1 号 139-227。
森進一・池田美恵・加来彰俊（訳）（1976）『プラトン全集 13 巻　法律』岩波書店。
守屋唱進（1984）「アスペクトの知覚」『理想』616, 171-87。
マードック , I.（1980）『火と太陽』（川西瑛子訳）公論社。
村上陽一郎（2001）『生と死への眼差し』（新装版）青土社（初版：1993）。
中畑正志（1984）「イデアの知への道標」『古代哲学研究』14, 11-27。
――――（1997）「対話と真理――「ソクラテスのエレンコス」への覚え書き II」『古代哲学研究』29, 1-22。
――――（2013）「ΜΗΔΕΝ ΑΓΑΝから離れて」『西洋古典学研究』61, 100-8。
Nakhnikian, G.（1994）, "The First Socratic Paradox," in Day（1994）, 129-151; originally published in *Journal of the History of Philosophy* 11（1973）, 1-17.
新島龍美（1985）「「いつわりの快」について――プラトン『ピレボス』研究序説」九州大学哲学会『哲学論文集』22, 43-64。
納富信留（2002a）『ソフィストと哲学者の間――プラトン『ソフィスト』を読む』名古屋大学出版会。
――――（2002b）『プラトン――哲学者とは何か』NHK 出版。
――――（2003）「ソクラテスの不知――「無知の知」を退けて」『思想』37-57。
――――（2004）「プラトン」, 東洋大学哲学科編『哲学を使いこなす』知泉書館, 3-32。
――――（2005）『哲学者の誕生 ソクラテスをめぐる人々』（ちくま新書）筑摩書房。
――――（2012）『プラトン　理想国の現在』慶應義塾大学出版会。
荻原理（1994）「想像されることで現在する快」東京大学文学部哲学研究室『論集』12, 176-87。
Owen, G. E. L.（1986）, *Logic, Science and Dialectic*, Ithaca.
Pakaluk, M.（2003）, "Degrees of Separation in the *Phaedo*," *Phronesis* 48, 89-115.
Penner, T.（1970）, "False Anticipatory Pleasures: *Philebus* 36a3-41a6," *Phronesis* 15, 166-78.
――――（1991）, "Desire and Power in Socrates: The Argument of *Gorgias* 466A-468E that Orators and Tyrants Have No Power in the City," *Apeiron* 24, 147-202.
――――（1992）, "Socrates and the Early Dialogues," in Kraut（1992）, 121-169.
Penner, T., and C. J. Rowe（1994）, "The Desire for Good: Is the *Meno* Inconsistent with the *Gorgias*?," *Phronesis* 39, 1-25.
Prior, W.（ed.）（1996）, *Socrates: Critical Assesments* Vol. 4, London.
Rawls, J.（1971）, *A Theory of Justice,* Cambridge Mass.
Reich, von K.（1972）, *Platon: Menon,* Hamburg.
Reshotko, N.（1992）, "The Socratic Theory of Motivation," *Apeiron* 25, 145-169.
――――（1995）, "A Reply to Penner and Rowe," *Phronesis* 40, 336-341.
Ross, D.（1951）, *Plato's Theory of Ideas*, Oxford.

Rowe, C. J.（1991），"L'Argument par Affinité dans le *Phédon*," *Revue Philosophique* 116, 463-477.
─── （1993a），*Plato: Phaedo,* Cambridge.
─── （1993b），"Philosophy and Literature: The Arguments of Plato's *Phaedo*," *Proceedings of the Boston Area Colloquium in Ancient Philosophy* 7, 159-181.
相良亨（1990）『日本人の死生観』（新装版）ぺりかん社（初版：1984）。
サイード, E.（1995）『知識人とは何か』（大橋洋一訳）平凡社。
桜井万里子（1997）『ソクラテスの隣人たち──アテナイにおける市民と非市民』山川出版社。
─── （2007）『いまに生きる古代ギリシア』日本放送出版協会。
Santas, G.（1979），*Socrates*, London.
─── （1985），"Two Theories of Good in Plato's *Republic*," *Archiv für Geschichte der Philosophie* 67, 223-45.
─── （1986），"Plato on Goodness and Rationality," *Revue Internationale de Philosophie* 156-157, 97-114.
─── （1988），*Plato and Freud*, Oxford.
─── （2001），*Goodness and Justice*, Malden/Oxford.
Saunders, T. J.（ed.）（1987），*Early Socratic Dialogues*, London.
Schofield, M.（2006），*Plato: Political Philosophy*, Oxford.
Scott, D.（1987），"Platonic Anamnesis Revisited," *Classical Quarterly* 37, 346-66.
─── （1999），"Platonic Pessimism and Moral Education," *Oxford Studies in Ancient Philosophy* 17, 15-36.
─── （ed.）（2007），*Maieusis*, Cambridge.
Sedley, D.（2007a），"Philosophy, Forms, and the Art of Ruling," in Ferrari（2007），256-83.
─── （2007b），"Equal Sticks and Stones," in Scott（2007），68-86.
関根清三（編）（1999）『死生観と生命倫理』東京大学出版会。
Sharples, R. W.（1985），*Plato: Meno,* Warminster.
─── （ed.）（1993），*Modern Thinkers and Ancient Thinkers*, London.
Shorey, P.（1930），*Plato: Republic*. Vol. 1, London.
清水哲郎（1995）「魂の配慮としての哲学──『ソクラテスの弁明』が提示すること」『思索』1-17。
─── （2000）『医療現場に望む哲学 II ──ことばに与る私たち』勁草書房。
シンガー，ピーター（1998）『生と死の倫理』（樫則章訳）昭和堂。
Slings, S. R.（2003），*Platonis Respublica,* Oxford.
Smyth, H. W.（1956），*Greek Grammar,* revised by G. Messing, Cambridge, Mass.
田中美知太郎・加来彰俊（1969）『プラトン著作集・ゴルギアス』岩波書店。
田中伸司（1987）「ソクラテスの対話による論駁法と生き方の原理」『哲学』23, 41-57。
─── （1998）「正義の技術──『国家』篇第一巻における正義の語り」『人文論

集』第 49 号の 1, 81-136。
―――― (2001)「『メノン』篇における探究の端緒――「よく」「ただしく」という副詞が描きとるもの」『哲学』37, 19-38。
―――― (2006)『対話とアポリア――ソクラテスの探求の論理』知泉書館。
―――― (2007)「正義と報酬――プラトン『国家』の舞台設定をめぐって」宇佐美公生（代表）『正義および人権に関する比較思想的考察』平成 16-18 年度科研費研究成果報告書, 5-17。

Tarrant, D. (1928), *The Hippias Major Attributed to Plato,* Cambridge.
Taylor, A. E. (1956), *Philebus and Epinomis,* London.
東京大学公開講座 (1992)『生と死』東京大学出版会。
Tuozzo, T. M. (1993), "Commentary on Rowe," *Proceedings of the Boston Area Colloquium in Ancient Philosophy* 7, 182-191.
―――― (1996), "The General Account of Pleasure in Plato's *Philebus*," *Journal of the History of Philosophy* 34, 495-513.
Vlastos, G. (ed.) (1971), *Plato I,* Garden City.
Vlastos, G. (1991), *Socrates: Ironist and Moral Philosopher,* Ithaca/Cambridge.
―――― (1994), *Socratic Studies,* Cambridge.
Waterfield, R. (tr) (1982), *Plato: Philebus,* Harmondsworth.
―――― (1987), *Euthydemus,* in Saunders (1987), 297-375.
Wedin, M. V. (1977), "αὐτὰ τὰ ἴσα and the Argument at *Phaedo* 74b7-c5," *Phronesis* 22, 191-205.
Westerink, L. G. (ed. and tr.) (1959), *Damascius, Lectures on the Philebus, Wrongly Attributed to Olympiodorus,* Amsterdam.
―――― (ed. and tr.) (1976), *The Greek Commentaries on Plato's Phaedo, Vol. I: Olympiodorus,* Amsterdam.
White, N. P. (1979), *A Companion to Plato's Republic,* Indianapolis.
Williams B. (1959), "Pleasure and Belief," *Proceedings of the Aristotelian Society* 33, 57-72.
Woolf, R. (2004), "The Practice of a Philosopher," *Oxford Studies in Ancient Philosophy* 26, 97-129.
山崎広光 (1995)『〈いのち〉論のエチカ――生と死についての 23 講』北樹出版。
山本光雄 (訳) (1975)『プラトン全集 8　エウテュデモス』岩波書店。
吉田雅章 (1992)「不正とポロス――Gorgias 474C4-475E6 のエレンコスの語るもの」『古代哲学研究』24, 1-11。
Young, C. M. (1974), "A Note on *Republic* 335c9-10 and 335c12," *Philosophical Review* 83, 97-106.
―――― (1997), "First Principles of Socratic Ethics," in McPherran (1997), 13-23.
Zeyl, D. J. (1982), "Socratic Virtue and Happiness," *Archiv für Geschichte der Philosophie* 54, 225-38.

索　引

（書名・論文名・註に含まれている箇所は省略し，
プラトンの対話篇については引照出典にまとめた。）

ア　行

アーウィン（T.Irwin）　32
悪　12, 21-5, 27, 31, 38, 44, 49-50, 52, 55-62, 64-6, 73, 77-9, 82-97, 102-3, 107, 150-1, 153-7, 169-70, 173, 175, 181-3, 188-9, 204, 213, 215, 217, 232-3, 244, 246-8
悪徳　19, 24-8, 30-5, 39, 52, 56-7, 62-3, 65-6, 69, 71-2, 75, 78, 107, 153, 196, 199, 202, 251-2
悪人・悪しき人　33, 39-41, 52, 55, 77, 91, 152, 231, 241-2, 245, 247-9, 251-2
アクリル（J.Ackrill）　115-6
アテナイ（人）・アテネ　3, 76, 151, 188, 197, 212, 217-8, 222, 226
アナロジー　→類比
アポリア　14-5, 115-6, 138-9
アポロン　4
現われ　32, 118, 132-3, 140-6, 159, 201-2, 204, 234, 238-9
アルケラオス　26-7, 29, 33, 41
「いかに生きるべきか」　28-31, 34, 41-2, 44-7, 51-2, 165, 172, 174, 206, 213-4
医術　25, 38-9, 187
1対1／1対多　3, 208
イデア・相・形相　7-12, 14, 101, 111, 114, 116-8, 131-3, 144, 146, 158-65, 167-8, 172, 174-5, 201, 219-20, 224-7, 239
今・ここ　8, 98, 107, 146, 149, 165, 169-70, 174, 190, 219, 228
癒し可能／癒し不可能　34-44, 46-8, 50-2, 153
益・有益・利益　21-5, 30, 35, 40-1, 44-5, 48, 57-61, 65, 67-8, 73, 77-8, 84-5, 87-8, 90, 92, 97-100, 102, 104-5, 107, 153, 179-82, 184-5, 187, 189, 208, 212
エレンコス・吟味　4-6, 29, 32, 44-7, 51, 62, 67, 71, 83, 86
エロース・恋　10, 46
驚き　208
思い上がり・ヒュブリス　6, 176
思われ・思い（なし）　4-5, 7, 40, 42, 52, 121, 140, 146, 153, 196, 220, 222, 233, 238-9, 244-5
音楽・文芸　→ムーシケー

カ　行

快・快楽　13, 21-2, 49-51, 105, 157, 165, 169, 186, 197-8, 203, 205-6, 208, 229-34, 237, 240-52
害（悪）・有害　22-8, 31, 44, 55-62, 64-9, 71-9, 84-5, 87-8, 90, 93, 97-9, 102, 104, 106-7, 152, 157, 186, 189, 201, 203-4, 219
外的行為　31, 42
外的観点　26-7, 31, 33, 36-7, 40, 47, 49-50, 52
画家　202, 237-41
神　4-6, 35, 76, 152, 164, 176, 194, 197-9, 202, 211, 215, 231, 241, 249-52
カリクレス　44-7, 50-2
感覚　7, 11, 57, 111-20, 123, 125-9, 134-46, 159-61, 163, 169, 172-3, 199, 201-2, 206, 224-5, 234-9
願望　12-3, 48, 81-2, 104-6, 155, 234-7, 244
偽・虚偽　19, 28-29, 32, 51, 67, 102-3, 141-2, 153, 163, 172, 229-38, 240-3,

245-50, 252
記憶　　116, 234-9, 241, 243
岸本英夫　　149-50, 155, 174
期待　　153, 229-32, 236-7, 240-1, 245-7
きっかけ・契機　　4, 115, 120, 134, 144, 165, 173, 208, 244
希望　　36-7, 213, 230-1, 236-7, 240-2, 245, 249-52
欺瞞　　6, 220
教育　　77-8, 187, 197-202, 205, 212, 214-8, 221-7
教養　　219, 227-8
狭義の感覚　　123, 126-7, 129, 135-6
強制（力）　　12-3, 168, 171, 173, 183-6, 190, 197, 201, 216-7, 222, 225-6
恐怖・恐れ　　30, 35-7, 41-2, 48, 150-3, 156-8, 164-6, 169, 173-4, 182, 184, 194, 215
金銭　　5, 58, 73, 82, 97, 105, 181-3, 242-3, 245-6
苦・苦痛　　21-2, 30, 35-6, 41, 49-51, 97, 165, 169, 188, 196, 232, 240-1, 248, 252
激励・励まし　　10, 172-4, 176
原因・根拠　　6, 11-2, 23, 27-8, 30-2, 64, 75, 152-4, 183, 201, 215, 223-5, 227, 230-1, 236, 245, 247
公（demosios）　　3, 15, 73, 188, 200, 208, 212-3, 216-7, 219, 221, 223-4, 226-8
公私混合（の生）　　191, 212-3, 217-9, 221, 227-8
幸福（観）・よき生　　5-6, 13-4, 20-1, 25-6, 28-32, 34, 46, 50, 52, 56, 62-4, 66, 73-4, 76, 81-3, 88, 91, 97, 104-7, 154-5, 157-8, 167-72, 174-5, 179, 189-92, 195-7, 204-6, 212-4, 226-9, 250-2
幸福主義の原理　　56-7, 74-5
幸福主義の公理　　81-3, 91, 103-4, 154, 175
言葉・ロゴス　　9-10, 12, 121-2, 128-9, 144, 174, 180, 192, 194-5, 198-9, 207-8, 212, 225, 234, 237-42　→説明
子供　　30, 41, 144, 156, 158, 165, 171, 173, 198-202, 215-7, 221-2, 225, 239
ゴルギアス　　28, 44

サ　行

最大悪　　19-20, 23-33, 41, 49, 50, 150, 169-71
桜井万里子　　188
サンタス（G.Santas）　　82, 88-91, 92-4, 99-100, 103, 106
私（idios）　　3, 14, 73, 208, 212-3, 218, 221, 226-8
死　　3, 14, 34-5, 41, 47, 51, 56, 66, 72, 147, 149-53, 155-8, 160-2, 164-7, 173-6, 215
詩・詩人　　4, 83, 193-209, 215, 217, 222, 227
自己・自分　　4-15, 34, 37-8, 42-3, 45, 52, 84, 86-8, 104, 106-7, 153, 160, 165, 171-4, 180-2, 184-5, 187-91, 200, 203-6, 212, 216-7, 226-7, 240-4, 246-8, 252
自己愛・融和　　13-4, 204-6
自己嫌悪　　14, 206
自己喪失・分裂　　14, 45, 168, 205-6
自己同一性　　14, 159, 205-6
自己内対話　　4, 9, 11, 14
思考　　9, 82-3, 87, 89-90, 96-100, 102-7, 114, 117-9, 121-5, 127-9, 140, 159, 162, 165, 168, 171-3, 185-6, 191, 193-4, 203, 207, 214, 233-7, 240, 242-4, 247, 249, 252
思考の型　　122-8
詩人追放論　　195-6, 201, 204-5, 207
実例　　113-5, 118, 134, 234, 236-8, 240-7
支配（者）　　13, 47-9, 51-2, 63-4, 155, 160, 167-8, 171, 179-91, 204, 206,

索　引　267

208, 212-4, 216, 218, 221, 226-7
自由　　　3, 6, 13, 46, 144, 172-3, 194, 208, 213, 225-8, 239, 244
醜・醜い　　　21-22, 24, 28-9, 35, 44, 60, 199-200, 206, 217
充満・充足　　　13, 50-1, 150, 157, 175, 220, 235, 240-1, 244-5
主知主義　　　81, 83, 91, 103, 105, 107
術・技術　　　25, 48, 68-70, 180-1, 187, 189, 202, 211
思慮・賢慮　　　5, 202-3, 252
人格　　　190-2
信念・考え　　　4-5, 29, 34, 39, 43-6, 51-2, 79, 86, 104, 169, 172, 174-5, 196, 215, 218, 221, 230-1, 251　→ドクサ
真理・真実（アレーテイア）　　　3, 5, 10-1, 35, 55, 60, 143, 162, 165, 168-9, 184, 193-4, 197, 202, 220-4, 230-2, 246, 250
神話　→物語
生・人生　　　3, 5-6, 9, 14, 27, 31, 34, 46-7, 51-2, 65-6, 72-3, 81, 104, 106, 151-6, 161, 164-5, 169-76, 179, 188-91, 197, 204, 206-7, 211, 218, 221, 226-7, 241, 243-5, 249-52
生の選択　　　170, 173, 193, 206-7, 214, 227
性格・性向・人柄　　　20, 27-8, 34, 48, 50, 52, 167, 199-201, 203, 217, 243-5, 247, 251
正義　　　8-10, 12-4, 20, 59-70, 73-4, 126, 146-7, 152-5, 162, 179-80, 192, 195-7, 204-5, 212-4, 216, 220-1, 225-7
節制　　　9, 13, 205, 216, 251
説得　　　3, 15, 30, 41, 150, 156, 172-6, 208, 212
説明　　　10-1, 121, 127, 143, 146, 163, 220, 225
セミパブリック　　　3, 16, 198, 208
善・よい　　　4-14, 19, 21-3, 28, 38-40, 44, 46, 56-60, 62, 64-6, 73, 83-6, 88-93, 95-9, 102-5, 107, 111, 126-9, 146-

7, 150, 152-7, 162, 170, 172-3, 176, 181-2, 184-91, 196, 201, 204, 206, 213, 215, 220-1, 224-7, 232-3, 244-5, 247, 251
像・似像・虚像　　　117-8, 201-2, 204, 220, 234-5, 237-44, 246, 249, 252
想起　　　111-20, 123, 125-9, 134-5, 137-9, 141-2, 144, 146, 241
政治家　　　4, 48, 182, 200
僭主独裁者　　　26, 33, 48-51, 71
綜観　　　189, 191-2, 226-7
想像（力）　　　165, 194, 199, 213, 228, 230-1, 239, 243-4, 247-9
存在・有　　　8-9, 100, 162-3, 211, 219-20

タ　行

大衆・民衆　　　45, 59, 156-8, 166, 170, 172-3, 197-201, 203-7, 209, 212-3, 217-21, 223, 227-8
対話　　　3-7, 9-12, 14-6, 46, 51-2, 149, 162-3, 179, 181, 188, 193-4, 208-9
脱線　　　139, 179-81, 191, 218
魂　　　5, 8-9, 11-4, 19, 24-6, 30-3, 35-42, 44-6, 49-52, 56, 58-65, 71-5, 79, 107, 111, 127, 146, 150, 153-4, 156-70, 172-5, 192, 194-5, 198-9, 201, 203-6, 213-5, 223-4, 228, 231, 233, 235, 237-42, 244-7
魂の3部分説　　　13, 201, 203-4
探究　　　7, 9-10, 12, 14-5, 106-7, 111, 128-9, 146, 163, 174, 199, 207-8, 219-20, 223
知・知恵　　　6, 20, 38-9, 57-8, 81-2, 91, 106-7, 127, 146, 156, 160, 163, 175, 186, 189-92, 200, 202-4, 220, 223, 252
知識　　　10-1, 81-2, 105, 112-7, 119-29, 133-46, 153, 223, 227, 234, 239, 250
知者　　　4-6, 34, 39, 152, 202, 204, 206
注意・関心　　　7, 52, 112, 115, 119, 122-

4, 126, 144, 227, 235
中間のもの　22-3, 57-9, 65, 73, 75, 102
ディアレクティケー・哲学的問答法　224-6
定義　35, 60, 63, 65-7, 73, 83, 91, 98, 105, 113, 121-2, 134-5, 144, 154, 156, 195, 204, 214
哲学者　9, 121, 150-1, 157, 164-5, 167-9, 171-2, 179, 192-5, 201, 207, 214, 218-21, 223, 226-7
伝統・文化（の担い手）　197-201, 206, 208, 211-2, 214-8, 222-3, 226-8
徳　5-7, 9-10, 14, 30, 32, 41, 56-7, 62-3, 65-9, 71, 73-4, 78, 81, 83, 91, 97, 105, 107-8, 146, 153, 198-9, 202, 204, 214, 216-8, 223, 246, 248, 250, 252
ドクサ　5-9, 11-3, 15, 143, 146, 153, 156-7, 163-4, 171-4, 176, 196-9, 203, 205-7, 215-6, 218, 220-1, 225-8, 230-8, 240, 245-6, 249-52
洞窟帰還　179, 192, 227
洞窟の比喩　221-2, 224, 226
道徳（教育）　55, 187, 214-5, 217-8, 222, 227
ドッズ（E.R.Dodds）　28
友　13-4, 30-1, 38-9, 41, 48, 67, 204-5

ナ　行

内化　9-10, 12, 14, 215-6, 218
内的観点　26, 28, 31, 33-4, 36-8, 43, 47, 50, 52
肉体・身体　10, 25-6, 30, 35, 38-9, 41, 44, 58, 60-2, 66, 72-3, 87, 97-8, 104-7, 111, 120, 127, 129, 146, 153-4, 156-73, 175, 186-7, 223, 240-1, 244, 246, 248
人間（観・理解）　3-7, 11-4, 19, 25, 35, 66-9, 73, 75-6, 78, 105-6, 127, 152, 155-6, 159, 164, 170, 173-6, 180, 187-9, 191-2, 195-8, 202, 204-6, 208, 215-6, 219, 221-7, 229, 251
人間の条件　169-71, 173, 205, 222, 225, 228
認識・認知　5, 7-8, 11-2, 39, 43, 111, 113-9, 127, 133-5, 138, 143, 146, 175, 211, 220, 224, 226, 228
ヌース・知性　7-8, 11, 224

ハ　行

配慮・気遣い　5-6, 37, 63-4, 76, 107
はたらき・機能　11-2, 14, 39, 63-7, 70, 73, 75, 162, 167-8, 204, 224
罰　19, 21, 23-7, 29-32, 35-7, 40-3, 45-7, 49-50, 179, 181-4, 186, 190
パラドクス・逆説　55-6, 71, 74-5, 79, 82-3, 85, 176, 179-83, 185, 191, 221, 226
ハンプトン（C.Hampton）　250
美・立派　4-10, 14, 21-2, 60, 63, 83, 111, 126-9, 146-7, 154, 159, 162, 199-202, 206, 217, 219-21, 225-7
等しさ・等　114-5, 117-29, 131-3, 135-47, 159
雛型　126, 128, 135, 147
比喩　37, 44, 207, 222, 226, 237-40
病気　24-5, 29, 37-9, 41, 56-8, 61-2, 72-5, 78, 87, 97-8, 104-5, 186
平等　3, 13, 196, 208, 213-4
評判　196, 212, 217, 221
貧困　24-5, 57-8, 72-5, 78, 87
不幸　5, 20-1, 23, 25-32, 41, 52, 56-7, 62, 64-6, 72-5, 83-4, 87-8, 91, 97, 104, 106-7, 155, 167, 169-70, 174, 205-6, 252
不正　13, 19-21, 24-8, 30-52, 59-73, 75, 152-5, 179, 195, 214, 241, 246-9, 251-2
不正行為　19-29, 31-7, 40-3, 48-52, 55, 59, 61-2, 65, 71-2, 74-5, 78, 152-5, 164
不知　→無知

ブラック（R.S.Bluck）　94
ブラックバーン（S.Blackburn）　211
ブリックハウスとスミス（T.Brickhouse & N.Smith）　56, 71, 74
プレオネクシア・欲心　13, 196-7, 203
フレーデ（D.Frede）　248, 250
文法　22, 86, 88, 146, 238
ヘシオドス　197-8, 215
ペナー（T.Penner）　82, 85-8, 90-5, 99, 102-4, 106
弁論術・弁論家　15, 26, 28, 31-2, 46, 48, 200, 212
法・法律　10, 12-3, 187, 196-7, 227
報酬　179, 181-3, 186, 196
放埓　19, 67, 164
ホッブズ（T.Hobbes）　213
ホメロス　195, 197-8, 202, 215
ポリス　47-8, 76, 102, 152, 180, 184-5, 187-92, 195, 197, 199, 202, 213-4, 216, 218-9, 221-2, 226
ポロス　20, 23, 29-30, 33, 41, 44, 58-9
本質　7, 11, 162-3, 225, 230
本性・自然（ピュシス）　13, 66, 75, 159, 161, 164, 166-8, 174-5, 196-8, 201, 220-3, 226-7, 229, 244, 248

マ　行

学び・学習　8-11, 14, 111-3, 115, 117, 119-20, 126-9, 139, 142-4, 146, 208, 212, 215, 220, 224-5, 227
見本・見せしめ　35-6, 47
「見る」　63, 65, 138-9, 142, 238-40, 242, 244
ミルズ（K.W.Mills）　132
無知　20, 29-32, 34, 38-44, 47, 52, 56-8, 73, 77-8, 89-90, 94-6, 107-8, 170-1, 202, 205, 234, 246-8, 252
無知の自覚　4-6, 40, 42-4, 46-7, 51-2, 153
無知の無知　4, 6, 39-40, 42-4, 46, 52,
152-3, 155, 171-2, 174
ムーシケー　198-9, 202, 215
名声・名誉　5, 82, 97, 105, 181-3, 196
目的・手段　32, 81, 92-3, 97-100, 102-6, 155, 157, 174-5, 182, 235
モデル　135, 198, 214-6, 236, 245
「もの」　7, 9, 11, 118, 121-2, 144-6, 158, 161, 169-70, 173, 175
物語・神話・ミュートス　34-5, 41, 47, 165, 194, 197-9, 203, 207-8, 215-7, 226
模倣・真似・ミーメーシス　9, 49-51, 71, 198-9, 201-3, 208, 213, 215-7, 242, 248

ヤ　行

ヤング（C.M.Young）　69
有用（性）　211, 224, 227
欲求・欲望　13-4, 32, 39-40, 45-7, 50-2, 82-100, 102-4, 106-7, 150, 157, 169, 171-2, 175, 185, 203-4, 235, 237, 240, 244

ラ　行

ライオンズ（J.Lyons）　120
理解　6, 8-10, 12, 112-3, 115-9, 121-4, 126-7, 129, 138, 141, 144
理性　13, 51, 172, 180, 199, 203, 216
理想　3, 14, 174, 195, 198, 208, 213-5, 218, 221-2, 249
領域相対性　58-9, 61-2, 64, 66, 69, 72-5, 78, 87, 97, 187, 225
類比・アナロジー　25, 30, 44, 61-2, 67-70, 72-3, 76, 153-4, 164, 180, 187, 192, 195, 207, 213-4
ロー（C.Rowe）　82, 85-8, 90-5, 99, 102-4, 106
ロールズ（J.Rawls）　213
論証　21-6, 29, 48, 59-60, 62-4, 67-9, 76-8, 83, 85-8, 90-1, 95, 104, 111,

119, 124-7, 131-3, 136-7, 139-40,
145-6, 150, 161, 164-5, 174, 176, 195,
242, 252

ワ 行

「わかった！」経験　　7, 9-12, 116
若者　　34, 47-52, 71, 76, 78, 152, 171,
　　　196-201, 207, 209, 212-4, 217-8

引照出典

（プラトンの対話篇からの引照箇所のみを示し、執筆順と思われる仕方で対話篇を並べた。）

『ソクラテスの弁明』 *Ap.*
20a1–c3　　78
20b1–2　　79
20b4–5　　79
21d3–7　　105n54
23b　　5
24b8–c1　　76
24c–26a　　76
24c9–25c4　　76
24d3　　77
24d6　　77
24d10　　77
24e4　　78
24e4–5　　77
24e10　　77
25a6–7　　77
25b1　　77
25b3　　77
25b8–c1　　77
25c5–26a7　　76
25c8　　77
25d1　　77
25d2　　77
25d5–6　　77
25d10　　77
25e3　　77
28b3–c1　　151
28e–29a　　152
29a5–b2　　152
29b6–7　　72
29d–e　　5
30b2–4　　73
30c6–d5　　55
30d3–4　　78n46
38a　　5
40c–41d　　153
41c9–d2　　55

『クリトン』 *Cr.*
43d–44a　　151n8
44b5–46a9　　59
46b5–6　　163n31
47a–48a　　59
47a2–48a10　　59
47a7–12　　247n24
47c–48a　　72
47c7　　61n8
47c9–10　　61
47d1–5　　60
47d3–4　　61n8
47d4　　61n8
47d5　　61, 61n8
47d7　　61n8, 61n10
47d8　　61, 61n8
47d8–48a3　　153
47e1　　61n8, 62
47e3–5　　56, 72
47e4　　61n8
47e6–48a1　　60
47e6　　61n8
47e7　　61
48a6　　61
48a7　　61
48a10　　61
48b2–9　　163n31
48b4–8　　154
49b4–6　　61
49b8　　72

『エウテュプロン』
Euthphr.
7b–d　　127n23
10a1–11b5　　252n37
14e1–2　　94n35

『カルミデス』 *Chrm.*
167e　　12n23
173d4–5　　105n54

『ラケス』 *La.*
195c–d　　154
198b5–c1　　153n10, 183n10

『プロタゴラス』 *Prt.*
310d7　　94n34
325e–326a　　198n10
332a6–b4　　233n10
345c　　250
358c　　29n19
358d5–e2　　153n10, 183n10
359a–360e　　185n15

『ゴルギアス』 *Grg.*
451d–452d　　28
458a5–b1　　19, 28
458e–459a　　3n1
460c1–2　　71
467a–468e　　82n5, 89n24, 90n26, 104
467c–468e　　22, 57, 59, 97n43
467e1–468a4　　38
467e2–3　　102
468a5　　102
468c2–5　　102
468c2–8　　102
468d3　　102
468d4　　102
468d7　　102
468e6–469b6　　23

468e6–469b7	20	477e4–6	25	488a	28
468e6–481b5	20	477e7–478b2	25	488a3	43n14
469b3–7	23	477e7–478e5	24, 40	489b4–c4	30
469b8–9	19	478b7–c1	25	490e10–11	163n31
469b10	21	478c1–d4	25	491b6–7	163n31
470b1–c3	58	478c3	26	491e	50n25
471a4–d2	27n13, 33	478d4–e5	25	492d	28
471c6	27n13	478d5	19	492d2–3	42n12
472c2–4	29n18	478d8–e1	19	492e–494a	32
472c6–d4	28	478e4	27	494c2–3	50
472d2–3	29	478e4–5	24	496d3–e2	50
472d4	29	478e6	27	499c3	43n14
474a	3n2	478e7	27, 34	500c	28
474b4	29	478e6–479a3	26	501a6	253n38
474c4–475e6	21	478e6–479c8	29	503a7–9	47n22
474c8	29	478e7–479a1	46	503d7	253n38
474c9	29	479a2	41	503e7	253n38
474d6	22	479a5–b1	30	504d5–e5	47n22
474d7	22	479a5–b2	41	505a2–3	56
474e3	22	479b3–4	30n21	505a2–5	72
474e7	22	479b4–c4	41	505b9	45
475a7	22	479b5	31, 42	505c3–6	44
475d4–e2	44	479b6	41	505c4	45n19
476a3–6	19	479c1	31, 42	505c5	45n20
476a3–478e5	21, 23	479c1–2	31	506d6	253n38
476a3–478e9	45	479c1–4	46	507b8–c7	25
476a7–477a4	23	479c2	19	508c1–2	47n22
477a5–e6	24	479c2–4	31	508e3–4	33
477b–c	58	479c4–e9	26	509b1–2	19
477b1–2	58	479c8–d1	19	509b2–3	19
477b3	58	479c8–e9	21, 41	509c6–510a5	48
477b4	58n7	479d5–6	19	509e6	43n14
477b5–6	58	479e2	41	509e6–7	71
477b7	58n7	480a2–4	37	510a	71
477c2	58n7	480a3	37	510a6–10	48
477c3	58n7	480a6–b2	37	510a6–511a3	48
477c6–e6	22	480a7	43n14	510b2–4	48
477c7	22, 25	480b7–d7	32, 47n22	510b7	51
477d3	22, 25	480c7–8	43n13	510b7–c6	48
477d7	22	480d6	19	510c7–d2	48
477e3	22, 25	482a7–b1	163n31	510c8	48
477e4–6	19	482b4–c3	45	510c9	48

引照出典

510d4-8	48	527a5-e7	34
510d8	50	527a8-b2	28n17
510e5	51		

『メノン』 Men.

510e5-6	49
510e6-8	49
510e7	50
511a1-3	49
511a2	49, 50n24
511a2-3	51
511b6-c3	51
511c-512b	72, 154
511c7-512b2	43n15
511e6-512b2	43n15
512a2-b2	56
512a4	72
512a5-6	26n12
512e-513a	28
513b3	49
513b4	48
513b6-9	48
513c4-d1	45
517a5	32, 47n22
520d1-2	27
521d6-8	47n22
523a1-524a7	34
523a1-527e7	34
524a8-527a4	34
524b2-4	35
524b4-d3	35
524d3-7	35
525a3	35
525a3-6	35
525a7	36
525b1-c8	35
525b2-3	36
525b3-4	37
525c1	27n13
525c6-7	36
525d1-2	42, 51
525d5-6	27n13
526a1	41
526b8-c1	36

70a-71d	83
71e-77b	83
77b	83
77b-78b	82, n5, 83, 90n26
77b3-5	105n56
77b6-c2	85
77b7-c2	90
77b7-c3	83
77c3	85, 96
77c3-5	84
77c4-d1	85
77c5	86
77c5-7	86
77c5-d1	84
77c7	86, n13
77c7-8	86, n13
77c7-d1	86, 96
77d1-2	85
77d1-4	84
77d2-4	85
77d3-4	95n38
77d4-7	84-5, 87n15
77d5-e4	85n8
77d7	88, 93, 95n38
77d7-e1	84, 98
77d7-e3	88, 93, 107
77d7-e4	85, 87n15
77e1	84, 88, 94, 96, 98
77e1-2	84, 98-9
77e2	88, 94-5, n38, 98
77e2-4	84
77e3	88, 94, 96, 98-9
77e5	95n38
77e5-78a1	84
77e5-78a4	88n19
77e5-78a8	85

78a1-3	84
78a3-4	84
78a4-5	84, 154n14
78a6-7	84
78a7-b1	84
78b1-2	84, 91
78b3-8	91
78b8	105n56
78c	97
85c9	120n12
85c10-d1	120n12
87e1	72n36

『リュシス』 Lys.

216d5-7	38
217a3-c2	38
217a3-218c2	38, n7
217b6-c1	38
217c1-2	39
217c3-e1	39
217e1-3	38
217e1-218c2	38
218a2-4	39
218a4-6	39
218a6-b1	39
220e4	183n11

『ヒッピアス小』 Hm.

376b1-2	72n36

『エウテュデモス』 Euthd.

277a1-b2	112n1
277e6-278a1	112
278a2-4	112
278a4	112
278e3-279a1	154n14
281b-e	87n18
281b8-e5	73
286d	29n19

『饗宴』 Symp.

204b	10n19

205a2-3 154n14	72e-77a 131, 158n18	74c7-9 120
205d-207a 97n43	73a8 143	74c8 101
209e-212a 10	73a8-9 143	74c8-9 144
212a-b 250, n34	73a9-10 121, 143	74c9 137
	73c1-2 113, 134	74c13-d1 123
『パイドン』 Phd.	73c4-d1 113, 134	74c13-d2 119
58a 151n8	73c9 122n16	74c13-d3 123
58a-c 151n8	73d3 113	74c13-d4 135
59a5 176n56	73d7-8 114	74d4-5 145n26
61e-63a 176	73e1 115	74d4-8 123
62a2-5 155	73e1-3 115	74d7 101
64c4-8 156	74a-77a 161	74d9-e2 124
64d2-65a7 157	74a3 117	74d10 101, 123n17
65aff. 114	74a5-9 117	74e1 101
65a10 146	74a6 117	74e2-4 124
65b 111	74a8 117	74e2-75c6 144n25
65b-c 162	74a9 135	74e6-8 125
65b11 163	74a9-12 145n27	74e9-75a4 125
65c2 128, 168	74a9-b1 135	75a5-10 125
65d-e 162	74a11 139	75a11-b3 125
65d-69e 161	74b2 112n2, 119	75b4-9 125
65d4-8 162	74b2-3 119, 123, 135,	75b7 144
65e3 168	137, 143	75b10-12 125
65e4 147	74b3 119-20	75c1-3 125
66a1 168	74b4 137	75c4-6 125
66b-d 129	74b4-6 119-20, 137,	75c7-d6 126
66d 168n40	139	75c7-76c10 126n22
66d5 146	74b5-6 137	75c9 145n26
67c5 168	74b6 101, 121, 128	75d2-3 147n30
67c8 162n28	74b6-c6 119, 137	75d2-4 163
67d4-6 156	74b7-9 124n18	75e3 127
67e 147	74b7-10 132, 140	75e5 144
67e5-6 167	74b7-c6 123	75e5-7 127
68c1 171n47	74b8 141, n17, 145n26	76a3-4 119n9
68c2 171n47	74b13-d3 136	76a6-7 127
68d5-7 157	74c1 119n10, 131,	76b4-c3 112n2
69c1 168	133, 142	76b5-6 127
70a1-b4 156, 173n52	74c1-3 132, 140	76b5-7 143
70a4-5 158n17	74c2 142	76b5-10 121
70a7 162n28	74c4-5 133	76b7 127
70b2 172n49	74c4-6 132	76c6-10 127
70c-72e 158n18	74c7 101, 138	76c11-13 127

引照出典

76d7–e8	128	80d5–81e2	164	83a3–4	163
76d9–e1	144	80d9	167	83a5	172
77a2–5	162	80e–81a	147	83a7	162n28
77b–c	156	80e4	165	83b3–7	165
77b5	157	80e5	162n28	83b7	169
77e6–7	166	81a2	167	83b7–c8	169
77e9	173	81a5–6	167	83b8	173
77e10	173	81a8–9	165n35	83b9	169
78a2	173	81b–e	129	83c2–3	171
78a5	173	81b1–c3	163	83c3	173
78b4–10	158	81b4–6	168	83c5	168
78b4–80c1	158	81b8	167	83c5–10	163, 168
78b4–84b7	158	81c4–6	168	83c6	168
78c1	159n21	81c4–d5	167	83d5	168
78c7	165n34	81c11	165n35	83d8	168
78c10	159	81d5	165n34	83d8–9	166
78c10–d1	161	81d6	165n34	83e2	144
78c10–e6	159	81d6–82b9	167	84a2	173
78d1–2	163	81d7	167	84a3–7	171
78d5	144	81d9	166	84a7	173
79a1–11	159	81e2–82c9	164	84a7–b1	172
79a1–c1	159	81e3	165, n34, 167	84b1	166
79a3	128n25, 159, 162, 168	82a1	165n34	84b3–7	165
		82a3	165n34	84b4	166
79a6	159n22	82b2	167	84b4–8	158n19
79c2–d7	160	82b5	165n34	85c9	128n25
79c2–e7	146	82b9	165n34	88a10	168n42
79c2–e8	159	82c2	169n43	88b2	168n42
79d1–9	129n26	82c2–5	171	88b5–6	168n42
79d3	161	82c6	171n41	88b7–8	168n42
79d7	163	82c7–8	171n41	89d	172n48
79e8–80a6	168	82d1–83b3	165	90b9–c3	172n48
79e8–80a9	168n41	82d4–7	172n50	91a1–3	172n48
79e9–80a9	160	82d9–e7	170	91d6–7	168n42
80a1	159, 168	82e3	168	95b5–e4	168n42
80a5	168	82e4	170n46	95d2	168n42
80a10–c1	160	83a	111	99e4–6	128n25
80b2	144	83a–b	172	100b1–c2	162
80b2–3	144n24	83aff.	114	100d7–8	131n1
80c2–d4	164	83a1–3	172	101e1–3	172n48
80c2–84b7	164	83a2	172	102aff.	133
80d5–e1	168	83a3	172n49	102a–103c	145n26

102a–107b	158n18	347d6	189	401d	198
105c	170n45	347d6–8	185, 189	402a	198, 217
113e1–6	164n32	347d8	186, 188	424e3	189
114d7	173	352d	195n5	439d	203
115c6–8	149	352d–354a	190, 204	443d–e	13, 205
115d5–6	176	352d8–353b1	63	445a–b	154

『ポリテイア』(『国家』) R.

		352e	65	445a6–8	72
332d2	68n24	353b2–d2	63	445a9	66n20
334d3	71	353a	12n22	465d8–9	188
335a6–336a10	67	353b4–c11	64	473e4	189
335c4–5	63n15	353b4–d2	65	477c–478d	220
335c9–10	68n25	353c1–2	64	480a	220–1
335c9–d2	69	353c6–7	63–4	487c	227
335c12	68n25	353c9–10	63	487c–d	219
338c	180	353d	14	489b	219
341d11–12	187	353d3–354a11	63	492b–d	200, 217
346c5–6	187	353d5–6	64n16	492d	200n12
346e–347e	179	357b–358a	64n17	493d	201
346e7–347a5	181	357b4–d3	186	499e	219
346e8	185, n14	357c1–2	64n17	500b–c	9
347a6–9	181	357c2–3	65n17	505d5–10	105n55
347b1	182	357d1	186	505d11–e3	106n59
347b1–2	184	358a	196	505e1	74n41
347b1–10	182	358a5	186	506b–509b	11
347b2	182n9, 185n14	358b6	186	508d	8
347b6–7	182	358b8–c1	192n25	514a–b	222
347b7	182n9, 185n14	358d	197	514b	222
347b7–10	183	359c	13, 196	515e3–4	94n35
347b10–c3	184	363d3	186	517c4	189
347c1	183n13, 185n14	363d4	186	518b–c	223
347c3–5	182, 184	364c	197	518c–d	224
347c4	185n14	367c	192n25	518d	224
347c5–6	182n9, 183	367d3	186	519c4	189
347c5–d1	184	367d6	186	519d	223
347c6–d2	184	376e	198	519d–521b	179n1, 180n2
347d1–2	184	376e–392c	199	519e	223
347d2–4	190	377a–b	216	520a2	192n24
347d2–6	185	377b–c	215	520d8	192n24
347d3	190	377c	215	521a6–8	191n22
347d3–4	182	392c–398b	199	522e	223n12
347d4–8	184	398b–403c	199	523a–524d	118
		401b–d	217n8		

引照出典

524b1-2	124n18	『テアイテトス』Tht.		38b12-13	234
524e5	122n16	170b	29n19	38b12-e8	234
526d	224n13	176a-177a	252	38c5	235, 238
527d	224n13	184-187	123n17	38c6	238
528e	224n13	186c1-2	96n40	38c7	238
533a	225	186d3	96n40	38d1	238
534b	225	189e-190a	4n7,	38d2	238
536e-537a	225		162n29, 235n13	38d6	235
537c	226			38d9	235
540d-541b	179n1,	『ソピステス』Sph.		38d10	238
	180n2	234bff.	124n18	38e6	235
561b5	171n47	263e	4n7	38e12-13	237
580d-588a	208n20	264a-b	162n29,	39a1	239
592a5	192n24		235n13	39a1-7	238
595a-602b	201			39a1-c6	237
595b	201	『ピレボス』Phil.		39a4	239
597c-d	131n1	28d7	253n38	39b6-7	238
599c7-d2	188	31c3	244	39b9	239
601a-b	202	32a3	244	39b9-c1	238
602c-607a	201	32a8	244	39b10	239
604e-605a	203	32b-36c	240	39c10-12	240
605c-607a	205	32b1	244	39c10-e3	237, 246
607b-c	208	32b3	244	39d1-6	240
607d	208	32b9-36c2	237	39d7-e5	241
608c-612a	65n19	34c10-35d7	235, n12	39e5-7	241
608e6-609a1	65	35b11-c1	235	39e10-40a2	241
		35c13-14	235	40a3-5	241
『パイドロス』Phdr.		35d1-3	235	40a6-9	237, 241
246e-257a	147n30	36a7-c2	240	40a6-c7	230, 232n9
250a1	101	36a8-b1	243	40a9-b1	241
253c-254e	10n20	36c3-37e9	232	40a10-12	242
273e	250, n34	36c3-41a4	229	40b2-3	252n37
274b-279b	147n30	37a11-b4	232	40b2-4	231
275d-e	15n31, 195n4	37b5-d1	232	40b2-5	249
276d	15	37d2-3	233n10	40b2-8	241
		37d2-5	233n10	40b6-7	231
『ティマイオス』Tim.		37d2-e9	232	40b6-8	241
53c	250	37e1-3	233	40c1-3	242
		37e5-7	233	40c4-7	242
『パルメニデス』Parm.		37e10-38b1	234	40c5-6	248
129b1-2	131n1	38b-e	4n7, 162n29	40c6	249n29
132a-133a	131n1	38b2	234	40c8-d6	252n38

40d1-2 232	48e4-7 246	63e3-7 252
40d2 253n38	48e8-49a3 246	
40d7-8 232	49b7 248	『法律』 *Leg.*
40d7-10 253n38	49b8 248	637c4-5 233n10
40d8 253n38	49c4 248	716c-d 252
40e1-4 232	49d6-8 246	716c4-d4 251
40e9-10 232, 248	49d9-10 246	716d-717a 252
41a1-4 248, 249n29	49e2 248	730c 250
41a5-6 248	49e3 247	730c2-3 250
47d5 245	49e5 248	873c2-4 246
48c2 247	49e6-8 246	
48c2-3 246	49e9 248	『第七書簡』 *Epist.*Vii.
48c4 248	50a5 248	341c 15n32, 195n4
48c6 247	50a8 248	
48e1-3 246	53d3-55c3 233n11	

栗原 裕次（くりはら・ゆうじ）
1964年長崎県生まれ。1987年国際基督教大学教養学部卒業。1989年文学修士（東京都立大学）。2000年PhD（カリフォルニア大学）。2012-3年カリフォルニア大学（UCSD）客員研究員。現在，東京学芸大学教育学部准教授。専門は西洋古代哲学。
〔主要業績〕共著：*Alcibiades and the Socratic Lover-Educator.* Bloomsbury, 2012.「プラトン『国家』篇における〈悪人〉論─〈不正な生の選択〉をめぐる一考察」(『西洋古典学研究』第49号, 2001)。「不幸をめぐる〈生の判定〉─プラトン『ポリテイア』第9巻の「真の僭主」について」(『理想』第686号, 2011)。

〔イデアと幸福〕　　　　　　　　　ISBN978-4-86285-154-3

2013年5月10日　第1刷印刷
2013年5月15日　第1刷発行

著者　栗原裕次
発行者　小山光夫
製版　ジャット

発行所　〒113-0033 東京都文京区本郷1-13-2
電話03(3814)6161 振替00120-6-117510
http://www.chisen.co.jp
株式会社 知泉書館

Printed in Japan　　　　　　　　印刷・製本／藤原印刷